FRÉDÉRIC OZANAM

SA VIE ET SES ŒUVRES

KATHLEEN O'MEARA

—

FRÉDÉRIC OZANAM

SA VIE ET SES ŒUVRES

PRÉCÉDÉES

DE QUELQUES PAGES INÉDITES DE

Mⁿᵉ AUGUSTUS CRAVEN, NÉE LA FERRONNAYS

PARIS

LIBRAIRIE ACADÉMIQUE DIDIER

PERRIN ET Cⁱᵉ, LIBRAIRES-ÉDITEURS

35, QUAI DES GRANDS-AUGUSTINS, 35

—

1892

PRÉFACE

L'histoire de Frédéric Ozanam par Kathleen O'Meara est déjà répandue et appréciée depuis plusieurs années en Angleterre et en Amérique. Mais le public français ne la connaît pas encore, et le dernier désir littéraire de ma bien aimée sœur avant de quitter ce monde était de lui en offrir une traduction. J'essaie aujourd'hui d'accomplir ce vœu. Malheureusement les deux amis qui devaient servir à Kathleen O'Meara d'introducteurs et pour ainsi dire de garants, le Cardinal Manning et Madame Augustus Craven, sont eux-mêmes partis pour la rejoindre et je demeure seule, dans l'impuissance de ma douleur.

Par bonheur toutefois, quelques pages inédites écrites par l'illustre auteur du « Récit d'une sœur » me restent comme un suprême souvenir. Ce n'est qu'une ébauche interrompue presque au début, dont les derniers mots font entrevoir tout ce qu'on pouvait attendre. Mais à peine les avait-elles tracés que la main à laquelle sont dues tant d'œuvres charmantes s'est arrêtée, et, la parole se taisant bientôt après à son tour, ces pau-

vres feuilles sont demeurées là...... Je n'entreprendrai
pas de suppléer à ce qu'il ne leur a pas été donné de
dire, mais il m'a semblé pouvoir mettre sous les yeux
du lecteur bienveillant ce précieux témoignage. Il lui
fera pressentir ce que pensait de ma sœur l'esprit éminent qui l'honorait de son amitié, et le récit qui suit
aura peut-être ainsi quelques droits de plus à son indulgence.

Voici le texte dans son intégrité :

KATHLEEN O'MEARA

« *Vivre, c'est survivre* », disais-je il y a quatre
« ans, en commençant le dernier ouvrage que j'é-
« crirai jamais. Cette cruelle vérité ne cesse jamais
« de se faire sentir et même lorsqu'on a subi dans
« sa propre vie les derniers grands coups dont elle
« puisse être atteinte, l'heure de l'*amer repos*
« dont je parlais aussi alors ne vient point encore.
« Il faut toujours souffrir et plus on vit, plus on
« est souvent condamné à connaître la doulou-
« reuse surprise de voir mourir ceux dont l'âge
« semblait nous donner l'assurance de ne jamais
« avoir à les pleurer. Il en fut ainsi pour celle au
« souvenir de laquelle je consacre ces quelques
« pages ».

« Lorsque je rencontrai Kathleen O'Meara pour
« la première fois, elle était dans la pleine vigueur
« de son talent et de sa vie, et moi, j'étais déjà

« vieille. Ce ne sont pas là des conditions dans
« lesquelles l'amitié naît d'ordinaire, quoique l'on
« puisse se demander pourquoi la différence d'âge
« empêcherait de tels liens de se former lorsque
« deux cœurs sont attirés l'un vers l'autre par des
« sentiments qui ne peuvent pas subir l'effet du
« temps. »

« Par le fait, l'inégalité de nos âges ne nous
« empêcha pas d'être intimement liées. Elle ne
« me préserva pas, hélas ! de la douleur de sur-
« vivre à celle avec laquelle tant de fois j'avais
« parlé de la longueur de son avenir et de la briè-
« veté du mien, et de tout ce qu'elle accomplirait
« encore et de tout ce qui pour moi était déjà
« fini....

« A l'époque dont je parle (1875) elle avait déjà
« publié de nombreux ouvrages, d'abord sous le
« pseudonyme de « *Grace Ramsey*, puis, selon
« l'avis et l'expression d'un de ses compatriotes,
« elle reprit son beau nom irlandais, lorsqu'elle
« eut conquis en Angleterre la faveur du public
« catholique auquel particulièrement s'adressaient
« ses écrits. »

« Les facultés de Kathleen O'Meara étaient puis-
« santes et actives. Capable des plus vifs élans,
« ainsi que des plus patientes recherches, elle
« savait supporter avec une égale énergie la fati-
« gue physique, et celle qu'impose un travail intel-

« lectuel assidu. Avec un caractère courageux,
« elle avait une humeur enjouée, un cœur ardent,
« une âme sereine. Elle possédait en un mot toutes
« les nobles qualités de sa terre natale, et comme
« on l'avait dit de sa mère (qu'elle aima plus que
« *tout* ici-bas) on pouvait dire d'elle aussi : qu'elle
« avait reçu et gardé de l'Irlande *tous ses amours*
« *et qu'elle s'était affranchie de toutes ses*
« *passions*.

« Comment cette carrière jusqu'alors si heureu-
« sement parcourue a-t-elle pu être si brusque-
« ment arrêtée par la mort ? Comment les sources
« de cette vie puissante et riche ont-elles pu tout
« d'un coup se tarir ? Comment enfin, jeune encore,
« en pleine force, en plein travail, on pourrait dire
« en *pleine santé*, comment Kathleen O'Meara
« a-t-elle pu si vite mourir ?

« La surprise de cette fin prématurée mettait sur
« toutes les lèvres cette question dont la réponse
« en excita une plus grande encore ; car, malgré
« toutes les douleurs de ce monde, malgré tout ce
« qui serre, broie et brise tant de cœurs, malgré
« tout ce que les plus cruelles expériences de la
« vie ont pu nous faire connaître, il est rare, fort
« rare, que les paroles que je viens d'écrire devien-
« nent littéralement l'expression d'un fait ; il est
« rare que les cœurs les plus mortellement blessés
« par la douleur cessent effectivement de battre, et

« que dans toute la rigueur du terme, *ils se bri-*
« *sent*.

« Celui de Kathleen fut une de ces rares excep-
« tions !

« J'ai dit qu'elle avait aimé sa mère plus que
« tout ici-bas. A la fin de 1887, elle la perdit, et
« elle ne put lui survivre. Ces simples mots disent
« tout. Ni la résignation, ni le courage, ni la vo-
« lonté de l'effort ne lui manquèrent ; mais la dou-
« leur avait miné sa vie comme l'eau mine et fait
« chanceler les bases d'un édifice qu'un souffle de
« vent suffit ensuite pour emporter. Une maladie
« légère la trouva sans force pour lui résister et
« avant que fut révolue l'année de la mort de sa
« mère, elle l'avait rejointe.

« Ceci suffit, il me semble, pour inspirer le désir
« de connaître quelques-uns des simples détails
« d'une vie qui s'est éteinte ainsi.

« Parmi les effets du poison que tant de plumes
« habiles s'appliquent de nos jours à verser dans
« les âmes, il n'en est pas de plus frappant et de
« plus universel qu'une certaine sécheresse de
« cœur qui se manifeste même chez les plus jeunes.
« Et ici, je me place bien loin des régions où cette
« sécheresse conduit à la dureté, la dureté à la
« violence et la violence au crime. Je parle de la
« jeunesse préservée, protégée, par les milieux
« qui l'entourent, du souffle aride et malsain de

« l'air environnant, ce souffle délétère néanmoins
« pénètre jusqu'à eux, et comme ceux de la nature
« physique, il dessèche ceux qu'il atteint. L'en-
« thousiasme auquel les jeunes sont si enclins ne
« transporte plus aucun d'entre eux. Il est plus
« fréquent aujourd'hui de les entendre dénigrer
« qu'admirer, et les affections les plus saintes elles-
« mêmes sont affaiblies, ou semblent l'être par
« des calculs étranges que ni le respect, ni la ten-
« dresse n'empêchent plus de se produire. Si ce ne
« sont pas là des signes d'un vrai refroidissement
« des cœurs, cela y ressemble pourtant si fort qu'on
« est tenté de penser qu'il n'existe plus aucune *sen-*
« *sibilité* dans notre monde actuel. Le mot est assu-
« rément démodé, mais la chose semble bien l'être
« aussi et on en vient souvent à ne plus s'attendre
« à la trouver ailleurs que parmi ceux qui, ouvrant
« leur cœur tout grand à Dieu tout seul, puisent
« dans cette source suprême d'inépuisable amour
« le dévouement pour leurs frères poussé jusqu'à
« l'héroïsme, ainsi que le désintéressement et
« l'oubli de soi qui sont ensemble le nerf de la
« tendresse non moins que celui du courage !....
« Il m'a semblé donc d'autant plus à propos au-
« jourd'hui d'étudier un cœur demeuré ardent et
« tendre...... » . . . .

. . . .
. . . .

Elle n'a pu le faire, hélas ! et c'est pour moi un regret poignant.

Mais il est temps pour le lecteur d'arriver au héros de ces pages. Il est trop célèbre déjà en France pour que je croie devoir rien ajouter. J'ose espérer cependant qu'on trouvera quelques inspirations nouvelles dans ce livre qui a contribué beaucoup à populariser la mémoire d'Ozanam dans les pays anglo-saxons, et je me bornerai à citer, comme gage, un passage écrit, après l'avoir lu, par le grand cardinal dont l'Angleterre pleure encore la perte. Je l'emprunte à un article de revue dans lequel, à propos de la première édition anglaise, il recommandait ce qu'il appelait « une œuvre profondément intéressante ».

« Tel était, dit-il, Frédéric Ozanam, âme pure et
« noble, brûlante de charité pour tous, surtout
« pour les pauvres, consumé par le zèle de la
« vérité, pieux, avec une tendresse filiale, exem-
« plaire dans tous les sentiers de la vie, plus élo-
« quent dans la surnaturelle beauté de ses pensées
« que dans les paroles d'amour qui tombaient de
« ses lèvres, plus éclatant par l'ardeur de la foi
« chrétienne que par les lumières multiples de la
« culture littéraire ! Le cœur d'un tel homme était
« d'instinct plein de toute loyauté, aussi prêt à
« donner sa vie pour le moindre *iota* touchant à la
« foi ou pour une définition de la divine autorité
« de l'Eglise, qu'il le fut à conseiller à l'arche-

« vêque de Paris de marcher sur les traces du bon
« Pasteur et de donner lui-même sa vie pour ses
« brebis. Puisse Dieu faire surgir de toutes part
« des laïques semblables à lui ! »

Puissent aussi ces pages réveiller l'idéal et rallumer la flamme dans quelques cœurs !... C'est le seul but qu'ait recherché l'auteur et le seul succès qu'elle ait ambitionné jamais !....

G. O'M.

FRÉDÉRIC OZANAM

CHAPITRE I

1813-1831.

Les Ozanam semblent être une de ces races chez
lesquelles la vertu et la science sont un patrimoine
héréditaire. Pendant plus de trois siècles, chaque
génération a produit quelque savant distingué et
compté toujours un, souvent plusieurs de ses membres au service des autels. On conserve encore,
parmi les trésors de la famille, un *Office de la
sainte Vierge* en caractères gothiques du quinzième
siècle, enluminé avec un art délicat. A la fin du
volume est une généalogie de la branche aînée des
Ozanam, où les générations successives ont inscrit
les noms et les dates de naissance et de mort de
leurs membres.

Non contents de ce bel arbre généalogique, les
Ozanam en font remonter la souche jusqu'à une
plus antique origine (1). On lit à la première page

(1) Si toute autre famille qu'une famille d'origine juive,
s'attribuait cette généalogie presque fabuleuse, nous consi-

du journal de famille que Jérémie Hozannam (1),
préteur dans la 7ᵉ légion romaine, vint en Gaule
avec Jules César après la conquête de Ségovie, con-
trée située entre le Jura et les Alpes, et reçut, pour
sa part du territoire conquis, un canton nommé
Bellignum, au nord de Lyon, qui fut plus tard le
village de Boulignieux. Jérémie demanda cette terre
inculte, couverte de bois et de marécages, et y fonda
une petite colonie juive. Il mourut l'an 43 avant
J.-C., année de l'assassinat de César. Jérémie avait
eu plusieurs enfants : l'aîné est le seul dont la généalogie nous soit parvenue. En lui commence cette
longue lignée d'ancêtres, dans laquelle les noms de
Jacob, d'Élie, d'Ismaël, d'Abimélech, de Josaphat, de
Sem, etc., etc., défilent comme une longue procession de témoins qui attestent la pure origine juive
de la race. Cette succession de prénoms hébraïques
est ininterrompue jusqu'au commencement du septième siècle, où Saint Didier l'arrête en lui barrant le
chemin par sa croix. Le saint, ayant dénoncé la conduite criminelle de Brunehault, fut poursuivi par
cette princesse sanguinaire ; il chercha un refuge
dans une forêt près de Boulignieux, où Samuel Hozannam, alors chef de la tribu, lui offrit l'hospi-

dérerions une semblable prétention comme peu digne d'arrêter l'attention d'un biographe sérieux. Sans vouloir accorder à cette tradition autre chose qu'un intérêt légendaire,
nous l'avons trouvée trop curieuse pour la négliger.

(1) Hozannam, pluriel d'Hosanna, suivant l'habitude des
Hébreux d'écrire les noms de famille au pluriel.

talité traditionnelle de sa race. Saint Didier reconnut ce bienfait en baptisant Samuel et son peuple dans la vraie foi, et désormais nous voyons les
noms de Mathias, de Jean, de Pierre se mêler de
plus en plus aux vieilles appellations des ancêtres. Les émissaires de Brunehault s'emparèrent
plus tard de saint Didier et l'étranglèrent sur le
bord du ruisseau le Renom, à l'endroit où s'éleva
depuis le village de Saint-Didier-du-Renom.

Les temps s'écoulèrent. Au siècle dernier, Benoît,
grand-père du héros de cette biographie, supprima
une *n* et l'*H* initiale du nom de famille, qui prit, dès
lors, la forme définitive d' «*Ozanam.*» Benoît était le
neveu de Jacques, le fameux mathématicien dont
le panégyrique a été écrit par Fontenelle, et dont
une parole singulière, assez caractéristique de l'é-
poque, a été souvent citée par les contemporains :
« C'est l'affaire des docteurs de Sorbonne, disait-il,
de discuter, celle du Pape de dogmatiser, celle des
mathématiciens d'aller au ciel par la perpendicu-
laire. »

Telle est l'histoire des premiers ancêtres de Frédéric. Son père, Antoine, engagé en 1793 dans le
régiment des hussards de Berchiny, fit la campagne
d'Italie sous le général Bonaparte, et eut sa part
des gloires de Lodi, d'Arcole, de Rivoli. Il fut
blessé cinq fois sur le champ de bataille, fit prison-
nier le général napolitain, prince de la Cattolica, et
le conduisit à Bologne ; brillant exploit, qui établit
sa réputation de bravoure et d'habileté militaire.

Les guerres de la République terminées, Antoine, ne voulant pas servir l'Empire, revint à Lyon, sa patrie, et, bientôt après, y épousa Mlle Nantas, fille d'un riche négociant de la ville. Il se livra au commerce avec tant de succès, qu'en peu d'années il acquit une belle fortune. Il vint alors se fixer à Paris, et y vécut heureux et tranquille jusqu'au jour où il engagea sa signature pour un proche parent embarrassé dans ses affaires. Cet acte de généreuse imprudence le ruina entièrement. A cette époque, l'Empereur lui envoya un brevet de capitaine dans la garde qu'il venait de former, en l'accompagnant d'un message très flatteur pour « le brillant officier dont la valeur avait fait sur lui une vive impression. » Mais Ozanam déclina l'offre. Il ne pouvait pardonner à Bonaparte de s'être fait de la République un marchepied à l'Empire, et, prêt à affronter les incertitudes et les rigueurs de l'avenir, il aima mieux rester pauvre et indépendant. Son indomptable gaieté et la fermeté de son caractère lui donnèrent en face de la pauvreté le même courage qu'autrefois devant la bouche des canons vomissant la mort. Laissant sa femme et ses jeunes enfants à Lyon, il partit pour l'Italie, où il espérait, avec le concours des amis qu'il y avait laissés, pouvoir utiliser ses talents plus efficacement qu'ailleurs. Il rencontra beaucoup de sympathies à Milan, et eut bientôt assez d'élèves pour s'y établir comme professeur et y faire venir sa famille.

Madame Ozanam et ses enfants étaient accompagnés d'une fidèle servante, surnommée *Guigui*, type admirable de l'ancien serviteur devenu si rare au temps présent. Dans ces premiers jours de détresse, *Guigui* partagea la pauvreté de ses maîtres et n'épargna ni son temps ni sa peine pour ajouter son obole au modeste revenu de la famille.

Tout en travaillant activement à donner ses « leçons », Antoine Ozanam avait commencé à étudier la médecine. Grâce à son labeur assidu, à cet instinct héréditaire de la science, qui semblait lui appartenir par droit de naissance, il put, au bout de deux ans, passer de brillants examens, et obtint rapidement une belle clientèle. Il consacrait une grande partie de son temps aux pauvres ; mais sa bonté désintéressée s'exerçait spécialement envers les soldats malades de la garnison. Une terrible épidémie de typhus éclata, à cette époque, dans Milan, et sévit avec une fureur particulière parmi les troupes. Les deux médecins attachés à l'hôpital militaire en furent atteints et succombèrent. Le docteur Ozanam offrit de les remplacer, s'installa à l'hôpital et y demeura jusqu'à la fin de l'épidémie, chargé seul du soin de plusieurs centaines de malades.

Ce fut le 13 avril de cette mémorable année 1813 que son fils Frédéric vint au jour.

L'entrée des Autrichiens à Milan décida le docteur Ozanam à quitter cette ville. Il revint à Lyon, où la réputation médicale qui l'avait précédé lui assura bientôt une nombreuse clientèle et le plaça à la tête de sa profession. Jamais cependant il n'ar-

riva à la fortune ; ce n'était point le but auquel il
visait : il considérait avant tout sa profession comme
une espèce de sacerdoce et partageait presque également son temps entre les riches et les pauvres.
Pendant dix-sept ans, sa femme le seconda noblement dans cet apostolat de la charité. Quand le poids
des années ne leur permit plus de gravir aussi facilement cinq ou six étages pour visiter les réduits
habités par les plus pauvres malades, ils se promi-
rent mutuellement de ne point aller au-delà du troisième. Cette réserve devenait d'autant plus nécessaire que M. Ozanam était sujet à des étourdisse-
ments soudains. De son côté, sa compagne souffrait d'oppressions qui allaient presque jusqu'à la
suffocation dans ces ascensions pénibles. Souvent
les pauvres voisins de ceux qu'elle allait visiter la
trouvèrent assise sur les marches de l'escalier pour
reprendre haleine. Est-il besoin d'ajouter que le
mari et la femme furent plus d'une fois infidèles à
leur promesse, et qu'il arriva souvent au docteur,
descendant avec précaution d'un sixième étage où
l'avait, malgré tout, attiré quelque profonde misère, de rencontrer sa femme qui s'y rendait en
cachette aussi ?

C'est au retour d'une de ces demeures de la pauvreté qu'il trouva la mort : tout habitué qu'il fût
au danger des escaliers ruinés et obscurs, il fit un
faux pas, tomba et mourut le lendemain des suites
de sa blessure. Il avait perdu ses quatorze enfants
en bas-âge, à l'exception d'une fille qui mourut

âgée de dix-neuf ans, et de trois fils, dont Frédéric était le second.

L'enfance de Frédéric Ozanam n'offre aucun de ces traits saisissants que nous aimons à rencontrer au début de la carrière des hommes appelés à un grand avenir. Son caractère distinctif était une grande compassion pour les souffrances d'autrui ; mais cette sensibilité précoce n'excluait point l'énergie de la volonté ni une certaine véhémence de tempérament. Il aimait les jeux de son âge et exigeait des autres, comme il se l'imposait à lui-même, la stricte observation des règles : mais rien ne pouvait jamais lui faire avouer qu'il était vaincu. Quand ses camarades insistaient pour qu'il leur donnât cette légitime satisfaction, l'enfant frappait du pied, s'écriant « qu'il aimerait mieux mourir. »

Nous trouvons, dans une lettre qu'il écrivit à seize ans à un ami intime, une sorte d'autobiographie qui jette une vive lumière sur les dispositions de ses premières années :

« Laissez-moi maintenant vous dire ce que j'ai été jusqu'à présent. On m'a dit qu'étant enfant, j'étais fort doux et fort docile, et l'on attribuait cela à la faiblesse de mon tempérament ; mais j'y vois une autre cause. J'avais une sœur, une sœur bien-aimée, qui m'instruisait conjointement avec ma mère, et de telles leçons étaient si douces, si bien présentées, si bien appropriées à mon intelligence enfantine, que j'y trouvais un véritable plaisir. En somme je crois que j'étais assez bon alors, et, sauf quelques petites peccadilles, je ne me reproche pas grand chose.

« A sept ans, je fis une grande maladie ; tout le monde a

cru reconnaître que je ne m'en étais tiré que par miracle ; ce n'est pas que je manquasse de soins, mes bons parents ne quittèrent pas le chevet de mon lit pendant quinze jours et quinze nuits. J'allais passer, quand dans mon délire je demandai de la bière (je ne l'aimais pas alors), et la bière me sauva. J'étais guéri. Six mois après, ma sœur, ma bonne sœur, mourut. Je partageais bien la douleur commune : oh ! que j'eus de chagrin. J'appris le latin et en l'apprenant j'acquis de la malice ; vraiment je ne fus jamais si méchant qu'à l'âge de huit ans ; cependant c'était un bon père, une bonne mère, un bon frère qui continuaient mon éducation. Dans ce temps-là je n'avais point d'amis en dehors de ma famille, et j'étais devenu entêté, colère, désobéissant. On me punissait, je me raidissais contre la punition : j'écrivais des lettres à ma mère pour me plaindre. J'étais paresseux au suprême degré, et il n'y avait pas d'espiègleries qui ne me vinssent à l'esprit. Voilà ce que j'étais en entrant au collège à neuf ans et demi. Peu à peu je devins meilleur, l'émulation m'ôta la paresse. J'aimai beaucoup mes maîtres, et je fis connaissance avec l'excellent B... J'eus des succès qui m'encouragèrent : j'étudiais avec ardeur, mais en même temps je commençais à avoir de l'orgueil. Je dois avouer qu'il m'est bien arrivé d'échanger bon nombre de coups de poing avec mes camarades ; mais j'avais bien changé après mon entrée en cinquième. Je tombai malade et fus obligé de passer un mois à la campagne chez une très excellente dame où j'acquis beaucoup de politesse, qui se perdit ensuite en grande partie.

« Je me relâchai un peu en quatrième, et en troisième je repris courage. C'est alors que je fis ma première communion, jour de bonheur ! Puisse ma langue rester attachée à mon palais, si jamais je t'oublie ! J'étais bien changé alors ; j'étais devenu modeste, doux, docile ; mais j'étais encore orgueilleux et emporté » (1).

(1) Lettre inédite à M. Materne, 5 janvier 1830.

Quoique le Frédéric de seize ans, travailleur infatigable, s'accuse, dans ce regard jeté sur ses premières années d'études, d'avoir été paresseux, il
fut toujours considéré comme un élève studieux,
depuis son entrée au collège jusqu'au jour de sa
sortie. Comme tous les enfants qui ont des aptitudes particulières, il ne s'appliquait pas également
à toutes les branches de l'enseignement; quelques-
unes lui semblaient ennuyeuses, tandis que d'autres
étaient pour lui attrayantes et faciles. Il s'adonna
tout particulièrement à l'étude du latin, et tournait le vers si heureusement, que son professeur,
M. Legeay, jugeant certaines de ses poésies dignes
d'être conservées, en publia plusieurs dans une
notice biographique qu'il écrivit après la mort de
son élève.

Pendant qu'il était en troisième et en seconde,
de treize à quatorze ans, il avait commencé et presque terminé un long poème latin sur la prise de Jérusalem par Titus. L'essor de sa jeune muse était
large, impétueux et ne connaissait pas d'obstacles.
Les sujets les plus différents étaient abordés par
lui tour à tour. On trouve, dans ces impatients
essais, à côté de mystiques entretiens avec la lune
et les étoiles, un adieu de Marie-Antoinette à Madame Elisabeth, écrit en majestueux hexamètres
virgiliens, des hymnes sacrées, de tendres cantiques à la sainte Vierge :

« J'étais souvent étonné de la force et de l'élévation de sa

jeune pensée, dit M. Legeay (1) ; il analysait d'une manière
surprenante l'histoire ancienne et l'histoire sacrée. Il brillait
surtout dans les sujets qui mettaient en jeu les sentiments
religieux et patriotiques. »

A quatorze ans, il fut admis dans la classe de
rhétorique. Cette époque fut marquée par une nouvelle et douloureuse épreuve, qui laissa son empreinte sur toute sa vie. Jusqu'alors il n'avait jamais
su ce que c'était que de douter ; sa foi avait été
calme et confiante, comme celle d'un enfant ; mais
le moment était venu où il allait payer cher le
don d'une maturité d'esprit si précoce et d'une imagination si prompte aux grands élans. L'activité intellectuelle qui avait tant hâté le développement de ses facultés, alluma en lui une flamme
soudaine : dans son esprit naquit le désir ardent
d'agiter les questions vitales, et surgit enfin le
démon du doute : le doute, ce tourment des âmes
nobles et inquiètes qui ont soif de croire et qui ne
trouvent point de repos jusqu'à ce que la raison
ait justifié la foi. Comme Pascal, Joubert et d'autres
penseurs profonds, Frédéric était destiné à éprouver, comme il le dit lui-même plus tard, « l'horreur de ces doutes qui rongent le cœur pendant le
jour, et qu'on retrouve la nuit sur un chevet mouillé
de pleurs. »

Tout à coup, en effet, et sans qu'il pût en décou-

(1) *Etude sur Ozanam*, par M. Urbain Legeay, professeur
à la faculté des lettres de Grenoble.

vrir de cause immédiate, un grand changement se fit en lui. Le ciel calme et pur jusque-là de son âme, se couvrit de nuages ; il commença à discuter, à argumenter : sa foi semblait ébranlée. Dans la lettre confidentielle déjà citée, il parle ainsi de cette crise :

« Il faut que j'entre dans quelques détails sur une période pénible de ma vie, période qui commença quand j'étais en rhétorique et qui finit l'année passée. A force d'entendre parler d'incrédules et d'incrédulité, je me demandai pourquoi je croyais? Je doutais et cependant je voulais croire. Je repoussais le doute. Je lisais tous les livres où la religion était prouvée, et aucun ne me satisfaisait pleinement. Je croyais, pendant un ou deux mois, sur l'autorité de tel raisonnement : une objection survenait à mon esprit, et je doutais encore. Oh, comme je souffrais ! car je voulais être religieux. Je mis le nez dans Vallar ; Vallar ne me contenta point. Ma foi n'était pas solide, et cependant j'aimais mieux croire sans raison plutôt que de douter, parce que cela me tourmentait trop. J'entrai en philosophie. La thèse de la Certitude me bouleversa. Je crus un instant pouvoir douter de mon existence (1). »

Cette épreuve laissa sur Ozanam une impression si profonde, que depuis lors il ne se la rappela jamais sans une vive émotion.

« L'incertitude de ma destinée éternelle ne me laissait pas de repos. Je m'attachais avec désespoir aux dogmes sacrés, et je croyais les sentir se briser sous ma main. C'est alors que l'enseignement d'un prêtre philosophe me sauva. Il mit dans mes pensées l'ordre et la lumière ; je crus désormais

(1) Lettre inédite, 5 janvier 1830.

d'une foi rassurée, et, touché d'un bienfait si rare, je promis à Dieu de vouer mes jours au service de la vérité qui me donnait la paix » (1).

Le prêtre philosophe dont il est ici question était l'abbé Noirot, dont la sagesse, la science et la piété eurent une grande influence sur toute la génération contemporaine d'Ozanam.

« Tous ceux qui ont étudié sous M. l'abbé Noirot, écrit à ce sujet M. Ampère, s'accordent à reconnaître dans ce maître chéri un don particulier pour diriger et développer chacun dans sa vocation. M. Noirot procédait avec les jeunes gens par la méthode socratique. Lorsqu'il voyait arriver dans sa classe de philosophie un rhétoricien bouffi de ses succès et aussi plein de son importance que pouvait l'être Euthydème ou Gorgias, le Socrate chrétien commençait par amener, lui aussi, son jeune rhéteur à convenir qu'il ne savait rien ; puis quand il l'avait, pour son bien, écrasé sous sa faiblesse, il le relevait en cherchant avec lui et en lui montrant ce qu'il pouvait faire. L'influence que ce maître habile exerça sur le jeune Ozanam décida de toute la direction de ses pensées » (2).

Le Père Lacordaire, de son côté, nous raconte combien le maître aimait à prendre son élève favori pour compagnon de ses promenades, et comment, dans leurs courses solitaires à travers les sentiers déserts et escarpés qui avoisinent Lyon, le grave philosophe et le jeune étudiant oubliaient les heures en discourant sur les sujets les plus profonds et les

(1) Avant-Propos, *Œuvres complètes d'Ozanam*, t. I.

(2) Notice sur Frédéric Ozanam, par H. Ampère. *Journal des Débats*, octobre 1853.

plus élevés — Dieu et ses relations avec l'homme était le thème sur lequel ils s'arrêtaient le plus volontiers—, jusqu'à ce que les ombres de la nuit les surprissent au moment où ils se hâtaient de rentrer au logis.

Frédéric était le plus jeune des cent trente élèves qui étudiaient sous l'abbé Noirot. Il conquit bien vite le premier rang dans la classe, et le conserva jusqu'à la fin.

« C'était une âme d'élite, nous dit ce vénérable maitre ; la nature l'avait merveilleusement doué sous le rapport du cœur et de l'intelligence. Il travaillait toute la journée sans interruption, et souvent une partie de la nuit ; il était d'un caractère dévoué, ardent, modeste, enjoué, gai même à la surface, mais sérieux au fond. Il aimait la plaisanterie, s'y prêtait volontiers, et jamais élève ne fut plus populaire que lui parmi ses camarades. Affectueux, sympathique, je ne crois pas qu'il pût inspirer ou ressentir de l'antipathie. Néanmoins il était d'un tempérament ardent, avait des éclats d'indignation, mais non contre les individus ; je ne lui ai jamais connu d'amertume ni de colère contre qui que ce soit. Il n'éprouva jamais de haine, sinon pour le mensonge. »

Tel est le portrait que fait d'Ozanam à dix-sept ans, un ami qui le connut bien et dont la tendre admiration est aussi vive aujourd'hui qu'elle l'était il y a quarante ans (1).

Ce temps d'études et d'agréables relations touchait à sa fin. Ozanam avait terminé son cours de

____

(1) L'abbé Noirot est mort en 1881.

philosophie et se préparait à étudier le droit. Il lui fallait pour cela aller à Paris ; mais le Dr Ozanam, malgré sa confiance dans la fermeté des principes de son fils, reculait assez naturellement à l'idée d'embarquer ce jeune homme seul et sans pilote sur cette mer dangereuse où tant de jeunes et nobles cœurs font journellement naufrage. Il fut donc décidé que Frédéric passerait encore un an à Lyon et qu'on lui donnerait une occupation qui pût servir de préliminaire à ses futures études juridiques. L'emploi provisoire que l'on choisit pour lui était aussi opposé que possible aux goûts du jeune homme. On le plaça dans une étude d'avoué. Si pénible que lui fût l'aridité de ce genre de travail, il l'accepta néanmoins sans murmure, et occupa gaiement son siège dans la sombre étude, où rien n'évoquait le souvenir des poétiques et philosophiques régions qu'il avait habitées jusqu'alors. Il se mit à copier les rôles avec autant d'ardeur que jadis les thèses destinées à M. Noirot, et à écouter avec déférence la verbeuse éloquence du maître-clerc. Mais, malgré ses efforts, cette besogne ne pouvait lui plaire ; aussi, quand il avait accompli la tâche imposée, se reposait-il en charmant ses loisirs par l'étude de l'anglais, de l'allemand, de l'hébreu, et même du sanscrit ; il lisait énormément, et trouva le temps d'écrire un traité contre les Saint-Simoniens. « C'était comme une préface du livre auquel il devait travailler, dit encore M. Ampère, jusqu'à son dernier jour. »

La religion de la secte saint-simonienne était issue de la désorganisation morale et sociale qui suivit la révolution de 1830. Sa principale tactique consistait à glorifier le christianisme dans le passé, pour se donner le droit de l'avilir et de le nier dans le présent; elle le traitait de croyance usée et prétendait élever sur ses ruines la « Religion de l'avenir », comme elle s'intitulait. Elle avait fait beaucoup de bruit en diverses parties de la France et fasciné bien des esprits inquiets qui, impatients de l'indifférence générale, et ayant soif d'une foi quelconque, embrassaient avec joie une doctrine semblant promettre la solution du grand problème social. Les Saint-Simoniens vinrent à Lyon pendant l'hiver et y gagnèrent quelques recrues. Frédéric eut avec eux plusieurs passes d'armes dans les journaux de la ville; mais, sans se borner là, il se mit à l'œuvre et publia un écrit, qui parut au mois d'avril 1831 et porta un rude coup aux novateurs.

M. de Lamartine, l'ayant lu, adressa à Frédéric ses félicitations, et lui déclara que son admiration pour le talent de l'auteur était encore augmentée par la surprise que lui causait son âge.

« Ce début, » ajoute Lamartine, « nous promet un combattant de plus dans la sainte lutte de la philosophie religieuse et morale que ce siècle livre contre une réaction matérialiste. Comme vous, j'augure bien du succès. Nous ne le tenons pas; mais la voix de la conscience, cette prophétie infaillible du cœur de l'honnête homme, nous l'assure pour nos enfants. Confions-nous à cet instinct et vivons dans l'avenir. »

Ce genre de polémique ne semble pas être précisément du domaine d'un clerc d'avoué ; aussi Frédéric sentait-il bien que son occupation actuelle n'était que momentanée ; elle pouvait lui être utile à titre d'apprentissage, mais ne devait pas l'absorber au préjudice d'intérêts d'un ordre plus élevé. Il ne perdit jamais de vue cette considération, et, tout en accomplissant consciencieusement sa tâche journalière, travailla toujours plus assidument pour se préparer à celle qui l'attendait. Son premier soin fut d'étudier l'état de la société en France ; et la connaissance des maux invétérés qui rongeaient le cœur du pays, le remplit du désir ardent de contribuer, même de loin, à l'amélioration générale, ou du moins d'unir ses efforts à ceux d'autres, plus compétents que lui, pour traiter ce redoutable problème.

Quoique son âme fût naturellement inquiète et souvent « troublée en elle-même », Ozanam avait un naturel heureux et s'accommodait facilement aux circonstances extérieures de la vie. Il était pauvre et accepta de demeurer pauvre. Rarement un homme, ayant conscience de ses hautes facultés intellectuelles, a commencé sa vie plus libre du souci de se faire une fortune ou de se créer une position, dans le sens mondain de ce mot.

« J'ai envie de rendre grâces à Dieu, disait-il, de m'avoir fait naître dans une de ces positions sur la limite de la gêne et de l'aisance, qui habituent aux privations sans laisser absolument ignorer les jouissances ; où l'on ne peut s'endormir dans l'assouvissement de tous les désirs, mais où l'on n'est pas distrait non plus par les sollicitations continuelles du besoin, Dieu sait, avec la faiblesse naturelle de mon caractère, quels dangers auraient eus pour moi la mollesse des conditions riches ou l'abjection des classes indigentes » (1).

(1) Lettre à M. Lallier, 3 novembre 1836.

CHAPITRE II

1831.

Le docteur Ozanam finit sans doute par comprendre que son fils n'était pas à sa place dans une étude d'avoué, car il se décida subitement à l'envoyer à Paris, pour y commencer son droit. C'était vers la fin de 1831 ; Frédéric était alors dans sa dix-huitième année.

Sa première expérience de cette nouvelle vie que de loin il avait rêvée si belle, fut une amère déception. Paris était alors bien différent de ce qu'il est aujourd'hui. L'étudiant catholique, en arrivant dans la grande ville, y trouve des cercles, des centres de réunion où il est cordialement accueilli, et où il perd le sentiment de son isolement dans la sympathie que créent les croyances et les luttes communes. Il n'en était pas ainsi après la révolution de 1830. Tous ceux qui l'avaient pu avaient quitté Paris, devenu un foyer d'agitation et de désordre, et les parents tremblaient à la pensée de renvoyer leurs fils dans des collèges où l'athéisme régnait en maître. Plutôt que d'exposer la foi de leurs enfants à l'influence pernicieuse d'une telle atmosphère, ils préféraient les garder auprès d'eux, en attendant que le calme eût succédé à la tempête. Ils s'aperçurent bientôt, cependant, de la nécessité d'ajourner indéfiniment cette espérance. Il s'agissait donc de décider s'il fallait priver leurs fils d'une éducation libérale, et par là même leur fermer les portes de toute carrière, ou bien les renvoyer, à tout risque, aux écoles publiques. La plupart d'entre eux hésitaient encore entre ces deux alternatives quand Frédéric Ozanam vint à Paris.

Ce fut avec une tristesse étonnée qu'en entrant à l'école de droit, il s'aperçut que lui et trois autres étaient seuls chrétiens parmi les étudiants qui la fréquentaient. Il comprit avec douleur que, pendant les années suivantes, sa vie allait se passer parmi des camarades qui étaient, soit athées déclarés, soit rationalistes, soit saint-simoniens. Tout récemment sorti de la pure atmosphère d'un intérieur chrétien, et animé d'un ardent amour pour sa foi, il ne pouvait supporter l'idée d'une société quotidienne avec ceux qui faisaient ouvertement profession de haïr le christianisme, raillaient ses doctrines et blasphémaient son divin fondateur. Il n'y avait pourtant de choix qu'entre cette société et un isolement complet, qui, pour une nature affectueuse comme la sienne, semblait intolérable ; il choisit bravement toutefois, ce dernier parti, et, pendant les premiers mois de sa résidence à Paris, se tint à l'écart de toute intimité, et aussi loin que possible de toute liaison avec ses condisciples.

Au commencement, il n'eut même pas la consolation d'être reçu à un foyer où il pût se reposer doucement des fatigues d'une journée de travail. Mme Ozanam avait chargé un vieil ami de chercher une pension tranquille où son fils fût convenablement installé et passât ses soirées dans une société aimable et sûre. Le choix ne fut pas heureux, comme nous l'apprend la première lettre écrite par Frédéric à sa mère, de sa nouvelle demeure, le 7 novembre 1831 :

« Me voilà seul, sans distraction, sans consolation extérieure, et je commence à sentir toute la tristesse, tout le vide de ma position. Moi, si habitué aux causeries familières, qui trouvais tant de plaisir et de douceur à voir chaque jour réunis autour de moi tous ceux qui me sont chers, qui avais tant besoin de conseils et d'encouragements, me voilà jeté sans appui, sans point de ralliement dans cette capitale de l'égoïsme, dans ce tourbillon des passions et des erreurs humaines,.... Les jeunes gens de ma connaissance sont trop éloignés de mon domicile pour que je puisse les voir souvent. Je n'ai pour épancher mon âme que vous, ma mère, que vous et le bon Dieu... Mais ces deux-là en valent bien d'autres ! J'ai mille choses à vous dire, mais par où commencer ?... Je suis établi, depuis samedi, dans ma pension, dans une petite chambre au midi, fort près du Jardin des Plantes. — « Tu te trouves donc bien ? » allez-vous dire. Pas du tout, je suis fort mécontent, mes griefs sont nombreux. Je suis éloigné de l'École de Droit, des cabinets de lecture, du centre des études et de mes camarades de Lyon ; puis ma maîtresse d'hôtel a l'air d'une rusée commère ; ses paroles et ses manières m'ont fait présumer qu'elle est fort affectionnée pour la bourse des jeunes gens. Enfin, et c'est ma grande raison, la compagnie n'y est point bonne. Il y a des dames et des demoiselles, aussi pensionnaires, qui mangent à table avec nous, tiennent le haut de la conversation, et dont les discours et la tournure sont extrêmement communs ; de ma chambre je les entends pousser de gros éclats de rire, car il est d'usage ici de se réunir le soir pour jouer aux cartes, et l'on me presse de prendre part à ces jeux. Vous pensez bien comme j'ai refusé. Ces gens ne sont ni chrétiens, ni Turcs. Je suis le seul qui fasse maigre et par là-même exposé à mille quolibets. Il est fort désagréable de se trouver en pareille société. Vous me direz ce que vous en pensez, ce qu'en pense mon père et si vous jugez que je doive prendre d'autres arrangements » (1).

La poste ne voyageait pas aussi rapidement il y a cinquante ans qu'elle le fait aujourd'hui, et, avant qu'une réponse eût pu lui arriver de Lyon, le jeune solitaire fut tiré d'embarras par une circonstance heureuse et imprévue. Il avait autrefois rencontré à Lyon, chez un ami, le célèbre mathématicien M. Ampère ; profitant de l'invitation gracieuse que celui-ci lui avait faite, il alla le voir peu de jours après la lettre que nous venons de reproduire. André-Marie Ampère était un grand personnage dans la société de cette époque. Frédéric l'aborda avec une certaine timidité, mais fut bientôt mis à l'aise par la franche cordialité de l'illustre savant, dont la bonté égalait le mérite. Le jeune homme lui raconta ses ennuis. M. Ampère l'écouta attentivement, puis, se levant tout à coup, il ouvrit la porte d'une belle chambre donnant sur le jardin et lui demanda ce qu'il en pensait. Frédéric répondit qu'elle lui plaisait infiniment.

— « Eh bien ! venez en prendre possession, » dit

(1) Lettre à sa mère, Paris, 7 novembre 1831.

M. Ampère. « Je la mets cordialement à votre disposition ; vous me paierez ce que vous payez à votre pension, et j'espère que vous y serez mieux. Vous ferez connaissance avec mon fils, qui, en ce moment, étudie la littérature allemande (1). En son absence, sa bibliothèque sera à votre disposition. Vous faites maigre ; nous aussi ; ma sœur et ma fille dînent avec moi, ce sera pour vous une petite société. Que pensez-vous de ce plan? » Le jeune homme répondit que c'était trop beau pour être vrai et qu'il en écrirait immédiatement à son père. La réponse fut ce que l'on pouvait prévoir. Un mois plus tard, l'étudiant, au comble de la joie, racontait à ses parents, son nouveau genre de vie et envoyait à sa mère un plan de la chambre avec son mobilier et sa décoration :

« Vous allez peut-être vous moquer de moi, disait-il ; cependant je parie que ce barbouillage amusera maman : elle se figurera me voir assis devant ma table, me couchant dans mon lit, allant de ma table à mon bûcher et du bûcher au poêle.

On déjeune à dix heures, on dîne à cinq heures et demie, tous ensemble, M. Ampère, sa fille et sa sœur. M. Ampère est causeur, sa conversation est amusante et fort instructive ; j'ai déjà appris bien des choses depuis que je suis auprès de lui. Sa fille parle assez bien et prend part à ce que l'on dit. M. Ampère m'a paru très caressant pour elle, mais il l'entretient habituellement de science. Doué d'une mémoire

(1) Le fils de M. Ampère suivait alors les cours d'une université allemande et la chambre offerte à Ozanam était celle qu'occupait le jeune homme quand il habitait Paris.

prodigieuse pour tout ce qui est scientifique dans quelque ordre de connaissances que ce soit, il est oublieux pour toute affaire de ménage. Il a appris le latin tout seul. Il ne fait de vers latins que depuis *deux ans* et les fait très bien. Il possède l'histoire à merveille et lit avec autant de plaisir une dissertation sur les hiéroglyphes, qu'un recueil d'expériences de physique et d'histoire naturelle. Tout cela chez lui est instinctif. Les découvertes qui l'ont porté au rang où il est aujourd'hui lui sont venues, dit-il, tout à coup, sans savoir comment. Il termine en ce moment un grand projet d'encyclopédie. Voilà l'homme excellent chez lequel je me trouve installé ; n'en êtes-vous pas bien aise, mon bon père ? J'oubliais de vous dire qu'un ton parfait de politesse règne dans la maison. J'oubliais aussi de vous donner mon adresse : 19, rue des Fossés Saint-Victor » (1).

Ce séjour chez M. Ampère mit Frédéric en rapport avec les hommes les plus distingués de ce temps dans les lettres et les sciences, qui traitaient tous le jeune étudiant avec une bienveillance dont il était ravi.

« Tous ces savants de Paris sont pleins d'affabilité, écrit-il à sa mère. J'ai vu hier M. Serullas (2) ; c'est un excellent homme, mais doué au plus haut point de la distraction scientifique. Je l'ai trouvé occupé à des manipulations chimiques, qu'il s'est bien gardé d'interrompre tout en m'accueillant fort bien et en me régalant de temps en temps, comme il le disait lui-même, de l'inflammation de quelques fragments de *potassium*. Mais il n'était point en veine et son expérience n'a pas réussi.

C'est singulier comme tout le monde est instruit ici. Vous

(1) Lettre du 7 décembre 1831.
(2) Professeur de chimie au Val-de-Grâce, membre de l'Académie des sciences.

voyez qu'aujourd'hui je suis optimiste ; dans ma dernière lettre, le souci m'avait rendu pessimiste et tout me paraissait
mal. Maintenant que les affaires de Lyon sont calmes, que
j'ai une société, une chambre à ma fantaisie, et devant moi
l'espérance d'avoir des livres, du feu et de l'argent, que me
manque-t-il ? Vous, mon bon père, vous et toute ma famille ;
oh ! voilà ce qui me manque et que je brûle de revoir. Comme
il fera bon nous embrasser dans huit mois d'ici ! »

Parmi les célébrités que Frédéric se félicita toujours d'avoir rencontrées à cette époque de sa vie,
était M. de Chateaubriand. Il avait gardé pendant
deux mois, sans avoir le courage de la présenter,
une lettre d'introduction qu'on lui avait donnée pour
l'illustre écrivain. Enfin, le jour de l'an, il la mit
dans sa poche et sortit avant midi, décidé à tenter
cette démarche héroïque. Son cœur battait avec
violence quand il sonna à la porte de cet homme
que Charles X avait appelé « une des puissances
de ce monde. » M. de Chateaubriant revenait de
la messe ; il reçut le jeune étudiant avec une
grâce parfaite, l'interrogea avec intérêt sur ses
études, ses goûts, ses projets d'avenir, puis, fixant
sur lui un regard scrutateur, lui demanda s'il avait
déjà été au théâtre. Frédéric répondit que non. —
« Vous proposez-vous d'y aller ? » dit M. de Chateaubriand, les yeux toujours fixés sur lui. Frédéric hésita un instant ; il avait promis à sa mère
de s'en abstenir, et n'avait jamais songé à lui manquer de parole, mais il craignait de paraître ridicule
au grand écrivain en lui avouant la vérité. La lutte

fut pourtant de courte durée ; il avoua franchement sa résolution de ne point mettre les pieds au
théâtre, et en dit la raison. Un rayon de satisfaction
éclaira le visage de Chateaubriand. Il embrassa le
jeune homme avec émotion : « Je vous en prie, lui
dit-il, soyez fidèle à cette promesse, que vous avez
faite à votre mère ; vous ne gagneriez rien au théâtre, et vous pourriez y perdre beaucoup. »

Ce petit épisode compta, pour Frédéric, parmi les
faveurs signalées que lui accorda la Providence au
moment périlleux de ses débuts à Paris. Dès lors,
quand ses camarades libres-penseurs lui proposaient
de les accompagner au spectacle, il répondait hardiment : « M. de Chateaubriand m'a conseillé de n'y
point aller, et je le lui ai promis. »

D'ailleurs, dès son arrivée à Paris, son temps fut
si complètement absorbé par l'étude qu'il ne lui en
serait point resté pour de tels amusements, eût-il
été disposé à s'y livrer. Il étudiait toute la journée
et prenait souvent sur son sommeil, pour préparer
le travail du lendemain. L'espérance, qui avait illuminé pour lui la sombre étude de l'avoué, brillait
toujours devant ses yeux, guidant tous ses efforts,
éclipsant toute autre ambition. Faire ou aider à
faire quelque chose, pour Dieu et pour ses semblables ; se rendre apte à quelque mission utile :
tel était le but de toutes ses études ; et, au succès
de cette mission il subordonnait absolument son
intérêt et ses succès personnels. De si hautes aspirations, des pensées si profondes devaient naturelle-

ment engendrer une sorte de tendre mélancolie dans cette âme ardente, dont les généreuses ambitions étaient si peu favorisées par les circonstances. Il écrit à Falconnet :

« ... Quinze jours se sont passés... puis-je être mieux ? Une jolie chambre, une bonne table, une agréable société, des conversations presque toujours instructives, souvent amusantes avec mon respectable hôte, une leçon de droit et un ou deux cours de littérature par jour, la compagnie habituelle d'Henri (1), en voilà certes plus qu'il n'en faut pour faire une vie d'étudiant assez douce et assez heureuse. Eh bien, me crois-tu heureux ? Oh ! non, je ne le suis pas ! car il s'est fait chez moi une solitude immense, un grand malaise... Paris me déplaît, parce qu'il n'y a point de vie, point de foi, point d'amour : c'est comme un vaste cadavre auquel je me suis attaché tout jeune et tout vivant, et dont la froideur me glace, dont la corruption me tue. C'est vraiment au milieu de ce désert moral que l'on comprend bien et que l'on répète avec amour ces cris du Prophète :

Habitavi cum habitantibus Cedar, multum incola fuit anima mea ! Si oblitus fuero tui, Gerusalem, adhæreat lingua mea faucibus meis ! » (2).

----

(1) Henri Pessonneaux, son cousin, jeune homme doué de grandes qualités morales et intellectuelles, et très attaché à Frédéric.

(2) Lettre, 29 décembre 1831.

CHAPITRE III

1832.

La société française, dans les années qui suivirent la révolution de 1830, présentait le frappant et décourageant spectacle d'une apathie qui avait gagné toutes les classes. A vrai dire, la portion saine de la société, le parti de l'ordre, comme on l'appelle, a dans tous les temps fait preuve de cette criminelle faiblesse ; quand vient une crise, il s'efface, s'enferme dans une résignation passive qui est le résumé pratique de son *credo* politique, et se laisse fouler aux pieds par les communistes du jour.

Quand Ozanam vint à Paris, l'Instruction publique montrait encore les signes de cette fatale inertie qui l'avait annihilée sous l'Empire, lorsqu'à la guerre ouvertement déclarée à la religion et à la morale, avait succédé une oppression habilement déguisée et un vernis de respect extérieur aussi offensant que paralysant.

La Restauration avait voulu inaugurer une ère nouvelle ; mais on manquait d'énergie pour en profiter ; l'indifférence et l'esprit de laisser-aller s'étaient enracinés dans les esprits et ne pouvaient en être arrachés en un jour.

Ces périodes d'engourdissement et de torpeur sont l'heure des faux prophètes, des fondateurs de religions nouvelles ; c'est alors que tous les novateurs se présentent et appellent autour d'eux les esprits inquiets qui, impatients de la stagnation générale, brûlent de voir s'ouvrir une voie à leur énergie longtemps comprimée. M. de Lamennais fut le grand faux prophète de cette époque. Partie création, partie réaction de l'esprit de son temps, il répondit pleinement à son appel, et gagna la sympathie de ses contemporains à un degré peut-être sans égal dans l'histoire des influences morales. Déjà, avant le lever de cet astre lumineux, mais errant et trompeur, les Saint-Simoniens avaient pris position sur le champ de bataille. Ils avaient promis de conduire l'humanité à un second paradis terrestre, et leurs théories spécieuses et brillantes avaient séduit nombre de jeunes gens. Frédéric Ozanam avait fait contre eux ses premières armes, comme nous l'avons vu, et avec un grand succès local : mais les rangs de ces sectaires grossissaient toujours : il le comprit à Paris mieux qu'il n'avait pu le faire à Lyon. Les différents cours qu'il suivait lui démontrèrent la nécessité d'opposer une digue au torrent de doctrines absurdes et impies qui coulait journellement de la source où la jeunesse allait s'abreuver.

Frédéric racontait volontiers un incident survenu au cours du Collège de France. Le professeur, M. Letrône, parlait du déluge, et se donnait beaucoup de peine pour prouver que l'histoire du déluge universel était une superstition populaire ; qu'il n'y avait eu que des déluges partiels à différentes époques et en différents lieux. En dehors de sa nouveauté, cette théorie avait de plus l'avantage de jeter du discrédit sur la « légende de la Genèse. » L'auditoire écoutait avec une profonde attention, mais Ozanam ne pouvait contenir son impatience et la manifestait par des regards irrités et par des haussements d'épaules expressifs. Ce sentiment était si rare qu'un jeune homme, nommé Lallier, qui, pour la même raison que Frédéric, se tenait isolé à Paris parmi ses condisciples, résolut, aussitôt la leçon achevée, de l'aborder et de faire sa connaissance ; mais Ozanam était sorti avant la fin du cours et l'occasion fut manquée. Quelques semaines s'écoulèrent, et ils se rencontrèrent de nouveau au cours de l'abbé Gerbet. En sortant de la salle, Frédéric fut entouré d'un groupe d'étudiants qui discutaient avec animation les idées émises par le professeur. M. Lallier s'avança et lui adressa la parole ; en peu de temps leur connaissance devint une amitié qui dura sans un nuage jusqu'à la mort d'Ozanam.

Le nombre des jeunes gens catholiques augmentait cependant dans les différents cours, ou, pour mieux dire, ils se découvraient mutuellement ; bientôt ils prirent courage en se comptant et marchèrent en avant le front haut. Le respect humain, cette plaie de la religion et de la morale en France, en empêchait plusieurs de se déclarer catholiques, parce qu'ils se croyaient isolés. Un étudiant qui avait souvent vu Ozanam à l'École de droit et avait été frappé de son application tranquille et du charme de ses manières, sans toutefois chercher à lier connaissance avec lui, le rencontra un jour sortant de Saint-Étienne-du-Mont : « Quoi ! s'écria-t-il, vous êtes catholique? que j'en suis heureux ! Soyons donc amis ; je vous croyais athée. »

L'incident suivant n'est pas moins significatif. Les deux jeunes élèves, en compagnie d'un troisième, allèrent une fois entendre un sermon dans l'une des plus grandes églises de Paris. Ils arrivèrent tard. Ozanam et son ami purent seuls trouver place, et leur compagnon dut rester debout. Comme il était de très haute taille, le curé, le remarquant de son banc d'œuvre, lui attribua une intention irrespectueuse, et, l'apostrophant publiquement, termina sa réprimande en disant : « Votre attitude montre bien que vous êtes plus habitué à fréquenter le théâtre que l'église. » Le jeune homme rougit en silence, et, après le sermon, se rendit à la sacristie pour s'expliquer avec le curé. Celui-ci, s'excusa de sa méprise, mais ajouta : « Que voulez-vous? nous voyons si rarement des jeunes gens à l'église, si ce n'est, comme je le disais, par un mauvais motif, pour railler ou critiquer, que jamais je n'aurais eu l'idée que vous fussiez une exception à la règle. » Ces exceptions pourtant devenaient de plus en plus nombreuses. Il n'y avait guère plus d'un an que Frédéric était à Paris, lorsqu'il écrivait à Ernest Falconnet :

« ... Nos rangs sont plus nombreux que nous ne le croyions. J'ai trouvé ici des jeunes hommes forts en pensées et riches en sentiments généreux, qui consacrent leurs réflexions et leurs recherches à cette haute mission qui est aussi la nôtre. Chaque fois qu'un professeur rationaliste élève la voix contre la révélation, des voix catholiques s'élèvent pour répondre. Nous sommes unis plusieurs dans ce but. Déjà deux fois j'ai pris ma part de ce noble labeur en adressant des objections écrites à ces messieurs. Mais c'est principalement au cours de M. X... que nous avons réussi. Deux fois il avait attaqué l'Église, la première en traitant la papauté d'institution passagère, née sous Charlemagne, mourante aujourd'hui ; la seconde en accusant le clergé d'avoir constamment favorisé le despotisme. Nos réponses lues publiquement ont produit le meilleur effet, et sur le professeur qui s'est presque rétracté, et sur les auditeurs qui ont applaudi » (1).

(1) Lettre à M. Falconnet, 10 février 1832. T. I.

CHAPITRE IV

1833.

Le séjour de Frédéric chez M. Ampère eut de
grands avantages pour lui à plusieurs points de vue.
Le patriarche des mathématiciens, comme on l'appelait, conçut bientôt une affection paternelle pour
son jeune hôte dont il ne se lassait point d'admirer la vertu et le talent. Il aimait à l'associer à ses
travaux scientifiques et, lorsque le jeune Ampère
fut de retour d'Allemagne et qu'Ozanam dut quitter
ce toit hospitalier pour faire place au fils de la maison, son vieil ami l'envoyait souvent chercher pour
l'aider dans quelque travail pressant et difficile. Une
fois, n'ayant que quelques jours à passer à Paris
pour terminer un tableau de la classification des
sciences, auquel il attachait une haute importance,
il écrit à Frédéric : « Venez, je vous en prie, au
nom de l'amitié que vous avez pour moi ; il n'y a
pas un moment à perdre, si vous ne voulez pas
me priver d'une chose à laquelle j'attache un très
grand intérêt. » M. Ampère prétendait que, si Ozanam l'avait voulu, il eût été le premier mathématicien de son siècle, et l'on ne saurait douter que
son talent littéraire n'ait gagné en vigueur au contact de ces connaissances scientifiques acquises,

pour ainsi dire, sans effort dans la société de M. Ampère. Il avait toujours redouté de n'être qu'un homme de lettres, une intelligence emprisonnée dans un cercle étroit, et concentrée sur un unique objet. Encore enfant, il éprouvait ce besoin d'expansion du génie qui ne peut suivre une orbite tracée. Il avait commencé de bonne heure à cultiver son esprit dans tous les genres de connaissances et à y semer les germes variés qui devaient plus tard produire d'abondantes moissons. La science fut pour lui une utile compagne : il lui dut, en grande partie, de ne pouvoir traiter superficiellement un sujet quelconque. Il l'aimait en même temps pour elle-même, parce qu'elle ouvrait devant lui tout le domaine de la nature, lui révélait des secrets que la littérature peut exprimer, mais non découvrir, parce qu'elle lui fournissait des contrastes et des comparaisons toujours belles et variées, et l'aidait à devenir un philosophe profond en même temps qu'un écrivain harmonieux.

Souvent, dans les conversations intimes entre le maître et l'élève, le sentiment des mystères et des beautés de la nature jetait le vieux savant dans un transport subit d'admiration et d'humilité. Interrompant alors brusquement ses explications et ses recherches, il couvrait de ses mains son grand front blanchi et s'écriait comme confondu par la souveraine Puissance qui se révélait dans ces œuvres : « Que Dieu est grand, Ozanam ! que Dieu est grand ! »

L'exemple de la foi simple et forte de ce vénérable maître était une continuelle leçon, et parfois un puissant encouragement pour Ozanam. Sa foi, à lui, était ferme et fervente ; mais elle n'était pas à l'épreuve de ces découragements passagers, de ces défaillances du cœur qui ne sont point incompatibles avec les croyances les plus solidement ancrées. Il en souffrit toute sa vie et, à cette époque, écrasé par le travail, lassé par moments de ces efforts obstinés, couronnés de si peu de succès, tandis qu'autour de lui l'égoïsme et l'incrédulité étaient debout et triomphants, il éprouvait parfois un sentiment d'amertume. Un jour, il sortit et se dirigea vers Saint-Étienne-du-Mont. Par l'effet d'une secrète impulsion plutôt que par un mouvement de piété réfléchi, il entra dans l'église, s'avança vers la châsse respectée où, comme de coutume, priaient de nombreux fidèles, femmes et enfants pour la plupart, et là, agenouillé au milieu d'eux dans l'attitude de la plus profonde dévotion, il aperçut M. Ampère. Cette vue et la leçon qu'elle portait en elle allèrent droit au cœur du jeune homme. Tombant à genoux, il se repentit d'avoir eu, ne fût-ce qu'un instant, une pensée mauvaise à l'égard de cette Foi, devant les sublimes mystères de laquelle son grand et vénérable maître se prosternait dans une humble et joyeuse adoration.

Cette tendance au découragement, source de vives souffrances pour Ozanam pendant toute sa vie, venait peut-être en partie de certaines conditions

physiques, d'une santé naturellement délicate et
que, dès ses premières années, il avait impitoyablement surmenée ; mais il faut la considérer surtout,
comme le prix auquel la plupart des hommes
achètent la possession des plus hautes facultés morales et intellectuelles. A mesure qu'il avançait
dans la vie, le découragement prit en lui la forme
d'une sorte de lassitude de soi : c'était une suite naturelle de cette lutte intérieure qu'il soutenait sans
trève, avec le secours de la grâce, et aussi d'une nature admirablement disciplinée. Il est vrai que cette
lutte sans cesse renouvelée ne troublait point le
calme de son esprit : la mélancolie qu'elle engendrait était cette noble tristesse que l'expérience de
la vie fait naître dans les âmes pures et tendres et
qui déborde en miséricorde, sans jamais ressembler
à l'aigreur haineuse de l'homme déçu, qui se venge
de ses propres déboires par de stériles récrimina-
tions contre l'humanité. Le défaut d'Ozanam était,
au contraire, une trop grande confiance en ses
semblables ; il leur prêtait tous les bons instincts,
toutes les vertus et faisait peser trop exclusivement la responsabilité de leurs folies et de leurs
crimes sur ce grand coupable abstrait qu'on nomme
la société. Il gardait pour lui-même son blâme le
plus sévère, et il ne se le ménageait pas.

— « Il y a, lit-on dans un de ses écrits, deux
sortes d'orgueil : l'un, plus grossier et auquel on
échappe aisément ; c'est le contentement de soi-même ; l'autre, plus subtil, plus facile à se glisser in-

aperçu, est mécontent, parce qu'il attend de soi de grandes choses, et qu'il est désappointé. Ce genre d'orgueil, plus raffiné, plus dangereux, est le mien.» Les esprits élevés sont généralement humbles, car l'humilité n'est, en définitive, que la vue claire et distincte de l'abîme qui sépare le *moi* — tel que nous le montre le christianisme ou même la philosophie — du *moi* idéal que nous aspirons à être. C'est ce que les plus grands esprits comprennent le mieux, de même que les natures délicates souffrent d'autant plus du sentiment de leur chute, qu'elles se sont élevées plus haut dans leurs aspirations.

A l'âge où les jeunes gens les plus sérieux se préoccupent surtout de leurs plaisirs, Frédéric Ozanam songeait aux misères et aux besoins de son temps ; il en souffrait comme souffrent ceux qui aiment trop leur prochain pour se réfugier dans l'indifférence ou dans le désespoir. « Il faut faire quelque chose, s'écriait-il, mais quoi? » Cette incertitude de sa vocation le dévorait ; il en faisait le sujet d'ardentes prières. A ses yeux, une carrière n'était pas seulement un moyen d'existence ou l'occasion d'un travail honorable. Il la comprenait autrement. Tout chrétien, pensait-il, a sa tâche assignée dans le plan de la Providence : libre de la refuser, il n'est pas libre d'échapper aux conséquences de son refus. Son indifférence était, d'ailleurs, toujours la même, relativement à la nature exacte de l'œuvre qui lui était destinée et à la sphère dans laquelle il aurait à exercer son activité. Que sa vocation l'appelât à une position brillante ou le laissât dans l'obscurité, cela ne le touchait point, pourvu qu'il fût à la place où Dieu le voulait. Cette pureté d'intention, cette conformité sincère à la volonté divine, n'excluait pas une certaine inquiétude de l'avenir ; mais il la combattait de toutes ses forces :

« Combien de fois n'ai-je pas voulu bâtir à l'avance l'édifice de mon existence, écrivait-il à Falconnet, ramassant ce qui me semblait le plus propre à le faire grand et beau, depuis mon enfance d'écolier, où je songeais des poëmes en vers latins, jusqu'à présent, où je songe à tant d'autres choses ! Te rappelles-tu ces conversations à la promenade où nous parlions de ce que nous ferions un jour ?..... Pauvres gens que nous sommes, nous ne savons pas si demain nous serons en vie, et nous voudrions savoir ce que nous ferons dans *vingt ans d'ici !* Nous ignorons quelles sont nos facultés, quel peut être notre bonheur, et nous voudrions nous tracer une route inflexible pour le développement de facultés dont nous ne sommes pas sûrs, pour atteindre un bonheur qui est pour nous un mystère ! D'ailleurs, considère ceci : A quoi sert de savoir ce qu'on doit faire, sinon à faire bien ? — A quoi sert de connaître sa destination, — sinon à l'accomplir ? A quoi bon voir le chemin, — sinon à marcher ? Or, pourvu que le voyageur voie à dix pas devant lui, n'arrivera-t-il pas aussi bien que s'il avait tout le reste en perspective » (1).

Les vacances de 1833 furent passées par la famille Ozanam en Italie. Mme Ozanam accompagna son mari et ses fils jusqu'à Florence, où elle resta auprès d'une sœur mariée, pendant que le père et ses fils aînés visitaient Rome, Naples, Milan, Lo-

(1) Lettre à M. Falconnet. Paris, 11 avril 1834. T. X.

rette. Dès son enfance, Frédéric avait montré un vif sentiment des beautés de la nature. Chose étrange, ce sentiment, qu'il devait exprimer plus tard d'une manière si exquise, ne semble pas avoir été excité en lui par ce voyage enchanteur: ses lettres, durant cette période, ne montrent que peu de traces d'enthousiasme sur ce point, tandis que toutes les pages y témoignent de son admiration pour les beautés artistiques qu'il rencontre à chaque pas. Il est ravi de la poésie du pays de Dante et de Pétrarque ; mais le sentiment dominant est la sympathie pour l'idée philosophique qui s'incarne dans l'art et dans la nature ; c'est là ce qui le pénètre et l'absorbe presque exclusivement. Dante est la personnification idéale de la philosophie, et Ozanam est sous l'empire du prestige que ce grand poète exerce depuis tant de siècles sur les âmes élevées et passionnées. Bien des années plus tard, se rappelant le lieu où il subit ce charme pour la première fois, il écrit :

« Lorsque, réalisant un pèlerinage souvent rêvé, on est allé visiter Rome, et qu'on a monté avec le frémissement d'une curiosité pieuse le grand escalier du Vatican, après avoir parcouru les merveilles de tous les âges et de tous les pays du monde réunis dans l'hospitalité de cette magnifique demeure, on arrive à un lieu qui peut être appelé le sanctuaire de l'art chrétien ; ce sont les « Chambres de Raphaël » (1).

« Là, devant cet immortel chef-d'œuvre, la *Dispute*

(1) Préface de Dante, *La philosophie catholique*, T. VI.

du Saint-Sacrement, il est saisi d'une admiration enthousiaste ; mais, que voit-il tout d'abord ? qu'est-ce qui le frappe ? C'est Dante couronné de lauriers. » Pourquoi donc le poète florentin se trouve-t-il ici parmi les plus vénérables défenseurs de ce divin mystère ? Cette question s'empare d'Ozanam et elle ne lui laissera plus de repos jusqu'à ce qu'il en ait trouvé la solution.

CHAPITRE V

A mesure que le jeune parti catholique grandissait on sentait la nécessité d'avoir un lien de réunion où l'on pût discuter en commun les moyens d'action. M. Bailly pourvut d'une façon inattendue à ce besoin.

« Le Père Bailly », comme on l'appelait familièrement, était propriétaire d'une imprimerie et d'un journal, et recevait chez lui un certain nombre d'étudiants en droit. Son journal, la *Tribune catholique*, ne manquait pas de mérite ; il paraissait régulièrement trois fois par semaine, avait peu d'abonnés, il est vrai, mais était envoyé gratuitement à quiconque le voulait lire. Le désir de donner à ces jeunes gens une occupation utile et une distraction qui les retînt chez eux le soir, en leur fournissant de salutaires et intéressants sujets d'entretien, était entré pour beaucoup dans les motifs de la fondation du journal. Il proposa à Ozanam et à ses amis de s'assembler eux aussi une fois par semaine dans ses bureaux, 7, rue du Petit-Bourbon-Saint-Sulpice, et de discuter entre eux, sous sa direction, des questions d'histoire.

On avait d'abord songé à n'admettre comme membres de la réunion que des catholiques, mais on changea bientôt d'idée. D'abord, les catholiques

étaient trop peu nombreux et trop disséminés;
puis, si tout le monde était du même avis, les débats
périraient d'inanition; il fallait, pour les animer,
y introduire un élément de contradiction; la barrière fut donc levée, et le cercle s'élargit. Voltai-
riens et Fouriéristes, rationalistes et Saint-Simoniens se pressèrent aux réunions, et les débats en
furent d'autant plus vifs et intéressants. L'empressement de ces jeunes gens devint si grand, que la
« Tribune catholique » ne suffit plus bientôt à les
contenir. Il y avait, place de l'Estrapade, une vaste
salle qui avait autrefois servi aux «Bonnes-Études,»
société fondée en 1811 dans un but scientifique et littéraire, et dont les membres s'engageaient expres-
sément à s'aider mutuellement dans la vie. Cette
société s'était éteinte depuis plusieurs années et
avait laissé le local à la disposition d'un de ses
membres, M. Bailly; ce fut là qu'il transporta les
conférences. Il n'était pas riche, mais pour servir
la vérité ou aider la jeunesse, il savait toujours
trouver les ressources nécessaires.

Les forces des jeunes lutteurs semblaient grandir avec le théâtre de leurs prouesses. La polémique
entre chrétiens et antichrétiens devint dès lors si
ardente, que les adversaires durent consacrer à
préparer leurs attaques et leurs réponses tout le
temps qu'ils pouvaient dérober à leurs études. Si les
Saint-Simoniens avaient perdu de leur popularité,
ils avaient encore beaucoup d'influence, et quelques-uns de leurs chefs étaient au premier rang

des controversistes. C'étaient eux d'ailleurs qui étaient généralement les agresseurs, arrivant au champ de bataille armés de pied en cap, avec leurs discours tout préparés, tandis que le parti attaqué était obligé d'improviser ses réponses, et se trouvait ainsi parfois pris au dépourvu. Comme chef reconnu du parti chrétien, Ozanam paya avant tous les autres de sa personne dans ces débats, et y déploya pour la première fois en public cette éloquence sympathique et passionnée qui devait plus tard lui valoir de si brillants succès à la Sorbonne.

Il y avait aussi à Paris des conférences de droit où les étudiants s'exerçaient à la plaidoirie en représentant les divers membres d'un tribunal. Frédéric y fut un jour appelé à prendre le rôle de procureur du roi, dans un cas difficile et compliqué, sans avoir plus d'une heure pour se préparer, et quoiqu'il s'acquittât de sa tâche à l'approbation générale, lui-même ne fut pas satisfait.

« Je me suis trouvé faible et hésitant, écrit-il à Falconnet, parce que je ne me sentais point maître de mon sujet. Mais la conférence d'histoire est bien une autre chose. Composée d'une quarantaine de membres, elle se rassemble tous les samedis. Là tous les travaux sont libres ; histoire, philosophie, littérature tout est admis. Toutes les opinions trouvent les portes ouvertes, et de là résulte une émulation bien plus forte. .... Puis chaque travail, après avoir été lu, est soumis à une commission qui le critique, le discute et nomme un rapporteur qui est son organe devant la conférence ; rien n'échappe à la sévérité de cette censure, il s'y fait des recherches sérieuses, un contrôle quelquefois très malin. Enfin

un comité supérieur est établi pour donner à toute la conférence une vaste impulsion, pour indiquer les moyens de per-
fectionnement, pour faire des rapports généraux et consta-
ter les résultats du travail commun. Il y a déjà eu des dis-
sertations fort intéressantes et des morceaux de poésie charmants ; on lit six à sept compositions par séance » (1).

Frédéric, en effet, aimait sincèrement la poésie,
qu'il considérait comme un élément vital de toute
culture intellectuelle et même morale.

« Vois-tu, mon bon ami, dit-il encore à Falconnet, nous
avons besoin, nous autres, de quelque chose qui nous possède
et nous transporte, qui domine nos pensées et qui les élève;
nous avons besoin de poésie au milieu de ce monde prosaïque
et froid, et en même temps d'une philosophie qui donne quelque réalité à nos conceptions idéales.... Ce double bienfait,
nous le trouvons dans le catholicisme, auquel nous nous
sommes rattachés pour notre bonheur. C'est donc là le point
de départ de tous les labeurs de notre intelligence, de tous
les rêves de notre imagination, c'est le point central auquel
ils doivent aboutir » (2).

La mission à remplir, toujours présente à son esprit, c'est-à-dire l'amour de la foi, les efforts fer-
mes et persévérants qu'il faut consacrer à son service, commence aussi à se dessiner en lui avec une
forme plus distincte.

« Tu sais quel était avant mon départ de Lyon l'objet de
tous mes vœux. *Tu sais que j'aspirais à former une réunion
d'amis travaillant ensemble à l'édifice de la science, sous l'étendard de la pensée catholique.* Cette idée était restée longtemps

(1) Lettre à M. Falconnet, 5 janvier 1833, t. 1.
(2) Id.

stérile ; seulement un ami m'avait ouvert la porte d'une
réunion littéraire très peu nombreuse, dernier débris de l'ancienne société des Bonnes-Études, mais dont les habitudes
peu scientifiques ne laissaient presque pas de place à la philosophie et aux investigations sérieuses. Une étroite enceinte
nous rassemblait ; à peine quinze membres étaient fidèles à
ce rendez-vous studieux, à peine les hautes questions de l'a-
venir et du passé osaient-elles s'y produire. Aujourd'hui,
grâce au zèle de quelques-uns des anciens membres, cette
société a grandi d'une merveilleuse manière ; elle compte
soixante personnes, dont plusieurs portent des noms qui ne
manquent pas de célébrité. De nombreux auditeurs assistent
aux séances et le vaste local est encombré. Nous avons cru
devoir mettre des conditions assez sévères pour l'admission
des candidats; et cependant les candidatures se multiplient,
et nous nous sommes recrutés de jeunes hommes d'un talent
supérieur. Les uns, voyageurs précoces, ont visité plusieurs
parties de l'Europe, et l'un même a fait le tour du monde ; il
en est qui ont approfondi les théories de l'art ; d'autres qui
ont sondé les problèmes d'économie politique. Le plus grand
nombre se livrent à l'étude de l'histoire, quelques-uns à la
philosophie. Nous avons même deux ou trois de ces âmes
choisies, à qui Dieu a donné des ailes et qui seront un jour
des poètes, si la mort ou les tempêtes de la vie ne viennent
pas les briser en chemin.

Le domaine tumultueux de la politique est en dehors de
nos excursions ; mais partout ailleurs, il y a pleine et entière
liberté,...... Nous sommes surtout une dizaine unis plus
étroitement encore par les liens de l'esprit et du cœur, espèce
de chevalerie littéraire, amis dévoués qui n'ont rien de secret, qui s'ouvrent leur âme pour se dire tour à tour leurs
joies, leurs espérances, leurs tristesses.

Quelquefois, lorsque l'air était plus pur et la brise plus
douce, aux rayons de la lune qui glissaient sur le dôme majestueux du Panthéon, en présence de cet édifice qui semble
s'élancer au ciel et auquel on a ôté sa croix comme pour

briser son élan, le sergent de ville, l'œil inquiet, a pu voir
six ou huit jeunes hommes, les bras entrelacés, se promener de longues heures sur la place solitaire ; leur front était
serein, leur démarche paisible, leurs paroles pleines d'enthousiasme, de sensibilité, de consolation ; ils se disaient
bien des choses de la terre et du ciel... ils parlaient de Dieu,
puis de leurs pères, de leurs amis restés au foyer domestique,
puis de leur patrie, puis de l'humanité. Le Parisien stupide
qui les coudoyait en courant à ses plaisirs ne comprenait
point leur langage ; c'était une langue morte que peu de gens
connaissent ici. Mais, moi, je les comprenais, car j'étais avec
eux, et, en les entendant, je pensais et je parlais comme eux, et
je sentais se développer mon cœur ; il me semblait que je de-
venais homme, et j'y puisais, moi si faible et si pusillanime,
quelques instants d'énergie pour les travaux du lendemain.

Une autre source de vie, ce sont les assemblées du jeune
et excellent comte de Montalembert. Là, les plus illustres
champions de l'école catholique nous ouvrent les trésors de
leur conversation ; d'autres y viennent qui ont défendu de
l'épée et arrosé de leur sang le domaine de leurs convictions ; de jeunes officiers belges ou polonais, des diplomates
distingués ; puis des hommes d'une autre école qui viennent,
comme des pèlerins d'un autre empire, contempler quelques
instants l'esprit d'union et de douceur qui règne parmi leurs
adversaires. Là, sont venus tour à tour MM. Ballanche et
Sainte-Beuve, Savigny jeune et de Beauffort, Ampère fils et
Alfred de Vigny, de Mérode et d'Eckstein. Dimanche dernier, Lherminier y était ; j'ai parlé même quelque peu avec
lui ; puis une causerie très intéressante s'est établie entre lui
et M. de Montalembert ; nous sommes restés jusqu'à minuit
pour les écouter. Victor Considérant y était aussi ; on a
beaucoup parlé de la misère actuelle du peuple et on en a
tiré de sinistres présages pour l'avenir. Du reste, on cause très
peu de politique et beaucoup de science. M. de Montalembert fait les honneurs avec une grâce merveilleuse. Il raconte
très bien, et il sait nombre de choses » (1).

(1) Lettre du 19 mars 1833, t. I.

CHAPITRE VI

1833.

Tandis que les catholiques groupaient leurs forces, leurs adversaires n'étaient point oisifs. Les chaires de toutes les Facultés de Paris retentissaient journellement d'attaques impies et captieuses contre les doctrines du catholicisme. A la diatribe on ajoutait la calomnie, l'histoire et l'expérience démontrant que cette arme réussit généralement mieux que la logique, dans la lutte contre la vérité. Les erreurs historiques n'étaient pas rares et de fausses citations, perfidement préparées, cherchaient à tromper les auditeurs sur l'esprit et sur les enseignements fondamentaux de l'Évangile. Témoin quotidien de cette guerre déloyale, Ozanam en était indigné. Sa réponse à Jouffroy (1) avait réduit au silence les attaques directes du brillant psychologue, et gagné au jeune champion du christianisme le respect de ce redoutable adversaire ; mais les autres ne désarmaient point et continuaient

(1) Jouffroy, sur son lit de mort, dix ans plus tard, revint à la foi qu'il avait passé presque toute sa vie à attaquer ; ses dernières paroles à un ami philosophe qui l'assistait, furent : « Tous les systèmes réunis ensemble ne valent pas une page du catéchisme. »

sans relâche les hostilités. Frédéric, de son côté, était possédé de l'idée qu'il fallait opposer à l'ennemi plus que des paroles : des actes. « Il est fort bien de parler, de raisonner, de ne pas leur abandonner l'arène, mais pourquoi ne *faisons*-nous pas quelque chose? » répétait-il sans cesse. La nécessité de « faire quelque chose » lui était démontrée surtout par les Saint-Simoniens qui à tout propos jetaient aux défenseurs de l'Evangile ce défi : « Montrez-nous vos œuvres ! » Ils convenaient bien de la grandeur passée du christianisme, mais ils soutenaient que, dans le présent, c'était un arbre qui ne portait plus de fruits.

Sous l'empire de ces idées et malgré les succès constants qu'il y obtenait, Ozanam commençait à se dégoûter des conférences de la place de l'Estrapade, à cause de leur caractère purement littéraire. Utiles sans doute et agréables, elles ne constituaient point un effort assez puissant dans l'intérêt de la vérité et étaient absolument inefficaces pour l'œuvre de foi qu'il envisageait.

Un jour, après une discussion plus vive que de coutume sur une question historique, il sortit de la salle avec MM. Lallier et Lamache. Tous trois se rendirent à l'hôtel Corneille où demeurait ce dernier, et tinrent conseil sur les moyens à employer pour réveiller l'énergie endormie des catholiques, et pour mettre mieux à profit leurs réunions hebdomadaires. Ozanam leur fit part d'un entretien dans lequel, discutant la veille ce sujet avec un de ses amis, ils s'étaient demandé s'il ne serait pas possible d'avoir une réunion exclusivement chrétienne où l'on s'occuperait, non de problèmes abstraits, mais de bonnes œuvres, donnant ainsi un démenti pratique aux reproches des Saint-Simoniens. L'idée ne fut pas approfondie ce jour-là, mais en réalité c'était le germe de la société de Saint-Vincent-de-Paul qui venait d'être jeté en terre. On se sépara en se promettant de se revoir pour se préparer aux discussions de la prochaine conférence d'histoire. Cependant dans l'intervalle, et sans que chacun sût pourquoi, cette idée d'une réunion pratique, mise en avant par Ozanam, grandit dans la pensée de tous, tandis qu'à l'inverse décroissait graduellement devant eux l'importance de la préparation aux débats historiques. Les trois amis se firent part de leurs impressions, et d'un commun accord, ils chargèrent Ozanam de se rendre chez M. Bailly pour le consulter. Celui-ci les encouragea vivement et leur offrit les bureaux de la *Tribune catholique*, pour lieu de leurs réunions.

La première séance eut lieu au mois de mai 1833. M. Bailly la présidait. Les membres présents n'étaient que huit ; le reste du groupe se tint à l'écart, se contentant de souhaiter le succès à cette tentative généreuse et hardie. Dès ce jour-là il fut convenu que l'œuvre entreprise serait le service de Dieu dans la personne des pauvres, qu'on les visiterait à domicile et qu'on leur prodiguerait tous les secours possibles. « Pour que votre œuvre soit vraiment ef-

ficace, ainsi parla M. Bailly, et qu'elle soit utile
aux pauvres et à vous, rappelez-vous que l'aumône
matérielle n'est pas la seule nécessaire ; faites-en
un moyen d'assistance morale. » Or, les plus
cruelles souffrances des pauvres viennent souvent
de ce qu'ils ne savent comment sortir des embarras
dans lesquels ils sont tombés, soit par leur faute,
soit par le fait des circonstances. La loi pourrait
parfois les aider, mais ils l'ignorent et n'ont personne pour le leur dire. Aussi, leur première idée
est ordinairement de tendre la main à l'aumône,
pratique non moins inefficace que démoralisatrice.
Pour remédier à ce triste état de choses, les membres de l'association mettraient à la disposition des
pauvres leur intelligence, leur éducation, leurs connaissances spéciales du droit ou de la science, leur
expérience de la vie en général. Au lieu de se borner à quelque secours matériels, ils devaient s'efforcer de gagner la confiance de leurs protégés, et
en s'initiant à leurs affaires, de les aider à s'aider
eux-mêmes.

Pendant ce discours, Ozanam était assis à la
droite du président, et l'un des assistants (1) se
rappelle encore l'expression d'ardente sympathie
qui rayonnant dans ses yeux, embellissait ses traits.
Cette conception nouvelle de l'aumône, *l'aumône
de la direction*, était d'autant mieux accueillie par
ces jeunes gens, qu'ils n'avaient guère autre chose

(1) M. Douhaire.   4

à donner. Ils n'étaient pas moins embarrassés tout d'abord, il est vrai, par la difficulté de trouver des pauvres à visiter ; mais l'un d'eux, M. Devaux, qu'on avait nommé trésorier, eut l'idée de s'adresser à la sœur Rosalie, la grande inspiratrice des œuvres charitables de cette époque. Elle reçut les jeunes apôtres avec une bonté maternelle, accueillit avec joie l'idée du secours moral, leur donna des conseils utiles, une liste de familles à visiter, et leur céda des *bons* de pain et de viande, la société étant trop nouvelle pour en avoir encore en son nom. La Société se plaça sous l'invocation de saint Vincent-de-Paul, dont elle prit le nom. Les membres se réunissaient une fois par semaine, pour faire leurs rapports, discuter les besoins de leurs protégés et les moyens de leur venir en aide. La prière ouvrait et fermait la séance, et une quête se faisait pour le paiement des bons, quête dont le produit, comme on peut le supposer, était extrêmement faible. Mais bientôt les associés trouvèrent avec surprise des pièces de cinq francs parmi les sous et les rares petites pièces blanches qui tombaient dans la bourse. Quel était donc le Crésus déguisé qui leur faisait ces largesses ? Après avoir joui un peu de leur étonnement, M. Bailly révéla le mystère. Ozanam et quelques autres membres écrivaient pour la *Tribune catholique* des articles dont naturellement ils ne voulaient pas recevoir le prix, et l'éditeur avait trouvé ce moyen de leur donner des honoraires qu'ils ne pouvaient pas refuser.

Les règlements de la Société étaient simples, mais stricts. Il était défendu de parler de politique ou d'affaires personnelles dans les séances, même indirectement ; et l'on ne devait jamais se servir de la Société comme d'un moyen de parvenir dans le monde. Cette dernière clause pourrait sembler inutile, vu le peu de chance que les membres avaient de se trouver en situation de la violer; mais on l'avait insérée comme la contre-partie d'une règle de la Société des *Bonnes-Etudes*, par laquelle tous les membres de celle-ci s'engageaient à s'aider mutuellement dans le monde. Aucune pensée personnelle ne devait inspirer la nouvelle association ; elle ne devait avoir pour mobile que la charité, l'amour de Dieu et de l'humanité souffrante. Le même esprit devait présider aux conférences hebdomadaires ; on ne devait y faire parade, ni de savoir, ni d'éloquence ; les rapports de la semaine devaient être faits sommairement, en style d'affaires, et l'on devait y discuter les intérêts des pauvres, en termes brefs et simples.

Le service des associés comprenait les malades, les infirmes, et ceux qui manquaient de travail par suite de circonstances extérieures indépendantes de leur volonté; on avait pris toutes les précautions pour que les secours de la Société ne servissent pas d'encouragement à la paresse et à la mendicité.

La première expérience personnelle d'Ozanam est un exemple de ce que fut leur manière de pratiquer la charité. Chaque membre avait une famille à secourir. Il eut en partage un pauvre ménage composé d'une mère qui s'épuisait de travail pour nourrir ses cinq enfants et d'un mari ivrogne qui les battait tous, « quoique pas tous les jours », ajoutait consciencieusement sa femme, « seulement de temps en temps. » Ce qu'il ne manquait jamais de faire, c'était de lui prendre, jusqu'au dernier son, ce qu'elle avait gagné, et de le boire au cabaret, tandis que la malheureuse femme et ses enfants mouraient de faim. Elle était arrivée au dernier degré de la détresse et du désespoir, quand Ozanam la découvrit. Il ne tarda pas à reconnaître que le mariage supposé n'existait pas en réalité, et que mère et enfants étaient libres, si bon leur semblait, de quitter leur maître égoïste et brutal. L'étonnement de la femme, à cette nouvelle inattendue, n'eut d'égal que sa joie et sa reconnaissance. « Mais, disait-elle, c'était trop beau pour être vrai. Monsieur se trompait sans doute. » Force fut à Ozanam, pour la convaincre, de lui apporter par écrit l'opinion du procureur du roi, présentant le fait sous sa forme légale. Elle finit par croire, et abandonna au plus vite l'odieuse maison. L'homme, exaspéré de ce départ, se répandit en menaces terribles, mais qui, heureusement, devaient être sans effet. Ozanam fit une quête qui produisit assez d'argent pour envoyer en Bretagne, dans leur famille, la femme et ses deux plus jeunes enfants ; les deux aînés furent employés dans l'imprimerie de M. Bailly et trouvèrent un asile chez lui. Telle fut l'origine de ces *patronages* établis maintenant dans toutes les paroisses de Paris et presque de la France.

Les huit associés avaient d'abord songé à limiter la Société à leur petit groupe, dans la crainte de compromettre l'esprit de simplicité de leur institution, en y admettant des nouveaux-venus qui pouvaient lui faire perdre son caractère primitif. Mais, dans la pensée d'Ozanam, l'œuvre devait grandir et s'étendre ; il insista avec énergie, et à plusieurs reprises ; on admit donc quelques nouveaux membres. L'un d'eux, renouvelant la charitable ruse du président, laissait tomber dans la bourse de belles pièces de cinq francs : il fut découvert et loué pour sa modestie, ainsi que pour son obéissance à la règle qui défendait à tout associé, si riche qu'il fût, de donner à ses pauvres d'autre argent que celui qui provenait de la caisse commune. Tels furent les modestes commencements de la grande confrérie de Saint-Vincent-de-Paul.

Vingt ans plus tard (1853), Ozanam, qui venait de fonder une nouvelle conférence à Florence, raconta ainsi l'origine et les progrès de cette pieuse Société :

« Nous étions alors envahis par un déluge de doctrines philosophiques et hétérodoxes qui s'agitaient autour de nous, et nous éprouvions le désir et le besoin de fortifier notre foi au milieu des assauts que lui livraient les systèmes divers de la fausse science. Quelques-uns de nos jeunes compagnons d'études étaient matérialistes; quelques-uns Saint-Simoniens;

d'autres Fouriéristes ; d'autres encore déistes. Lorsque nous, catholiques, nous nous efforcions de rappeler à ces frères égarés les merveilles du christianisme, ils nous disaient tous : « Vous avez raison, si vous parlez du passé ; le christianisme a fait autrefois des prodiges ; mais aujourd'hui le christianisme est mort. Et, en effet, vous qui vous vantez d'être catholiques, que faites-vous ? Où sont les œuvres qui démontrent votre foi et qui peuvent nous la faire respecter et admettre ? » Ils avaient raison ; ce reproche n'était que trop mérité. Ce fut alors que nous nous dîmes : Eh bien, à l'œuvre ! et que nos actes soient d'accord avec notre foi. Mais que faire ? Que faire pour être vraiment catholiques, sinon ce qui plaît le plus à Dieu ? Secourons donc notre prochain, comme le faisait Jésus-Christ, et mettons notre foi sous la protection de la charité.

« Nous nous réunîmes tous les huit dans cette pensée, et d'abord même, comme jaloux de notre trésor, nous ne voulions pas ouvrir à d'autres les portes de notre réunion. Mais Dieu en avait décidé autrement. L'association peu nombreuse d'amis intimes que nous avions rêvée devenait, dans ses desseins, le noyau d'une immense famille de frères, qui devait se répandre sur une grande partie de l'Europe. Vous voyez que nous ne pouvons pas nous donner véritablement le titre de fondateurs : c'est Dieu qui a voulu et qui a fondé notre Société !

« Je me rappelle que, dans le principe, un de mes bons amis, abusé un moment par les théories saint-simoniennes, me disait avec un sentiment de compassion : « Mais qu'espérez-vous donc faire ? Vous êtes huit pauvres jeunes gens, et vous avez la prétention de secourir les misères qui pullulent dans une ville comme Paris ! Et, quand vous seriez encore tant et tant, vous ne feriez toujours pas grand'chose ! Nous, au contraire, nous élaborons des idées et un système qui réformeront le monde et en arracheront la misère pour toujours ! Nous ferons en un instant, pour l'humanité, ce que vous ne sauriez accomplir en plusieurs siècles. »

Près d'un quart de siècle s'était écoulé depuis
le début de l'œuvre quand Ozanam faisait ce récit.
Les Saint-Simoniens avaient disparu, et, avec eux,
ces théories transcendantes destinées à régénérer
le monde, tandis que les « huit pauvres jeunes
gens » qu'ils avaient traités d'utopistes, étaient devenus deux mille dans Paris seulement, où ils visitaient cinq mille familles, c'est-à-dire le quart
des pauvres que renferme cette grande ville. Les
conférences étaient en France au nombre de cinq
cents, et il y en avait déjà en Angleterre, en Belgique, en Espagne, en Amérique et jusqu'à Jérusalem. Ainsi, « le grain de la plus petite des semen-
ces » (Matth., XIII, 31 ; Marc, IV, 31 ; Luc, XIII,
13) était devenu « un grand arbre sous lequel une
multitude de voyageurs trouvaient de l'ombre et du
repos. »

Ozanam repoussa toujours le titre de Fondateur
de la Société. « Nous étions huit », répétait-il avec
insistance. Néanmoins le titre et l'honneur se sont
attachés à celui que les autres regardaient comme
leur chef. « Je crois fermement, ajoutait-il, que les
institutions les plus durables ne sont pas celles que
l'homme crée à son gré dans un but déterminé,
avec les éléments qu'il a choisis, mais celles qui
sont, pour ainsi dire, le produit des circonstances. »

Un mois environ après la naissance de la Société, ses membres arborèrent publiquement leur
drapeau par un vaillant acte de foi, au sujet duquel
Ozanam fait à sa mère la relation suivante :

« Si je vous disais que le jour de la Fête-Dieu, trois jeunes écervelés sortaient de Paris par les Champs-Élysées, à huit heures du matin, je piquerais votre curiosité peut-être. Si je vous annonçais qu'à dix heures, une trentaine d'étudiants assistaient à la procession de Nanterre, j'édifierais votre piété sans doute. Si j'ajoutais qu'à six heures du soir, vingt-deux desdits individus se réconfortaient autour d'une table à Saint-Germain-en-Laye, je pourrais vous intriguer encore. Enfin, si je vous révélais qu'à minuit et quart ou environ trois jouvenceaux frappaient à la porte rue des Grès, n° 7 (1), qu'ils avaient l'esprit gai, les jambes un peu moulues et les souliers couverts de poussière, et que l'un d'entre eux, aux cheveux châtains, au nez large, aux yeux gris, est fort de votre connaissance, pour le coup, que diriez-vous, ma bonne petite mère ? Vous diriez : Oh ! oh ! ceci m'a l'air d'une folle aventure !... Ceci ressemble beaucoup à une équipée d'étourneaux... Eh bien donc, je vois que j'ai touché la corde, et que j'ai rencontré précisément le jour qui peut appeler votre intérêt.

« Vous savez qu'à Paris, comme à Lyon, les processions sont interdites ; mais parce qu'il plaît à quelques perturbateurs de parquer le catholicisme dans ses temples au sein des grandes villes, ce n'est pas une raison, pour de jeunes chrétiens à qui Dieu a donné une âme un peu virile, de se priver des plus touchantes cérémonies de leur religion. Aussi s'en est-il trouvé quelques-uns qui avaient songé à prendre part à la procession de Nanterre : Nanterre, paisible village, patrie de la bonne sainte Geneviève...... Le dimanche se lève serein et sans nuages, comme si le ciel eût voulu le fêter de ses pompes. Je pars de bon matin avec deux amis ; nous nous arrêtons pour déjeuner à la barrière de l'Étoile ; nous arrivons des premiers à l'humble rendez-vous. Peu à peu la petite troupe se grossit, et bientôt nous nous trouvons

(1) Maison où logeait Frédéric après avoir quitté M. Ampère.

trente. D'abord, toute l'aristocratie intellectuelle de la conférence : Lallier, Lamache, Cherruel, saint-simonien converti,
de la Noue qui fait de si beaux vers ; puis M. le Jouteux, des
Languedociens, des Francs-Comtois, des Normands et des
Lyonnais surtout, et votre serviteur très humble ; la plupart
portant moustaches et cinq ou six comptant cinq pieds huit pou-
ces. Nous nous mêlons parmi les paysans qui suivent le dais :
c'est plaisir pour nous de coudoyer ces braves gens, de chanter avec eux, de les voir s'émerveiller de notre bonne tournure et s'édifier de notre religion. La procession était nombreuse et pleine d'une élégante simplicité, toutes les maisons
tendues, les chemins jonchés de fleurs ; il y avait une foi, une
piété difficiles à décrire : de bons vieillards qui n'avaient pu
suivre le cortège, l'attendaient au passage : c'était principalement devant leurs maisons que les reposoirs étaient dres-
sés ; la cérémonie dura près de deux heures. Ensuite, nous
assistâmes à la grand'messe, où la foule affluait jusqu'en
dehors des portes de l'église. Au sortir du Saint Sacrifice,
nous nous réunissons sur la place et quelqu'un de nous, Henri,
je crois, proposa d'aller dîner à Saint-Germain-en-Laye. Six
ou huit poltrons objectent la distance : on les laisse dire et
rebrousser chemin, et nous voilà vingt-deux par groupes de
trois ou quatre seulement, pour ne pas faire de trouble, bat-
tant de nos semelles la route de Saint-Germain. Le plaisir double la vitesse de nos jambes, et, tout en ramassant des fraises
dans les bois, nous arrivons au terme de notre expédition.
Nous entrons un quart d'heure à l'église, où l'on chantait
vêpres ; puis nous visitons le magnifique château si riche en
souvenirs, si fier de son antiquité. Après avoir pris nos ébats
sur l'immense terrasse, nous nous portons tous ensemble chez
un respectable restaurateur, qui mit garnison au logis pour
quarante sous par tête. Ici était la partie scabreuse de l'entreprise : que de vertus ont échoué contre les séductions du
dessert, que de sagesses sont venues se briser contre un verre
de mousseux champagne ! Nous sûmes éviter le péril par la
fuite, et le modeste Mâconnais, doublement baptisé par le mai-

tre de céans et par nous, fut la seule liqueur admise au festin. Aussi personne ne roula sous la table, personne ne chargea les épaules de ses camarades d'un importun fardeau. Nous repartîmes à la fraîcheur du soir : la lune ne tarda pas à nous éclairer à travers les arbres ; c'était un délicieux moment.... La nuit close, nous nous perdîmes de vue ; quelques-uns montèrent en voiture à Neuilly, et pour moi, j'arrivai avec deux autres à mon domicile. Le lundi venait de commencer.

« Mon cœur sait combien de fois j'ai pensé à vous tous dans ce jour, l'un des plus charmants de ma vie ! »

Cette courageuse manifestation des étudiants catholiques ne demeura pas sans résultat. On avait certainement gagné du terrain, et, bien que l'aventure s'ébruitât rapidement, pas une parole de raillerie ne fut prononcée sur le compte des jeunes et hardis confesseurs de la foi.

Mais ces humbles protestations individuelles ne suffisaient pas à Ozanam. C'était chez les classes les plus intelligentes que le mal était le plus profond : c'était donc là, il le sentait, qu'on devait l'attaquer, si l'on voulait obtenir une réforme profonde et durable. Il fallait pour cette guerre un puissant et brillant champion. Où le trouver ? Dieu, cependant, préparait son témoin.

CHAPITRE VII

1834.

L'histoire de l'Église offre peu d'exemples ana-
logues à la chute de M. de Lamennais, à la dispersion de cette brillante pléiade d'écrivains et d'orateurs dont il s'était fait le centre. En la considérant,
on songe involontairement à la chute de Tertullien
tombé, lui aussi, par orgueil. Les disciples de Lamennais, frappés de stupeur, pouvaient à peine
croire à une telle catastrophe. Ils cherchèrent longtemps à retenir le maître sur le bord de l'abîme,
comme des enfants qui voudraient sauver leur père
du suicide : ils tentèrent tous les moyens : remon-
trances, supplications, caresses, tout fut inutile. On
ne l'abandonna qu'à la dernière heure et avec une
tristesse profonde. L'abbé Gerbet s'en alla dans la
solitude préparer ces œuvres dont le style, plein de
grâce et de suavité, a été comparé à celui de Fénelon. M. de Montalembert se plongea dans les profondeurs de la science bénédictine, d'où il allait surgir un jour tenant à la main ce chef-d'œuvre : la
Vie de sainte Élisabeth de Hongrie, incomparable
récit où la touche délicate de l'artiste et l'enthousiasme du chrétien ne sont égalés que par l'exactitude sévère de l'historien. L'abbé Lacordaire,

après un intervalle de retraite et d'études, fut le premier à reparaître dans la lice. La vie du grand dominicain nous est connue à tous ; mais, ce que quelques-uns d'entre nous ignorent peut-être, c'est le rôle important, quoique discret, qu'Ozanam joua dans la période la plus brillante de cette glorieuse carrière. Nous ne nous écartons donc pas de notre sujet en montrant comment Frédéric fut mêlé à la carrière religieuse du grand orateur dont le génie et la sainteté ont eu leur part d'influence sur les destinées de la France.

Les grands centres où la jeunesse de France venait chercher sa direction intellectuelle et son inspiration, étaient pénétrés de cet esprit anti-chrétien qu'Ozanam et sa petite phalange combattaient de toutes leurs forces. La Sorbonne avait récemment introduit plus de réserve dans l'exposition de ses doctrines, mais sa philosophie n'en était pas moins imbue de l'esprit d'incrédulité. Jouffroy et ses collègues continuaient la croisade de l'athéisme contre Dieu, du voltairianisme et du rationalisme contre l'Évangile. Pour les combattre, il fallait un théologien qui fût en même temps un homme de génie, qui unît à la foi la science et l'éloquence, qui eût dès l'abord assez de prestige personnel pour se faire écouter sur un sujet impopulaire. Ozanam sentait que c'était là le seul remède dont l'emploi eût quelque chance de succès. Un jour, en sortant de la Sorbonne, après avoir entendu un de ces discours pleins de sophismes et de fausse science, il dit à un de ses camarades : « Ce qu'il nous faut, c'est un homme du temps présent, jeune comme nous, dont les idées sympathisent avec les nôtres, c'est-à-dire avec les aspirations et les luttes des jeunes gens de nos jours. » Où trouver cet homme, ce théologien qui devait réunir éloquence, sainteté, savoir profond, sympathie pour les idées modernes? Il y avait, sans doute, dans le clergé de Paris, des prêtres savants, éloquents même, mais tous âgés, tous jetés dans le moule vénérable, mais suranné, de Saint-Sulpice. Leur prédication était celle d'une époque disparue. Les jeunes sceptiques et les sophistes du jour ne pouvaient être attirés dans les églises par des sermons, toujours imités de ceux que le monde connaissait depuis des générations et dont on s'était lassé ; peu leur importaient le christianisme et ses doctrines ; le seul moyen de leur faire écouter l'exposition de vérités auxquelles ils avaient cessé de croire, c'était de les présenter sous la forme d'une attrayante nouveauté.

En effet, il s'agissait réellement de prêcher l'Évangile à une génération qui l'ignorait autant, et qui lui était bien plus hostile que les Gentils, quand ils furent évangélisés par les douze pêcheurs de Galilée. Il ne s'agissait plus, comme au Moyen-Age, ni même comme au dix-septième siècle, d'exciter les hommes à la pénitence par la crainte des jugements de Dieu ; ils n'y croyaient plus. Bossuet lui-même sortant du tombeau, avec cette parole qui électrisait la cour de Louis XIV, n'eût obtenu qu'un succès d'éloquence ; cette voix puissante n'aurait pas plus remué les âmes que le rugissement du lion ne trouble les arbres de la forêt. A quoi bon tracer d'émouvants tableaux de la fin du monde, du jugement dernier et de l'enfer, à quoi bon parler de la colère d'un Dieu redoutable, devant des hommes qui avaient cessé, et dont les pères avaient cessé de croire à ces vérités, qui ne reconnaissaient d'autre dieu que leur corps et ne s'inclinaient devant aucune autre autorité que leur propre raison. Il fallait tout recommencer en remontant aux principes mêmes de toutes choses, et cette œuvre devait être entreprise par un homme, dont la voix fût au diapason de l'esprit du siècle, tandis que sa foi l'élèverait bien au-dessus et le porterait bien au-delà.

Henri Lacordaire était essentiellement l'enfant de ce siècle sceptique. Le souffle de l'incrédulité avait passé sur son âme, et tari, pendant sa jeunesse, les sources de la foi. L'expérience avait été périlleuse ; mais elle avait porté ses fruits et disposé le jeune homme, guéri par la main divine, à une vive sympathie pour tous ceux qui subissaient la même épreuve.

Il obtint ses premiers succès oratoires dans la chapelle du collège Stanislas, où le supérieur, l'abbé Buquet, l'avait invité à donner quelques conférences religieuses aux élèves. « C'est l'homme qu'il nous faut pour confondre Jouffroy et son école ! » s'écria Ozanam au sortir d'une de ces merveilleuses improvisations. C'était bien là, en effet, l'orateur ardent et convaincu qu'il avait rêvé, celui que lui avait déjà révélé le procès de l'« École libre », et dont il appelait de tous ses vœux l'apparition, pour en faire le champion de l'Évangile contre l'incrédulité et les sophismes de la Sorbonne. Il pensa tout de suite que si l'on pouvait obtenir de l'archevêque de Paris l'autorisation de faire donner à Notre-Dame, par l'abbé Lacordaire, une série de conférences, un grand triomphe serait assuré à la bonne cause.

Il communiqua cette idée à deux de ses amis, M. de Montazet et M. Le Souteux, étudiants en droit. Ceux-ci l'accueillirent avec enthousiasme, et, avec cette charmante spontanéité de la jeunesse qui croit à tout ce qu'elle espère, ils résolurent d'aller dès le lendemain proposer la chose à Monseigneur de Quélen. L'archevêque demeurait alors au couvent des dames de Saint-Michel, rue Saint-Jacques, le palais archiépiscopal ayant été brûlé pendant une émeute. Il reçut les trois jeunes gens avec bienveillance, les écouta attentivement et promit de songer à leur proposition, sans dissimuler toutefois qu'il voyait de graves obstacles à l'accomplissement de leur désir. Enhardis par la condescendance de l'archevêque, ils lui représentèrent l'état de l'opinion publique, la nécessité absolue de combattre l'esprit d'hostilité qui prévalait contre la religion et se hasardèrent, enfin, à nommer l'abbé Lacordaire comme étant l'homme qui leur semblait apte en-

tre tous à entreprendre cette œuvre. Mgr de Quélen convint du talent de leur candidat, mais répondit qu'il y avait lieu de considérer bien des
choses avant d'inaugurer une institution nouvelle.
Il causa longuement avec les jeunes étudiants et,
tout en déplorant comme eux l'impiété des temps,
affirma que de meilleurs jours se préparaient et
que l'on verrait bientôt la religion sortir triomphante de la lutte. « Oui », ajouta-t-il, « j'en ai la
conviction, Dieu se ménage une victoire signalée. »
Puis, les congédiant affectueusement, il réunit leurs
trois têtes dans ses bras et dit : « J'embrasse en vos
personnes toute la jeunesse catholique de France. »

Ils se retirèrent très fiers de la demi-promesse de
l'archevêque. L'impulsion était donnée ; le projet
devait de lui-même arriver à son accomplissement.

L'abbé Lacordaire, cependant, ne savait rien
des plans auxquels était mêlé son nom. Il demeurait alors dans un quartier retiré de Paris. Sa retraite studieuse fut un jour troublée par l'abbé
Buquet qui, frappé de l'effet extraordinaire produit
sur les élèves de Stanislas par la parole du jeune
prêtre, venait le prier d'entreprendre une série régulière de conférences dans leur chapelle. Lacordaire sentait que là était sa mission : il accepta. Ozanam et ses amis, qui ignoraient cet arrangement,
mais qui persistaient dans leur idée de faire inaugurer par Lacordaire les conférences de Notre-
Dame, résolurent de tenter une nouvelle démarche auprès de l'archevêque. Ozanam rédigea une

pétition, courut tout Paris pour obtenir deux
cents signatures d'étudiants catholiques, et, accompagné cette fois de ses amis Lallier et Lamache, il
partit de nouveau pour la rue Saint-Jacques. Frédéric passa toute sa vie pour être très timide ; mais
cette apparente timidité venait d'un excès de modestie qui l'empêchait de se mettre en avant quand
un autre pouvait prendre l'initiative ; toutefois,
quand les circonstances l'y obligeaient, il le faisait
avec une aisance parfaite.

L'archevêque les reçut avec plus de cordialité
encore que la première fois, encouragea Frédéric
à parler librement, et fut frappé, à la fois, de la lu-
cidité de ses vues, et de la justesse de ses jugements sur le caractère et les besoins de l'époque.
La sagacité qu'il montrait aurait été remarquable
dans un homme d'âge mûr, elle l'était bien plus
dans un jeune homme de vingt ans. Mgr de Quélen
lui dit qu'il se souvenait de la première conversation qu'ils avaient eue ensemble huit mois auparavant, qu'il avait réfléchi à la question, et qu'il
avait résolu de faire prêcher une série de sermons à Notre-Dame par les meilleurs prédicateurs
du jour. Mais ce n'était pas là ce que désiraient les
jeunes gens. Ils ne voulaient pas entendre parler de
sermons : le mot seul, disaient-ils, aurait une force
de répulsion, quel que fût le talent du prédicateur ;
ce qu'ils demandaient, c'était quelque chose qui fût
entièrement hors des sentiers battus ; c'étaient des
conférences où les questions qui agitaient alors la

jeunesse seraient traitées sous une forme brillante et apologétique, où la religion serait présentée dans ses rapports avec la société, et l'enseignement de la presse antichrétienne de France et d'Allemagne, indirectement combattu et réfuté. Nul homme de l'époque, répétait Ozanam, n'était apte à cette mission, sauf l'abbé Lacordaire, déjà connu du public par le procès de l'école libre, où, avec M. de Montalembert, il avait déployé devant la Chambre des Pairs, un si magnifique talent. C'était un prêtre plein de zèle, de désintéressement et de piété, et il avait pour lui les ardentes sympathies de la jeunesse. Mgr de Quélen admettait tout cela, mais hésitait encore. Enfin, pressé par les sollicitations de ses jeunes visiteurs, il leur dit qu'il allait chercher le moyen de les satisfaire.

Les étudiants se retirèrent après avoir remis leur pétition à l'archevêque. Personne n'avait eu connaissance de leur visite; ils furent donc très surpris et contrariés d'en voir le lendemain un compte rendu dans les colonnes de l'*Univers*. Lamache s'avoua coupable; il avait parlé de leur démarche à un ami indiscret, et c'était lui évidemment qui l'avait racontée à un des rédacteurs du journal. Ozanam et Lallier se rendirent à l'instant chez Monseigneur de Quélen pour s'excuser. Il les consola et s'écria en riant : « Ah ! ces journaux ! ils n'en font jamais d'autres ! » puis il les conduisit à la porte d'un salon voisin en leur disant qu'ils trouveraient là les sept prédicateurs auxquels il avait confié l'enseignement qu'ils demandaient, et les engagea à s'entendre avec eux pendant qu'il allait déjeûner. Ce fut pour les jeunes gens une rude déception. Ils obéirent néanmoins et expliquèrent leur programme avec franchise et simplicité. Ces ecclésiastiques, parmi lesquels se trouvaient des membres éminents du clergé, furent stupéfaits de la hardiesse et de la nouveauté du plan ; mais les jeunes gens tinrent bon et la discussion s'échauffa de part et d'autre ; trois des prédicateurs y prenaient seuls, toutefois, une part active, les autres se contentant d'écouter avec des signes d'assentiment ou de désapprobation.

Ozanam, qui ne s'était point assis, avait pris à partie un prêtre âgé ; celui-ci se montrait fort scandalisé de la nouveauté du projet, parlait à très haute voix, gesticulait avec véhémence, et reculait tout en parlant ; Ozanam ne montrait pas moins d'ardeur et s'avançait à mesure que son adversaire reculait. Au moment où la discussion était dans tout son feu, la porte s'ouvrit tout à coup et l'archevêque parut sur le seuil. Frédéric tournait le dos à la porte, mais il fut averti de la présence du prélat par son interlocuteur qui s'écria en étendant les bras comme pour repousser quelqu'un : « Monseigneur, nous nous entendons parfaitement avec ces Messieurs ! » « Ah ! » dit l'archevêque, qui comprit la scène d'un coup d'œil. « Si vous ne vous entendez pas, au moins on vous entend », et il se retira en riant.

Cependant l'opinion des prédicateurs prévalut. Le 16 février une série de sermons commença à Notre-Dame ; mais, malgré le talent incontestable des orateurs, l'essai eut peu de succès.

Pendant ce temps, le vrai public se pressait dans la chapelle du collège Stanislas, autour de la chaire de Lacordaire. La première conférence eut lieu le 19 janvier 1834. On comptait dans la chapelle cent places réservées au public ; quelques-unes restèrent vides le premier jour ; mais le dimanche suivant elles étaient toutes occupées longtemps avant que la conférence commençât, et le troisième jour l'affluence fut si grande que les élèves durent céder leurs places aux étrangers, au nombre de plus de six cents. Il y avait là quelques-uns des noms les plus illustres de France : Châteaubriand, Lamartine, Victor Hugo, Sainte-Beuve, etc. ; chrétiens et sceptiques, royalistes et républicains s'y mêlaient sans distinction, également attirés par la puissance du génie. On raconte que Berryer, qui était un des plus assidus, arrivant un jour en retard, et trouvant les portes fermées, envoya à la hâte chercher une échelle et entra par la fenêtre.

Lacordaire avait su bien vite devenir le maître de son auditoire. Son éloquence, spontanée, ardente, passionnée, ressemblait à un jeune torrent qui se précipite du haut de la montagne et emporte tout dans sa magnifique et irrésistible impétuosité. Sa personne entière prêchait ; son regard jetait la flamme partout où il tombait, sa voix s'élevait naturelle et libre, tour à tour perçante ou persuasive, suppliante ou menaçante. Ce n'était plus le prédicateur, à la parole stéréotypée, des deux derniers siècles, c'était une âme s'identifiant avec des âmes, partageant leurs craintes, comprenant leurs doutes, sympathisant à leurs espérances, un apôtre aspirant à les convaincre, à les gagner à Dieu par la contagion de sa propre foi, et rempli d'une compassion trop puissante, pour que le dédain trouvât place en son cœur.

M. de Montalembert, parlant d'Henri Lacordaire tel qu'il lui apparut à cette époque de sa vie, l'appelle « la vertu armée pour la défense de la vérité »; et cette touche du maître peint bien l'apôtre. Tel David, le roi-pasteur, dans la fleur de son adolescence, descendit au combat et terrassa Goliath, tel Lacordaire, dans le brillant épanouissement de son génie, armé de son jeune courage, soutenu par cette force que Dieu donne à ceux qu'il a marqués de son sceau, se leva pour livrer bataille aux ennemis de son Dieu.

Jamais, depuis Bossuet, l'éloquence n'avait produit, en France, semblable impression. Ozanam, entouré de sa milice de Saint-Vincent-de-Paul, écoutait, ravi et inconsolable. Pourquoi cette voix sublime était-elle enfermée entre les quatre murs d'une chapelle de collège, au lieu de réveiller les échos de la vieille cathédrale ? Il résolut de poursuivre de toutes ses forces et contre tous les obstacles le projet qui, plus que jamais, lui semblait être une inspiration du ciel.

CHAPITRE VIII

1834-1835.

Tandis que Frédéric attend et qu'il hâte de tous ses efforts l'accomplissement de ce projet, voyons comment se passait sa vie. Pour le savoir, nous ne pouvons mieux faire que de nous reporter aux deux lettres qui suivent. Il écrit à Falconnet :

7 janvier 1834.

« J'éprouve en ce moment une des peines peut-être les plus grandes de la vie, l'incertitude de la vocation. Ceci soit secret entre nous ; mais telle est à la fois la flexibilité et la mollesse de mon naturel, qu'il n'est pas une étude, pas un genre de travaux qui n'ait pour moi des charmes et dans lequel je ne puisse assez bien réussir, sans toutefois qu'il y en ait un capable d'absorber toutes mes facultés et de concentrer toutes mes forces. Je ne puis m'occuper d'une chose sans songer à mille autres ; et cependant, tu le sais, nulle œuvre ne peut être grande si elle n'est une. Ignorant que j'étais, j'avais cru autrefois que je pourrais être en même temps savant et avocat, et mener deux vies ensemble. Aujourd'hui que j'approche du terme de mes études de droit, il faudra choisir entre ces deux voies, il faudra mettre la main dans l'urne : en tirerai-je noir ou blanc ? Je suis environné, sous certains rapports, de séductions : de toute part on me sollicite, on me met en avant, on me pousse dans une carrière étrangère à mes études, parce que Dieu et l'éducation m'ont doué de quelque étendue d'idées, de quelque largeur de tolérance, on veut faire de moi un chef de la jeunesse catholique de ce pays-ci. Nombre de jeunes gens, pleins de mérite, m'accordent une estime dont je me sens très indigne, et les hommes d'âge mûr me font des avances. Il faut que je sois à la tête de toutes les démarches, et, lorsqu'il y a quelque chose de difficile à faire, il faut que ce soit moi qui en porte le fardeau. Impossible qu'il y ait une réunion, une conférence de droit ou de littérature, sans que je la préside ; cinq ou six recueils ou journaux me demandent des articles ; en un mot, une foule de circonstances, indépendantes de ma volonté, m'assiègent, me poursuivent, m'entraînent hors de la ligne que je me suis tracée. Je ne te dis point cela par amour-propre : car, au contraire, je sens si bien ma faiblesse, à moi qui n'ai pas vingt et un ans, que les compliments et les éloges m'humilient plutôt et me donnent presque envie de rire de ma propre importance ; mais je n'ai pas sujet de rire, et au contraire, je souffre d'incroyables tourments, quand je sens que toutes ces fumées me montent à la tête, m'enivrent et peuvent me faire manquer ce qui, jusqu'ici, m'a semblé ma carrière, ce à quoi m'appelait le vœu de mes parents, ce à quoi je me sentais assez volontiers disposé moi-même. Cependant ce concours de circonstances extérieures ne peut-il pas être un signe de la volonté de Dieu ? Je l'ignore, et, dans mon incertitude, je ne vais point au-devant, je ne cours point après, mais je laisse venir, je résiste et, si l'entraînement est trop fort, je me laisse aller. » — « Depuis quelque temps », écrit-il au même ami un peu plus tard, « depuis surtout que j'ai vu quelques jeunes gens mourir, la vie a pris pour moi un autre aspect. J'ai senti que jusqu'ici, bien que je n'eusse jamais abandonné les pratiques religieuses, je n'avais pas porté assez avant dans mon cœur la pensée du monde invisible, du monde réel. J'ai pensé que je n'avais pas fait assez d'attention à deux compagnons qui marchent toujours avec nous, même sans que nous les apercevions : *Dieu et la Mort*. J'ai trouvé que le Christianisme avait été pour moi jusqu'ici une sphère d'idées, une sphère de culte, mais pas assez une sphère de moralité, d'intentions, d'actions. La lecture des œuvres de Pellico m'a surtout pénétré de cette idée, et, plus je m'y attache, plus je sens en moi-même de désintéressement, de bienveillance et de calme. Il me semble aussi que je comprends mieux les choses de la vie et que j'aurai plus de courage à les supporter ; il me semble que j'ai un peu moins d'orgueil. Cependant, ne va pas croire que je sois devenu un saint ou un ermite. J'ai le malheur d'être fort éloigné de l'un et je n'ai pas de vocation pour l'autre. Tout en pensant comme je viens de te le dire, je suis un assez bon vivant, ne demandant pas mieux que la joie ; m'occupant peut-être trop de littérature, d'histoire et de philosophie, faisant un peu de droit, et perdant toujours selon ma coutume un temps considérable » (1).

Il disait vrai ; on s'amusait bien au milieu de cette vie d'étude. Quelques personnes, jadis les compagnons d'Ozanam, dans ces gaies parties de jeunes gens, se rappellent encore certaine soirée donnée par lui, à laquelle les invités furent priés d'apporter leurs chaises, le maître du logis n'en possédant que trois. On vit donc un soir une bande d'étudiants descendre la rue des Grès, chacun portant une chaise sur la tête et riant aux éclats à la grande joie des passants qui les escortaient ; le bruit fit sortir de sa loge le concierge, stupéfait en présence de ce singulier emménagement. Vers onze heures on les vit repartir tenant toujours leurs chaises en l'air et toujours en bon ordre, car l'hospitalité de leur hôte avait été aussi simple qu'elle était cordiale.

(1) Lettre du 11 avril 1834. T. I.

« Mais nous sommes-nous amusés ! s'écriait celui
de qui nous tenons ces détails ; nous riions à nous
tordre ; et avec cela que de causeries sérieuses, que
d'enthousiasmes ! Quelles interminables discussions sur les sujets les plus profonds ! Les jeunes
gens d'aujourd'hui ne savent pas s'amuser comme
nous le faisions. Il leur faut de l'argent, beaucoup
d'argent ; dans ce temps-là, quelques sous faisaient
les frais d'une fête. »

Vers la même époque, Ozanam écrivait à sa mère :

« ...A mesure qu'on avance en âge, qu'on voit le monde
de plus près, on le trouve hostile à toutes les idées, à tous
les sentiments auxquels on est attaché ; plus on a de contact
avec les hommes, plus on y rencontre d'immoralité et d'é-
goïsme : orgueil chez les savants, fatuité dans les gens du
monde, crapule dans le peuple. A la vue de tout cela, quand
on a été élevé au milieu d'une famille généreuse et pure, on
a le cœur saisi de dégoût et d'indignation, et l'on voudrait
murmurer et maudire. Cependant l'Évangile le défend ; il
fait un devoir de se dévouer tout entier au service de cette
société qui vous repousse et vous méprise.

Voilà ce que l'on sent profondément à mon âge, et ces
tristes vérités, qui désenchantent toutes mes illusions, me
laissent sombre et grave comme un homme de quarante
ans. Je sens que mon devoir est de remplir une place, et
cette place, je ne la vois pas ; les ambitions sont si nombreuses, les capacités si multipliées, qu'il est singulièrement
difficile de percer au travers.... Et puis, lors même que je
verrais ma place clairement marquée, l'énergie me manque
pour la remplir ; vous savez que c'est là le perpétuel objet de
mes plaintes : irrésolution et fragilité. Impossible à moi de
dire la veille : *je veux faire ceci*, et de le faire le lendemain.
Peut-être aussi suis-je trop jeune et ai-je tort de m'inquiéter

de tout cela, et de vouloir être homme fait, lorsque je tiens encore à l'enfance par plus d'un point ; mais je ne puis pas oublier que cette année mon éducation s'achève, et que je puis au mois d'août être avocat, si je veux. Moi, avocat, vous figurez-vous cela ? Après tout, avocat n'est pas grand'chose » (1).

(1) Lettre à sa mère du 16 mai 1834. T. I.

CHAPITRE IX

1835-1836.

Le succès extraordinaire de l'abbé Lacordaire l'année précédente avait excité de vives alarmes en haut lieu. Une partie du clergé avait vu, d'abord avec un certain malaise, puis avec une sorte de terreur, cette popularité croissante qui amenait au pied de la chaire du jeune prédicateur toutes les intelligences d'élite. Les ennemis du nouvel apôtre mettaient en jeu toutes les influences pour lui nuire dans l'esprit de l'archevêque. Le gouvernement était effrayé, disait-on, de l'esprit révolutionnaire qui régnait dans ses discours, et si les conférences recommençaient, on pouvait craindre une intervention de l'autorité. Tout cela était exagéré ; mais Mgr de Quélen était troublé, et, lorsque l'abbé Lacordaire alla le trouver à l'archevêché, il hésitait encore sur le parti qu'il devait prendre. « Mais, Monseigneur », lui fit observer le jeune prêtre, « puisque mon orthodoxie ne peut être suspectée, qu'importe que les opinions soient partagées ? Depuis la fondation du christianisme, quelle œuvre s'est jamais accomplie sans division d'opinions ? » Il nia les complications politiques mises en avant par ses adversaires, et déclara que, si elles se produisaient, en effet, il renoncerait momentanément à la prédication. L'archevêque hésitait à imposer ce sacrifice à l'ardent orateur et surtout à la jeunesse catholique qui réclamait impatiemment sa parole, et le laissa libre d'agir à son gré. « Allez, dit-il, réfléchissez ; prenez conseil. » Mais l'abbé Lacordaire sortit de l'audience résolu à ne pas reprendre ces conférences.

Lorsque cette résolution fut connue d'Ozanam et ses amis, ils furent au désespoir. « Si vous vous retirez aujourd'hui, vous vous retirez pour toujours », disaient-ils. « L'archevêque ne vous a rien interdit ; pourquoi céder à de misérables chicanes ? » L'abbé Liautard, ancien supérieur du collège Stanislas, partageait ces sentiments. Or, l'avis de l'abbé Liautard avait beaucoup de poids ; le clergé le tenait en haute estime à cause de son zèle et sa piété, et le gouvernement avait été obligé souvent de compter avec lui en raison de son influence sur les plus nobles familles de France dont il avait élevé les fils. M. Liautard écrivit un mémoire vigoureux où la faiblesse de l'archevêque et de son administration était hardiment critiquée, et dont une copie manuscrite, mise en circulation dans le clergé de Paris, produisit un grand effet. Un mois s'écoula. L'abbé Lacordaire s'était replongé dans ses études, et commençait à oublier ce pénible incident lorsqu'un jour, au commencement de janvier, en traversant le Luxembourg, il fut abordé par un ecclésiastique de sa connaissance qui lui dit tout d'abord : « Pourquoi n'allez-vous pas voir l'archevêque

et vous expliquer avec lui ? » Lacordaire répondit
qu'il n'avait rien à expliquer et aucun motif pour
aller à l'archevêché. Cependant, à quelques pas de
là, un autre ecclésiastique lui répéta : « Allez donc
voir l'archevêque ; je suis certain qu'il serait bien
aise de s'entretenir avec vous. » Assez disposé à
voir le doigt de la Providence dans les événements
de la vie quotidienne, Lacordaire s'achemina alors
vers la rue Saint-Jacques (1). « Ce ne fut point
la sœur portière qui vint m'ouvrir », dit-il, « mais
une religieuse de chœur qui me voulait du bien,
parce que, disait-elle, *tout le monde était contre moi*. Monseigneur, selon ce qu'elle m'a dit,
avait absolument défendu sa porte ; « mais, ajouta-
t-elle, je vais le prévenir, et peut-être vous rece-
vra-t-il. » La réponse fut favorable. En entrant
chez l'archevêque, je le trouvai qui se promenait
dans sa chambre avec un air triste et préoccupé. Il
ne me donna qu'un faible témoignage de bienvenue,
et je me mis à marcher à ses côtés sans qu'il pro-
nonçât une parole. Après un assez long intervalle
de silence, il s'arrêta tout court, se tourna vers
moi, me regarda d'un œil scrutateur et me dit :

« J'ai dessein de vous confier la chaire de Notre-
Dame, l'accepteriez-vous ? »

Cette ouverture si brusque, dont le secret m'é-
chappait complètement, ne me causa aucune ivresse.

____

(1) Voir *Vie du P. Lacordaire*, par M. Foisset, t. I,
ch. VIII, pour cet incident et les détails donnés ci-dessus.

Je répondis à l'archevêque que le temps était bien court pour me préparer, que le théâtre était bien, bien solennel, et qu'après avoir réussi devant un auditoire restreint, je risquais d'échouer devant un auditoire de quatre mille âmes. La conclusion fut que je lui demandai vingt-quatre heures de réflexion. »

Que s'était-il donc passé pour opérer ce changement soudain dans l'esprit de l'archevêque? Il avait reçu, le matin même de ce jour, le mémoire de l'abbé Liautard, et venait d'en achever la lecture au moment où on lui annonça inopinément Lacordaire. L'idée de répondre à ses propres accusateurs en l'appelant à la chaire de Notre-Dame s'était présentée un moment auparavant à son esprit : la coïncidence de l'arrivée du jeune prédicateur lui parut une indication providentielle qui le décida à suivre son impulsion.

On sait quels triomphes justifièrent cette décision spontanée. Jamais les murs de l'antique métropole n'avaient assisté à si magnifique victoire de la chaire catholique sur les cœurs des hommes. La jeunesse de Paris, et Ozanam le premier, était dans le ravissement.

« Ces conférences sur l'Église, sa nécessité, son infaillibilité, sa constitution, son histoire, écrit Frédéric, ont toutes été très belles ; mais la dernière a été d'une éloquence supérieure à tout ce que j'ai jamais entendu. Mgr de Quélen, qui avait assisté à toutes les conférences, a adressé la dernière fois à M. Lacordaire des remerciments solennels et l'a nommé chanoine de la cathédrale. Voilà qui nous met du baume dans le sang » (1).

L'archevêque donnait ainsi généreusement un témoignage public de son admiration à l'homme dont, un instant, il avait tant redouté l'influence. Lorsque les dernières paroles de la dernière conférence eurent été prononcées, au moment où l'immense assemblée allait s'incliner sous la bénédiction du prélat, celui-ci se leva et, avec cette incomparable dignité qui donnait tant de poids à ses paroles, il remercia celui « à qui Dieu avait accordé la piété et l'éloquence et, plus encore, la vertu qui fait le prêtre : l'obéissance. » Il l'appela son « fidèle et excellent ami, la consolation et la joie de son cœur. »

Se reportant par la pensée à ces jours heureux où la jeune milice de Saint-Vincent-de-Paul se pressait autour de la chaire de Notre-Dame, comme l'avant-garde de l'armée de la charité, le Père Lacordaire s'écriait un jour avec émotion : « Ozanam est un ancêtre ! » Et, une autre fois, faisant appel du haut de la chaire, au cœur de la France catholique en faveur de ces jeunes hommes « qui avaient mis la chasteté sous la sauvegarde de la charité, la plus belle des vertus sous la plus belle des protectrices » : « Quelles bénédictions, s'écriait-il encore, cette chevalerie de « la jeunesse, de la

(1) Lettre à M. Velay, 2 mai 1835.

pureté, de la fraternité, n'attirera-t-elle pas sur la France en faveur de ses pauvres ! Que la reconnaissance du pays soit au moins la sauvegarde de sa liberté ! »

CHAPITRE X

1837.

Ozanam termina ses études juridiques par l'examen réglementaire, et avec un tel succès, qu'il résolut de se faire recevoir docteur en droit le plus tôt qu'il pourrait. Le barreau lui était maintenant ouvert, et pourtant il restait encore indécis sur sa vocation réelle. Il ne pouvait se défendre du sentiment qu'en devenant avocat, il trahissait sa véritable carrière, que la littérature, et non le droit, était la souveraine qui réclamait la première son allégeance et qui récompenserait le mieux ses services. La raison, l'intérêt, les vœux de ses parents lui indiquaient le droit comme sa carrière naturelle, mais il éprouvait pour cette profession une invincible répugnance ; la littérature, au contraire, l'attirait par un charme puissant, que, dans son incertitude, il prenait volontiers pour un pressentiment. N'était-ce pas résister à l'appel de sa destinée que de lutter contre un attrait de plus en plus dominateur ?

« Le moment de se choisir une destinée est un moment solennel, et tout ce qui est solennel est triste, » écrit-il à Lallier. « Je souffre de cette absence de vocation qui me fait voir la poussière et les pierres de toutes les routes de la vie, et les fleurs d'aucune. En particulier, celle dont je suis le plus près maintenant, celle du barreau, m'apparaît moins séduisante. J'ai causé avec quelques gens d'affaires ; j'ai vu les misères auxquelles il faudrait se résigner pour obtenir d'être employé, et les autres misères qui accompagnent l'emploi. On a coutume de dire que les avocats sont les plus indépendants des hommes : ils sont au moins aussi esclaves que les autres, car ils ont deux sortes de tyrans également insupportables : les avoués au commencement et la clientèle plus tard » (1).

Il triompha néanmoins bravement de ses répugnances et se fit recevoir avocat, pensant ainsi s'acquitter d'un devoir envers son père, qui avait fait de grands sacrifices pour le maintenir à Paris pendant cinq ans. Les procès qu'il plaida furent rares et n'eurent pas de résultats brillants. Voici comment il parle de ces débuts :

« Vous intéresserai-je en vous disant deux mots de la vie que je mène ici ? C'est toujours cette vie bizarre entre des études inconstantes et des occupations importunes. Je compte irrévérencieusement parmi ces dernières les rares plaidoiries qui me conduisent au Palais. La fameuse affaire d'interdiction pendante à l'époque de votre départ a été plaidée deux fois depuis, et se jugera peut-être demain. En deux autres occasions, j'ai dû porter la parole à la barre du tribunal civil et de la police correctionnelle, pour de minimes intérêts. Cette semaine, les assises m'ont donné beaucoup de besogne. Lundi, un pauvre homme, défendu par moi, a été condamné à cinq ans de travaux forcés, non pas tant pour un crime qui n'a pas été prouvé, que pour des antécédents détestables qui étaient trop certains. Avant-hier la scène avait changé ; et si, présent en notre bonne cité, votre mauvais

(1) Lettre à M. Lallier, Lyon, 5 novembre 1836. T. I.

génie vous eût conduit à la grande salle de l'Hôtel-de-
Ville, vous eussiez vu le plus humble de vos serviteurs aux
côtés de Pitrat, le directeur de la *Gazette du Lyonnais*,
citée pour attaque au gouvernement du roi ; vous auriez
entendu une longue harangue du ministère public, requé-
rant contre le chétif journal toute la sévérité de la loi,
et le jeune défenseur s'efforçant, selon sa louable coutume,
d'occuper une place neutre entre l'accusateur et l'accusé; et de justifier le second sans irriter le premier. Vous
auriez ouï un homme d'État de vingt-quatre ans se pronon-
çant avec une imperturbable audace sur les plus hautes
questions du droit constitutionnel, et sur les causes des plus
illustres faits contemporains. Je ne sais si, comme la presque
totalité de l'auditoire, vous eussiez, après les débats, compté
sur un verdict d'acquittement; mais je sais fort bien que,
n'étant pas sourd, vous auriez entendu prononcer une condamnation qui, pour n'être point trop sévère, n'en a pas
moins désappointé le défenseur et le défendu... Voilà, mon
cher ami, la plus mémorable scène de cette vie du barreau,
laquelle j'ai l'avantage de mener depuis quatre mois. Jugez
du reste » (1).

Au mois d'avril, Frédéric était revenu à Paris afin
d'y préparer ses thèses de doctorat ; il en fut soudainement rappelé par la mort de son père. Ce n'était
point une tendresse ordinaire que le Dr Ozanam
inspirait à ses enfants ; ceux-ci ne le révéraient
pas seulement comme un père, mais le considéraient aussi comme un modèle accompli de la
perfection chrétienne. Frédéric attribuait en toute
simplicité à ses parents toutes les qualités morales
et intellectuelles dont il était doué.

(1) Lettre à M. de la Perrière, 10 mars 1837, T. I.

« Il ne vous était point connu », écrivait-il à un ami, « mais si jamais votre bienveillance a trouvé en moi quelque chose qui ne vous déplût point, c'était de lui, de ses conseils, de ses exemples, qu'elle me venait » (1).

Et ce n'était pas là l'expression de la douleur du moment ; c'était la conviction de toute sa vie. Un mois avant sa mort, résumant les bénédictions dont il jugeait que le ciel l'avait comblé, il rendait ainsi grâces à Dieu de ce qu'Il avait fait pour son père :

« Vous avez conservé à travers des temps bien mauvais l'âme chrétienne de mon père. En passant par les révolutions, par les camps, par les adversités, il avait gardé la foi, un noble caractère, un grand sentiment de justice, une infatigable charité pour les pauvres. Je dois ici à mon pauvre père un témoignage... Quand j'eus le malheur de revoir ses comptes pour le règlement de sa succession, je trouvai que le tiers de ses visites étaient faites sans espérance de paiement pour des indigents reconnus comme tels. Ajoutez qu'il aimait les sciences, les arts, le travail, qu'il nous inspirait le goût du grand et du beau. En quittant les hussards, il avait lu d'un bout à l'autre la Bible de dom Calmet, et il savait le latin comme nous autres professeurs nous ne le savons plus » (2).

C'est, sans doute, de son père que Frédéric tenait son grand amour pour les livres saints. Luimême lisait la Bible en hébreu, et sa mère aimait à raconter comment, parmi les pasteurs protestants de Lyon qui venaient parfois discuter avec son fils

(1) Lettre à M. J. Ampère, 2 juin 1837, T. I.
(2) Prière, 23 avril 1853, T. II.

sur des questions théologiques, il y en eut un qui le retint un jour, quatre heures durant, sur un passage que chacun expliquait d'une manière différente. Frédéric s'écria à la fin : « Mais pourquoi un savant comme vous discuterait-il d'après une traduction ? Voyons ce que dit le texte hébreu; reportons-nous à l'original. » Force fut à son adversaire d'avouer qu'il ne savait point l'hébreu, mais, quand Ozanam donna sa traduction littérale, l'autre refusa de l'accepter, disant qu'il consulterait une plus haute autorité, et reviendrait pour achever la discussion. « Il n'est jamais revenu, » ajoutait fièrement Mme Ozanam.

Frédéric consacra désormais toutes ses forces à consoler sa mère et à remplacer le protecteur qu'elle avait perdu au moment même où il lui était le plus indispensable.

« Heureux l'homme à qui Dieu donne une sainte mère », s'écriait-il. « Mais pourquoi faut-il qu'à mesure que l'auréole de sainteté entoure plus brillante cette tête chérie, l'ombre de la mort semble s'en approcher ? Pourquoi, dans les langues des hommes la perfection est-elle synonyme de la fin ?..... Mon cher ami, prie avec moi que ma mère me soit conservée, qu'elle soit conservée à mes frères, qui ont aussi tant besoin d'elle, pour que cette maison que tu as connue heureuse et pleine d'amour ne soit pas désolée, remplie de deuil, vide de toute jouissance, donnée en spectacle comme un exemple des vicissitudes humaines, devenue un scandale pour les impies, qui, en voyant si durement traitées les familles chrétiennes, se demandent insolemment où est le Dieu qu'elles avaient espéré : *Ubi est Deus eorum?*

... Je continue par lettres les démarches qu'à Paris je

faisais par moi-même. En attendant, je n'abandonne point les travaux littéraires, qui sont pour moi une des plus salutaires consolations terrestres. Je m'occupe toujours un peu de Dante » (1).

Les démarches auxquelles il fait allusion se rapportent à une chaire de droit commercial dont quelques personnes influentes voulaient obtenir la création à Lyon pour l'en faire nommer titulaire. Le conseil municipal, dans lequel il avait plusieurs amis, accueillit favorablement cette demande et adressa immédiatement une pétition à cet effet au ministre de l'Instruction publique. Il devait s'écouler quelque temps avant que l'affaire pût être décidée ; dans l'intervalle, Ozanam s'occupait avec ardeur de travaux juridiques.

« J'ai plaidé cette année environ douze fois, écrit-il, trois fois seulement au civil où j'ai gagné toujours... Les émotions de la plaidoierie ne sont pas pour moi sans charme, mais les émoluments ne rentrent qu'avec difficulté et les rapports avec les gens d'affaires sont si pénibles, si humiliants, si injustes, que je ne puis m'y plier. La justice est le dernier asile moral, le dernier sanctuaire de la société présente ; la voir entourée d'immondices, c'est pour moi une cause d'indignation, à chaque instant renouvelée. Ce genre de vie m'irrite trop, je reviens presque toujours du tribunal profondément ulcéré ; je ne puis pas plus me résigner à voir le mal qu'à le souffrir. Cependant, je suis loin de vouloir abandonner une profession dont les circonstances actuelles me font plus que jamais une nécessité ; après les vacances,

(1) Lettre à M. Henri Pessonneaux. Lyon, 19 juin 1837. T. I.

je ferai une leçon de droit à trois jeunes gens dont j'espère
voir les écus, et qui se trouvent trop grands seigneurs pour
aller s'asseoir sur les bancs de l'école. »

Mais les mêmes considérations d'ordre matériel
faisaient désirer à Ozanam la réussite du projet mis
en avant par ses amis de Lyon et de Paris. Il s'efforçait néanmoins de se maintenir dans un état de
calme indifférence :

« Quand ces négociations n'auraient pas d'autres effets,
dit-il, elles auraient toujours celui de m'avoir prouvé l'affection de tous mes amis ; car les vœux des uns ne m'ont pas
plus manqué que les efforts des autres. Au reste, en tout
ceci je me tiens passif. J'éprouve une sorte de respect religieux, peut-être superstitieux, pour l'incertitude actuelle
de ma destinée. Je m'en suis remis aux soins de la Providence, je crains d'y mettre la main. Il me semble que
le succès heureux ou malheureux de cette affaire décidera
si je demeurerai dans le monde ou si j'en sortirai quand
les évènements me rendront libre. Vous apercevez là quelle
est la témérité de mes rêveries, et sur quel terrain sacré
elles osent se porter. Mais en vérité, j'envie le sort de ceux
qui se dévouent entièrement à Dieu et à l'humanité. Et
d'un autre côté, cette question de mariage se représente
souvent à mon esprit ; jamais elle n'en sort sans y laisser
d'incroyables répugnances. Je suis plus faible que beaucoup d'autres, et les égarements de mon imagination auraient pu entraîner bien loin mon cœur, et toutefois, je sens
qu'il y a aussi une virginité virile qui n'est pas sans honneur et
sans charmes, et dans l'union conjugale il me semble qu'il y a
une sorte d'abdication. Il peut se faire qu'il y ait là-dedans
quelque injuste mépris pour les femmes. Cependant la
sainte-Vierge et ma mère et quelques autres me font pardonner bien des choses à ces filles d'Ève. Mais je déclare qu'en

général je ne les comprends pas. Leur sensibilité est quelquefois admirable, mais leur intelligence est d'une légèreté, et d'une inconséquence désespérantes. Avez-vous jamais vu conversation plus capricieusement interrompue, moins suivie que la leur? Et puis, s'engager à une société sans réserve, sans fin, avec une créature humaine, mortelle, infirme, misérable, si parfaite qu'elle soit! C'est surtout cette perpétuité de l'engagement qui est pour moi chose remplie de terreur....

Il y a un peu plus d'une semaine que la méditation prolongée de mes misères intérieures et extérieures m'avait si fort bouleversé l'esprit, que j'étais arrivé à une impossibilité absolue de penser et d'agir. J'avais la tête en feu, tournée en tous sens par des idées désolantes, et la plus désolante de toutes était peut-être l'idée même de mon état actuel. L'excès du mal me fit recourir au médecin, au médecin, veux-je dire, qui a le secret des infirmités morales et qui a le dépôt du baume de la grâce divine. Or, après que j'eus exposé, avec une énergie qui en ces occasions, m'est peu commune, mes tristesses et les sujets de mes tristesses à l'homme charitable que j'appelle « mon père », que pensez-vous qu'il me répondit? Il me répondit par ces mots de l'Apôtre : *Gaudete in Domino semper*. N'est-ce pas là une étrange parole? Voilà un pauvre homme qui vient d'avoir le plus grand des malheurs dans l'ordre des choses spirituelles, celui d'offenser Dieu; le plus grand des malheurs dans l'ordre des choses de la nature, celui de devenir orphelin; il a une mère âgée et malade dont il épie tous les mouvements, tous les regards, tous les traits chaque jour, pour savoir combien de temps encore il la conservera; il se voit détaché par l'absence ou par la mort de plusieurs amis auxquels il était tendrement attaché; et d'autres séparations encore plus douloureuses le menacent. Il est de plus dans les angoisses d'une destinée indécise, accablé de sollicitudes et d'affaires qui le froissent; s'il se replie sur lui-même pour fuir les spectacles affligeants du dehors, il se trouve rempli de faiblesses, d'imperfections, de défauts... et on vient lui dire non point de se résigner, mais de se réjouir : *Gaudete semper !* Il faut bien toute l'audace, toute la pieuse insolence du christianisme pour parler de la sorte. Et cependant le christianisme a raison. » (1)

Le titre de docteur en droit, que le jeune avocat obtint sur ces entrefaites, ne semble pas l'avoir attaché davantage à une carrière dans laquelle il n'avait trouvé jusque-là que de médiocres encouragements ; les clients étaient toujours rares, et l'année suivante se passa pour lui à lutter contre les difficultés qui s'attachent à tous les débuts.

L'idée du mariage ne paraît pas non plus avoir jeté des racines en lui jusque-là. Dans une lettre où il annonce à son cousin la décision prise par un ami commun, Frédéric lui dit qu'afin de se fortifier contre la contagion de l'exemple, il est allé avec son frère visiter la Grande-Chartreuse :

« Il va sans dire que nous sommes allés à pied et que nous ne sommes pas morts de tristesse en route. Le premier jour nous avons fait plus de douze lieues; ainsi je suis désormais ton égal. Je ne dirai pas ce que nous avons vu, parce que tu as déjà fait le même pèlerinage. Tout ce que je puis dire, c'est que j'ai trouvé là une nature que je n'aurais pas le talent de décrire, des hommes que je n'aurais pas la force d'imiter. Toutefois, l'impression que ce voyage a produite sur moi diffère beaucoup de l'idée que je m'en étais faite à l'avance. Je n'avais entendu parler que de sublimes horreurs, de torrents, de précipices, de déserts, d'effrayantes austérités ; et je n'ai vu qu'une solitude délicieuse, une végétation ma-

(1) Lettre à M. Lallier. Pierre-Bénite, 5 octobre 1837. T. I.

gnifique, de riches prairies, des forêts où la verdure du
hêtre se mêle à la noirceur du sapin, des rochers en-
tremêlés de rosiers, des ruisseaux tombant en élégantes
cascades sur un lit de gazon et de mousse ; de tous côtés,
des touffes de campanules bleues, de larges et gracieuses
fougères semblables à des palmiers nains, de grands trou-
peaux sur les montagnes, des oiseaux dans les bois, et là,
dans le vallon, le monastère majestueux et grandiose, les
moines au vêtement antique, au visage serein, exprimant le
bonheur et la quiétude ; les chants s'élevant à toutes les
heures du jour, avec force, avec harmonie ; les hymnes de la
nuit montant vers le ciel à l'heure où les crimes se multiplient et où les vengeances de Dieu se préparent ; enfin, les
charmantes chapelles de Notre-Dame à Casalibus et de
Saint-Bruno, avec leurs fontaines et leurs souvenirs de sept
cents ans. Je ne sais si cette idée n'est point bizarre, mais la
Chartreuse, ainsi placée dans ce creux des montagnes, me
semblait comme un nid solitaire, où des âmes saintes rassemblées et couvées sous les ailes maternelles de la religion,
grandissaient paisiblement pour s'envoler un jour au
ciel » (1).

Ceux qui connaissaient Frédéric depuis son enfance, qui considéraient sa piété, son enthousiasme
pour la vie silencieuse et héroïque du cloître, s'é-
tonnaient de ne pas voir sa vocation incliner de ce
côté ; mais sa sympathie pour la vie religieuse était
plutôt idéale que pratique. Son cœur était pur, son
âme mystique planait, il est vrai, dans les hautes et
lumineuses régions ; toutefois, il y avait dans sa nature une corde de tendresse humaine, qui commen-

(1) Lettre à M. Henri Pessonneaux, 24 septembre 1835.
T. I.

çait à accuser sa présence par certaines vibrations, faibles encore. Il s'ouvre, sur ce sujet, à un ami qui lui faisait part de son mariage prochain :

« L'amour tient en ceci de la nature divine, qu'il se donne sans s'appauvrir, qu'il se communique sans se diviser, qu'il se multiplie, qu'il est présent en plusieurs lieux à la fois, que son intensité augmente à mesure qu'il gagne en étendue.

« .... Mais je balbutie une langue que je ne sais point encore ; je parle de choses qui ne me sont point révélées. Chez moi l'imagination s'est développée de bonne heure, la sensibilité a été plus tardive ; bien que mon âge soit celui des passions, à peine en ai-je senti les premières approches. Ma pauvre tête a déjà beaucoup souffert, mais mon cœur n'a pas encore connu d'autres affections que celles du sang et de l'amitié ; cependant il me semble que j'éprouve depuis quelque temps les symptômes avant-coureurs d'un ordre nouveau de sentiments, et je m'en effraie ; je sens en moi se faire un grand vide que ne remplissent ni l'amitié, ni l'étude ; j'ignore qui viendra le combler ; sera-ce Dieu ? sera-ce une créature ? Si c'est une créature, je prie qu'elle ne se présente que tard, quand je m'en serai rendu digne ; je prie qu'elle apporte avec elle ce qu'il faudra de charmes extérieurs pour ne laisser place à aucun regret ; mais je prie surtout qu'elle vienne avec une âme excellente, qu'elle apporte une grande vertu, qu'elle vaille beaucoup mieux que moi, qu'elle m'attire en haut, qu'elle ne me fasse pas descendre, qu'elle soit généreuse, parce que je suis pusillanime, qu'elle soit fervente, parce que je suis tiède dans les choses de Dieu, qu'elle soit compatissante enfin, pour que je n'aie pas à rougir devant elle de mon infériorité. Voilà mes vœux ; voilà mes rêves ; mais, comme je vous l'ai dit, rien n'est plus impénétrable que mon propre avenir. »

CHAPITRE XI

1838-1839

Vers la fin de l'année 1838, Ozanam obtint le grade de docteur ès-lettres. Sa thèse latine traitait de la descente des héros dans les enfers, d'après les poètes de l'antiquité. Il prit le Dante pour sujet de sa thèse française. Le succès de la première fut remarquable ; mais celui de la seconde dépassa les plus hautes espérances de ses amis. « C'était plus qu'un succès, c'était une révélation », dit le Père Lacordaire (1). Les Français ne connaissaient guère le Dante que comme le chantre de Françoise de Rimini et du drame tragique de la Tour de la Faim ; ils ignoraient que c'était un théologien aussi bien qu'un poète, et que son influence sur l'esprit religieux de ses compatriotes avait été aussi féconde et durable que celle qu'il avait exercée sur le génie italien. En méditant sur le Dante, Ozanam en était venu à l'aimer avec une sorte de culte, et, lorsqu'il entreprit de dévoiler les beautés et les mystères de son œuvre, l'amour de son sujet l'éleva à une hauteur d'inspiration qu'il est rarement donné à l'éloquence humaine d'atteindre.

1. Notice sur Ozanam.

A sa voix, comme à celle d'un magicien, les nuages qui voilaient l'ombre lumineuse du poète se dissipèrent, et l'on vit apparaître le grand Alighieri comme une figure vivante, dominant tout le treizième siècle avec « *sa triple auréole de poète, de théologien et d'exilé.* » L'auditoire écoutait suspendu dans une admiration silencieuse. M. Cousin, qui était l'un des examinateurs, et bon juge en fait d'éloquence, s'écria : « Ozanam, on n'est pas plus éloquent que cela ! » Tous les yeux étaient mouillés de larmes, et quand l'orateur, vaincu lui-même par son émotion, cessa de parler, l'assistance entière se leva et éclata en applaudissements.

Cette thèse, si longtemps et si laborieusement préparée, fut le noyau du volume qu'Ozanam publia plus tard sous le titre de : *Dante et la Philosophie catholique au treizième siècle.*

Cependant la question de la chaire de droit ne recevait aucune solution, et son impuissance à écarter de sa mère l'anxiété que lui causait l'avenir de ses plus jeunes fils, et à l'entourer elle-même de tranquillité et de bien-être, était pour Frédéric une cruelle épreuve.

« .... Après tant de sacrifices faits par mon père pour mon éducation, je devrais pouvoir le remplacer aujourd'hui et devenir le soutien de ma famille, je ne suis au contraire qu'une charge de plus. Une leçon de droit que je donne tous les jours est le plus positif de mes revenus. La clientèle me laisse de larges loisirs. A l'exception de deux affaires d'assises qui m'ont servi à faire un peu de bruit et point d'argent, deux procès que j'ai conciliés, un que j'ai plaidé

au tribunal de commerce la semaine dernière, un mémoire
assez considérable que j'ai rédigé dans une contestation
entre commerçants, un certain nombre enfin de consulta-
tions gratuites, voilà toutes les occupations que m'a données
depuis cinq mois cette digne profession d'avocat, l'une de
celles où l'on fait le mieux fortune à la fin, si l'on n'est pas
mort de faim au commencement. Et cependant, je vous
avouerai que ces préoccupations si rares me pèsent encore :
je ne m'acclimate point dans l'atmosphère de la chicane ; les
discussions d'intérêts pécuniaires me sont pénibles. Il n'est
pas de si bonne cause où il n'y ait des torts réciproques ; il
n'est pas de plaidoyer si loyal où il ne faille dissimuler
quelques points faibles. Il existe des habitudes d'hyperbole
et de réticence dont les plus respectables membres du barreau donnent l'exemple et auxquelles il faut s'assujettir ;
toutes les figures de rhétorique sont réduites en action devant les tribunaux, qui n'entendent plus que ce langage. Il
est convenu qu'on doit demander deux cents francs de dom-
mages-intérêts quand on en veut cinquante ; que le client ne
saurait manquer d'avoir raison en toutes ses allégations, et
que l'adversaire est un drôle. Exprimez-vous en termes plus
raisonnables, vous passez pour avoir fait des concessions,
vous vous êtes avoué vaincu ; les confrères vous en font des
reproches ; le client se prétend trahi ; et si vous rencontrez
dans le monde un des juges qui ont siégé dans l'affaire, il
vous aborde en vous disant : « Mon cher, vous êtes trop
timide ! (1). »

Son attente eut enfin un terme : le 21 février
1839, il annonce à Lallier sa nomination officielle :

« Le conseil municipal, à une majorité de vingt-quatre
voix sur trente-six, m'a nommé professeur de droit commercial. Mais cette nomination doit être confirmée par M. le

(1) Lettre à M. Lallier, Lyon, 9 avril 1838, t. I.

Ministre de l'Instruction publique. En conséquence, j'ai écrit à M. Cousin qu'en le remerciant de la chaire de philosophie d'Orléans, je me trouvais obligé par mes devoirs de famille d'opter pour la chaire de droit de Lyon (1). »

M. Cousin, en effet, qui connaissait bien Ozanam, jugeant avec raison que la philosophie convenait beaucoup mieux que le droit à la tournure de son esprit, lui avait écrit, tandis qu'on attendait encore la décision de la municipalité de Lyon, pour lui offrir une chaire de philosophie à Orléans. L'offre était séduisante, et Ozanam ne la refusa pas sans combats.

« Dites-moi ce que vous pensez de mon choix, » écrivait-il encore à M. Lallier, « et ce qu'en pensent mes amis les Parisiens. Ici, j'en ai été presque blâmé. On s'accordait à croire que mes véritables intérêts étaient sur les bords de la Loire. Pour moi, j'avoue que j'étais flatté de la perspective d'une carrière exclusivement intellectuelle, d'une existence désormais départagée, et par conséquent plus paisible, du voisinage de Paris, mais j'y opposais la dépendance, l'isolement dans une ville inconnue, et, par-dessus tout, la nécessité d'abandonner ma mère dix mois de l'année, au péril de recevoir un jour une lettre comme celle du 12 mai 1837... On parle de la fondation d'une école de droit dans ce pays-ci, et vous comprenez que le professeur municipal serait à peu près sûr d'y trouver une chaire, c'est-à-dire inamovibilité, position honorable, et liberté d'agrandir à son gré la sphère de son enseignement. Si Dieu me prête vie et courage, et qu'il me fixe par une vocation définitive dans ces fonctions tranquilles, je croirai bien faire en mettant mes travaux personnels en harmonie avec mes devoirs publics, et en m'occupant *d'une Philoso-*

(1) Lettre à M. Lallier, Lyon, 21 février 1839.

phie et d'*une Histoire du droit*, qui, traitées au point de vue chrétien, me sembleraient remplir une lacune bien vaste de la science et suffiraient à utiliser les années que je puis avoir à passer sur la terre » (1).

Sa nomination à la chaire municipale fut définitivement ratifiée au mois de juillet. M. Cousin lui écrivit lui-même pour le lui annoncer :

> « 6 juillet 1839.
>
> « Mon cher Ozanam,
>
> « Je ne vous ai pas répondu tant que je n'avais rien de net à vous dire. Aujourd'hui je viens vous annoncer que, dans le conseil d'hier, il a été arrêté que vous seriez nommé à la chaire de Droit commercial.
>
> « J'aurais bien mieux aimé vous voir dans mon régiment; mais je n'en désespère pas, et en tout cas, je suis sûr qu'avec moi ou sans moi vous aimerez et servirez toujours la vraie philosophie.
>
> « Ne m'oubliez pas trop ; car vous êtes sûr de toujours trouver en moi un ami.
>
> « COUSIN. »

Quelques semaines avant cette décision, Ozanam avait envoyé à Paris, pour y être publiée, sa thèse sur le Dante à laquelle il avait donné de nouveaux développements. Cependant ses affaires personnelles ne lui faisaient pas perdre de vue les intérêts et le progrès de la Société de Saint-Vincent-de-Paul. Il écrit à Lallier :

> « Notre petite société de Saint-Vincent-de-Paul est devenue assez considérable pour être regardée comme un fait provi-

(1) Lettre à M. Lallier, Lyon, 21 février 1839, t. I.

dentiel..... Soyez souvent présent aux assemblées particulières ; voyez de temps à autre les présidents ; tenez la main
aux réunions du conseil de direction.... J'approuve votre intention de nous entretenir dans une prochaine lettre de l'esprit extérieur de la Société, de l'absence du secret et de la
nécessité de rester obscur. Il serait bon de poser d'abord ce
principe : que l'humilité est obligatoire pour les associations
comme pour les individus, et l'appuyer par l'exemple de
Saint-Vincent-de-Paul, qui réprimanda sévèrement un prêtre
de la Mission pour avoir nommé la Compagnie : *Notre sainte
Compagnie. Servi inutiles sumus*, tel est le témoignage que
doivent se rendre ceux qui s'unissent pour servir Dieu et les
hommes. Il faudrait ensuite insister sur les caractères de
l'humilité et montrer comme elle doit exclure cet orgueil
collectif qui se cache souvent sous le nom d'amour du
corps, et ces manifestations imprudentes à l'égard des
étrangers sous prétexte d'édification et de prosélytisme.
D'une autre part, on remarquerait que le secret n'est point
la forme nécessaire de l'humilité véritable, que souvent
même il lui est contraire, car on ne tait guère que ce que
l'on croit important, et l'on se dédommage entre soi de l'admiration que l'on ne peut pas rechercher au dehors.

« Ainsi : *ne point se faire voir, mais se laisser voir*, telle
pourrait être notre formule, et c'est à peu près celle qu'on
rencontre parmi les maximes d'un grand apôtre de la charité, saint François de Salès. Nous avons eu lieu ici surtout
d'appliquer et d'apprécier cette doctrine, entourés que nous
étions de deux sortes d'écueils. D'une part, la rivalité de
quelques autres sociétés pieuses, et, de l'autre, le zèle un
peu expansif de quelques associés qui allaient répandre partout les louanges de notre œuvre naissante. L'exagération
de leurs rapports nous rendait suspects aux uns et ridicules aux
yeux des autres. On nous prophétisait que la publicité serait
notre mort ; mais, grâce à Dieu, les prophètes de malheur ont

menti ; nous nous sommes faits petits, nous avons fait pitié,
on nous a laissés vivre. » (1)

Malgré ces succès consolants, il ne fallait pas
pourtant s'attendre à ce qu'une œuvre aussi importante que la Société de Saint-Vincent-de-Paul s'éta-
blît sans susciter de l'hostilité, sans rencontrer tout
au moins de l'opposition.

« Il n'est pas possible de se faire illusion, écrit Ozanam ;
la Société a rencontré des défiances partout. Si à Lyon elle
n'a jamais encouru le blâme de l'autorité ecclésiastique, si
même quelques prêtres vénérables l'ont encouragée, elle n'a
pas cessé d'être l'objet des vexations de beaucoup de laïques :
gros bonnets de l'orthodoxie ; pères de concile en frac et en
pantalons à sous-pieds ; docteurs qui prononcent entre la
lecture du journal et les discussions du comptoir, entre la
poire et le fromage ; gens pour qui les nouveaux venus sont
toujours les mal-venus, pour qui tout ce qui arrive de Paris
est présumé pervers ; qui font de leur opinion politique un
treizième article du symbole, qui s'approprient les œuvres
de charité comme leur chose, et disent, en se mettant mo-
destement à la place de Notre-Seigneur : « Quiconque n'est
pas avec nous est contre nous. » Vous ne sauriez croire les
mesquineries, les vilénies, les arguties, les minuties, les
avanies dont ces gens-là, avec la meilleure foi du monde,
ont usé contre nous. Les plus estimables ont été entraînés
par la foule, et nous avons dû souffrir beaucoup de ceux
mêmes qui nous aimaient » (2).

Frédéric tenait beaucoup à ce qu'une correspondance régulière continuât entre les conférences sié-
geant dans les différentes villes de France, et il re-

(1) Lettre à M. Lallier, Pierre-Bénite, 5 octobre 1837, t. I.
(2) Lettre à M. Lallier, Lyon, 17 mai 1838, t. I.

prochait doucement à Lallier, qui était alors à Paris, de s'être négligé sous ce rapport. Selon lui, ces sortes d'épîtres, lues avec intérêt, portaient souvent de bons fruits. « Je vous demande instamment, dit-il, la reprise de cette correspondance qui avait quelque chose des temps apostoliques, et que vous avez peut-être suspendue par suite de cette modestie trop grande à laquelle je fais impitoyablement la guerre. » Et ailleurs, il poursuit : « Vous ne sauriez croire quelle magie il y a dans les paroles venues de loin et dans le suffrage d'un si grand nombre d'amis. Les liens qui nous attachent à la société de Paris sont comme ceux qui unissaient ces jumeaux célèbres dont la séparation fit la mort » (1).

Ozanam avait une grande confiance dans cette puissance de l'association pour le bien : c'était, à ses yeux, le seul contrepoids possible à la funeste puissance d'union qui existe entre les méchants. « Hélas ! s'écrie-t-il, nous voyons chaque jour la scission commencée dans la société se faire plus profonde; ce ne sont pas les opinions politiques qui divisent les hommes ; c'est moins que les opinions, ce sont les intérêts ; ici le camp des riches, là le camp des pauvres. Dans l'un, l'égoïsme qui veut tout retenir; dans l'autre, l'égoïsme qui voudrait s'emparer de tout ; entre les deux, une haine irréconciliable, les menaces d'une guerre

(1) Lettre à M. Lallier, Lyon, 7 février 1838, t. I.

prochaine qui sera une guerre d'extermination. Un seul moyen de salut reste, c'est que, au nom de la charité, les chrétiens s'interposent entre les deux camps, qu'ils aillent, transfuges bienfaisants, de l'un à l'autre ; qu'ils obtiennent des riches beaucoup d'aumônes, des pauvres beaucoup de résignation ; qu'ils portent aux pauvres des présents, aux riches des paroles de reconnaissance : qu'ils les accoutument à se regarder de nouveau comme frères. Qu'ils leur communiquent un peu de mutuelle charité, et cette charité, paralysant, étouffant l'égoïsme des deux partis, diminuant chaque jour les antipathies, les deux camps se lèveront ; ils détruiront leurs barrières de préjugés; ils jetteront leurs armes de colère et ils marcheront à la rencontre l'un de l'autre, non pour se combattre, mais pour se confondre, s'embrasser et ne plus faire qu'une seule bergerie sous un seul pasteur : *Unum ovile, unus pastor* » (1).

(1) Lettre à M. Curnier, Lyon, 9 mars 1837, t. I.

CHAPITRE XII

1839.

La position qu'Ozanam avait attendue si longtemps et avec tant d'anxiété ne lui apporta point la
tranquillité d'esprit. Cette place, il l'avait désirée
surtout parce qu'elle devait lui permettre d'entourer de bien-être les dernières années de sa mère ;
et cette joie, maintenant qu'il la possédait, semblait devoir être de courte durée. La santé de Mme
Ozanam avait décliné jusqu'au point où le seul
espoir qui reste pour une malade chérie est celui
d'une fin paisible et sans souffrances.

Quant à Frédéric, il avait considéré avec confiance sa nomination à la chaire de droit comme
l'événement qui devait dissiper tous ses doutes sur
sa vocation, et lui tracer définitivement sa route ;
et ici encore, une déception l'attendait. En effet, puisque la mort de sa mère allait l'affranchir
de la nécessité de poursuivre une carrière mondaine, avait-il bien fait de s'engager dans de nouveaux liens et de se charger de nouvelles respon-
sabilités ? N'avait-il point ainsi élevé une barrière
entre lui et sa vocation véritable, le sacerdoce ?
Ses devoirs envers sa mère avaient pu lui sembler un signe qu'il n'était pas appelé à la vie reli-

gieuse, tandis que des voix intérieures, des attraits, des aptitudes, des antipathies, lui suggéraient, tantôt faiblement, tantôt avec plus de force, que telle était sa véritable destinée. Son désir de servir la cause de la vérité, de faire quelque chose pour Dieu et pour l'humanité, de mener une vie d'abnégation, de travail et de sacrifice, ce désir était aussi ardent que jamais, et, en même temps, sa répugnance pour le mariage continuait à paraître insurmontable. Une lettre écrite à un ami qui le consultait sur un projet d'union, fera connaître les idées d'Ozanam à cette époque ; il avait alors vingt-six ans.

« Je suis singulièrement touché des épreuves auxquelles vous êtes soumis. En effet, ce sont à mon gré des épreuves bien sévères que ces incertitudes sur une question d'où la vie entière doit dépendre, et, dans de semblables circonstances, l'acceptation illimitée des volontés divines doit être grandement méritoire.

« Vous me parlez des douceurs de la vie domestique ; mais, mon cher ami, ce bien-être matériel ou sentimental, cet égoïsme à deux, est-il bien de saison ? La société est-elle si heureuse, la religion si honorée, la jeunesse chrétienne si nombreuse et si active, ceux qui peuvent travailler au bien-être général si desœuvrés, que vous soyez en droit avec le talent que Dieu vous a donné, avec les connaissances et les encouragements dont vous êtes entouré, avec cette voix qui sûrement du fond du cœur vous appelle à l'œuvre, de vous retirer déjà, comme un ouvrier fatigué qui a porté le poids du jour et de la chaleur ?... »

Cette époque, sous un calme apparent, fut en réalité la plus agitée de la vie d'Ozanam. La ville

de Lyon venait de créer une chaire tout exprès
pour lui, et de tous côtés les offres les plus sédui-
santes se présentaient à son choix. M. Cousin
cherchait toujours à l'attirer « dans son régiment »,
comme il appelait son école philosophique ; les
chefs du parti catholique lui demandaient des articles pour leurs revues et leurs journaux, et M. de
Montalembert, qui inspirait alors le Correspondant,
lui écrivait :

« Je vous en supplie, donnez-nous quelques fragments de
vos travaux, quelques éclats du monument que vous sculp-
tez ; je vous demande ce service comme à un ami et à un
frère d'armes sur la sympathie duquel je compte comme
vous devez compter sur moi. »

Si ces avances lui avaient été faites un an plus
tôt, Ozanam les eût accueillies avec joie ; mais la
perspective de la mort de sa mère et de la triste liberté qui en résulterait pour lui, le jetait dans une
douloureuse perplexité.

Il avait suivi avec un intérêt profond les projets
de l'abbé Lacordaire pour rétablir en France l'ordre de Saint-Dominique. Ozanam aimait Lacordaire, il admirait son génie et sa sainteté, il était
fier de lui comme catholique et comme frère d'armes ; tout était fait pour l'entraîner puissamment
vers cette glorieuse famille des Frères Prêcheurs
qui a toujours jeté sur l'Eglise un éclat si pur.
L'œil pénétrant du grand fils de saint Dominique
devina la lutte qui se livrait dans l'âme de son ami
entre le monde et le cloître, et il aspirait ardem-

ment à la conquérir. Il savait qu'il n'y a rien de si
terrible sur le champ de bataille qu'un cœur vierge ;
c'est là ce qui fit trembler devant Jeanne d'Arc des
guerriers aux cheveux blancs ; et le poète exprime
une des vérités les plus profondes de la vie chrétienne, lorsque, chantant les preux du roi Arthur,
il fait dire à Galahad :

> « My strength is as the strength of ten,
> Because my heart is pure » (1).

Personne ne sentait mieux cette vérité que Lacordaire, et l'on comprend le désir qu'il avait de
faire entrer une semblable recrue dans sa milice
dominicaine. Aussi ne se consola-t-il jamais de n'a-
voir pu faire cette conquête, et, après la mort d'O-
zanam, se plaignit-il plus d'une fois de son échec,
mêlant à l'expression de son chagrin celle d'un reproche tendre, mais immérité.

Revenons à l'année 1839. Au mois de mars, Ozanam reçut de Lacordaire les lignes suivantes :

« C'est le jeudi 7, fête de saint Thomas d'Aquin, que nous
quitterons Paris et par conséquent nous serons à Lyon
le dimanche 10 ; ce serait donc mardi 12 que nous nous
embarquerions pour Milan par les diligences Bonafous
au nombre de trois, pas davantage. Je serai ravi de vous
revoir, vous et tous nos amis, et j'espère que vous nous ai-
derez à faire les pèlerinages que tout fervent catholique ne
doit pas omettre à Lyon. »

(1) « Ma force est comme la force de dix, parce que
mon cœur est pur. »

Le jeune professeur se prépara à accueillir son illustre ami en convoquant les conférences de St-Vincent-de-Paul pour entendre, une fois encore, cette voix éloquente. Ce fut une solennelle et touchante réunion. Lacordaire lui-même était vivement ému, et son émotion lui inspira un de ces mouvements oratoires irrésistibles qui lui manquaient rarement en face d'une grande réunion. Il parla cependant avec beaucoup de simplicité. Il retraça les longs efforts qui allaient enfin aboutir; il expliqua, avec la familiarité d'un frère s'adressant à des frères, le but de son œuvre si souvent mal comprise et interprétée avec mauvaise foi ; il parla de saint Dominique, de l'apostolat des Frères Prêcheurs dont il allait embrasser la règle ; il insista sur la nécessité de rappeler les ordres religieux en France, exprima sa tendresse pour les membres de la Société de St-Vincent-de-Paul, et demanda leurs prières pour lui et pour ses compagnons, deux jeunes gens qu'il avait, dit-on, arrachés au carbonarisme. Tout concourait à rendre cette scène pathétique : l'assemblée nombreuse de ces jeunes croyants, pleins d'une sympathie enthousiaste pour le prêtre, jeune comme eux, qui allait les quitter, quitter aussi tous les siens, sacrifier une carrière qui avait jeté déjà tant d'éclat, et cela pour embrasser une vie de travail austère, de pauvreté et de souffrances volontaires. Un tel spectacle ne devait jamais s'effacer du cœur de ceux qui en avaient été les témoins et presque tous les yeux étaient humides de larmes quand Lacordaire et ses deux compagnons de pèlerinage partirent pour s'acheminer vers la capitale du monde chrétien.

Peu après son arrivée à Rome, le Père Lacordaire écrivit à Ozanam. Il lui racontait son voyage, l'accueil affectueux que lui et ses compagnons avaient reçu de leurs frères d'Italie et sa réception dans l'Ordre, lettre amicale, remplie d'agrément, toute pleine du bonheur de la vocation nouvelle, mais ne contenant aucune allusion directe ni indirecte à la possibilité que cette vocation fût un jour partagée par son correspondant. Si ce silence était un calcul, il réussit à merveille, comme l'extrait suivant d'une lettre d'Ozanam le prouve suffisamment :

« ... Je sens plus que jamais le besoin d'une direction spirituelle qui supplée à ma faiblesse et qui me décharge de ma responsabilité. Et, pour parler à cœur ouvert, déjà plus d'une fois, en voyant la maladie de ma mère faire de désolants progrès, quand la possibilité d'une perte si terrible se présente à mon esprit, je ne vois plus de raison pour me retenir dans une position que le devoir filial m'a seul fait solliciter, et l'incertitude de ma vocation se reproduit plus inquiétante que jamais. C'est ce mal intérieur dont je souffre depuis longtemps que je recommande à vos charitables prières ; car si Dieu me voulait bien appeler à lui, je ne vois pas de milice dans laquelle il me fût plus doux de le servir que celle où vous êtes engagé. Je serais même heureux d'en connaître d'avance les conditions, pour m'aider, avec le concours de mon confesseur, à prendre un parti : la règle des Frères Prêcheurs manque à notre bibliothèque ; pourriez-vous m'éclairer sur les moyens de la découvrir ? Vous obligeriez de nouveau un de ceux qui vous ont déjà tant d'obligations » (1).

Le Père Lacordaire ne laissa pas longtemps cette lettre sans réponse. Après avoir parlé des changements qui se manifestaient dans l'opinion publique, il ajoute :

« ... J'ai vu annoncer dans l'*Univers*, que nous recevons, la réimpression de votre *Dante* ; cela m'a fait plaisir. Il faut se garder de quitter la plume. Sans doute, c'est un rude métier que celui d'écrire: mais la presse est devenue trop puissante pour y abandonner son poste. Ecrivons, non pour la gloire, mais pour Jésus-Christ. Crucifions-nous à notre plume. Quand personne ne nous lirait plus dans cent ans, qu'importe ? La goutte d'eau qui aborde à la mer, n'en a pas moins contribué à faire le fleuve et le fleuve ne meurt pas. *Celui qui a été de son temps*, dit Schiller, *a été de tous les temps*. Il *a* fait sa besogne, il a eu sa part dans la création des choses qui sont éternelles...

« La fin de votre lettre où vous me parlez des instincts persévérants qui vous poussent à servir Dieu, m'a bien touché. L'espérance de vous voir un jour des nôtres me serait bien chère. Je ne sais vous dire où vous trouverez nos règles. Il me semble qu'un libraire de Paris vous les procurerait aisément. Du reste, vous y démêleriez difficilement le mécanisme de notre Ordre. Je crois qu'en peu de mots vous serez mieux au courant. Le but est la prédication et la science divine. Les moyens : la prière, la mortification des sens, l'étude. La prière consiste dans la psalmodie, ou plutôt la récitation de l'office canonique, laquelle nous prend chaque jour deux heures et demie environ. Nous ne chantons que les complies, sauf les jours de grandes fêtes où l'on chante tierce et vêpres en plus. La mortification a lieu par le *maigre*

(1) Lettre à l'abbé Lacordaire, Lyon, 26 août 1839, t. I.

continuel, le jeûne tous les vendredis et du 14 septembre à Pâques. Mais cette mortification n'étant qu'un moyen d'atteindre un but, le Supérieur en dispense qui en a besoin. Il en est de même de la chemise de laine dont on peut être dispensé, si l'on en souffre réellement. Nous n'avons aucune pénitence extraordinaire, et on n'en pratique que selon le besoin qu'on en éprouve, et sur les avis de son directeur. Nous avons pour l'étude huit et neuf heures par jour, et on peut être exempt du chœur, dans certaines circonstances, ce qui augmente ce temps. Les novices réels, c'est-à-dire entrés dans l'Ordre à dix-huit et vingt ans, étudient pendant dix années, sont logés à part, et n'ont droit à la liberté des Pères qu'après être arrivés au sacerdoce, même quand ils n'auraient pas fini leurs études. Nous nous levons à cinq heures et nous nous couchons entre neuf et dix heures du soir. Quant au gouvernement, il est électif dans tous ses degrés, et d'une liberté admirable. Les fautes contre la règle n'entraînent aucun péché, à moins qu'il n'y ait *mépris de la règle*, ou bien, ce qui est très rare, qu'il n'y ait un précepte *in virtute sanctæ obedientiæ*. Les fautes sont punies par des prosternations à terre, et, anciennement, quand elles étaient graves, elles pouvaient être punies de la discipline sur les épaules, donnée en plein chapitre. L'affaiblissement de l'esprit monastique a presque détruit cet usage. Ce peu de mots, mon cher ami, vous apprendra de notre vie tout ce qu'on peut apprendre quand on ne l'a pas pratiquée » (1).

L'évènement qu'Ozanam redoutait depuis plus d'un an arriva un mois après la date de cette lettre. La veille de Noël, sa mère bien-aimée quitta ce monde.

« .... Elle demeura trois jours, écrit-il à Lallier, à peu près

____

(1) Lettre de M. l'abbé Lacordaire à Ozanam, le 2 octobre 1839.

calme, sereine, murmurant des prières ou répondant par quelques mots d'ineffable bonté maternelle à nos caresses et à nos soins. Enfin, vint la nuit fatale ; c'était moi qui veillais: je suggérais en pleurant à cette pauvre mère les actes de foi, d'espérance et de charité qu'elle m'avait fait bégayer autrefois tout petit. Vers une heure, de nouveaux symptômes m'effrayèrent : j'appelai mon frère aîné qui reposait dans la chambre voisine. Charles nous entendit et se leva; les domestiques accoururent. Nous nous agenouillâmes autour du lit ; Alphonse fit les déchirantes prières, auxquelles nous répliquions avec des sanglots. Tous les secours que la religion réserve pour cette heure solennelle, l'absolution, les indulgences furent encore une fois appliqués. Le souvenir d'une vie immaculée, les bonnes œuvres qui trop multipliées et trop fatigantes en avaient hâté le terme, trois fils conservés dans la foi au milieu d'une époque si orageuse et réunis là par une coïncidence presque providentielle ; et puis enfin, les espérances déjà prochaines de l'heureuse immortalité ; toutes ces circonstances semblaient rassemblées pour adoucir l'horreur, pour éclairer les ténèbres du trépas. Point de convulsions ni d'agonie, mais un sommeil qui laissait sa figure presque souriante, un souffle léger qui allait s'affaiblissant ; un instant vint où il s'éteignit ; nous nous relevâmes orphelins. Comment vous dire alors la désolation et les larmes qui éclatèrent au dehors, et cependant l'inexplicable paix intérieure dont nous jouissions ; comment le sentiment d'une béatitude nouvelle s'empara malgré nous, non seulement de notre cœur, mais aussi des personnes les plus chères de la famille ; puis cet immense concours aux obsèques, et ces pleurs des pauvres, ces prières faites de toutes parts spontanément, sans attendre nos sollicitations, et enfin, pour revenir à vous, ces charitables empressements de l'amitié, qui s'étonnait sans doute de nous trouver si tranquilles dans notre douleur.

« Heureux l'homme à qui Dieu donne une sainte mère!

« Cette chère mémoire ne nous abandonnera point. Jusque dans ma solitude actuelle, au milieu du marasme qui souvent ravage mon âme, la pensée de cette auguste scène me revient pour me soutenir, pour me relever; considérant combien courte est la vie, combien peu éloignée sera la réunion de ceux que sépare la mort, je sens s'évanouir les tentations de l'amour-propre, les mauvais instincts de la chair : tous mes désirs se confondent en un seul : mourir comme ma mère !

« Que je suis heureux de n'avoir pas déserté ce lit de douleur et de bénédiction pour courir après les douteuses promesses d'un avancement universitaire ! Quand, au prix de ce léger sacrifice, je n'aurais acheté que la faveur de passer auprès de ma mère quelques mois de plus, de me trouver à cette dernière nuit, j'en serais déjà trop payé » (1).

Il est rare que les vertus des morts justifient le panégyrique tendre et passionné où s'épanche le flot de la première affliction, mais ce n'était point l'égarement de la douleur, c'était bien la connaissance profonde des hautes vertus de celle qu'il pleurait, qui faisait dire à Frédéric, en parlant de sa mère, qu'elle avait été « pour ses enfants la vivante image de l'Église et la plus parfaite révélation de la Providence. » Il continua toute sa vie à l'invoquer comme un ange protecteur, à la consulter dans ses moments de doute et d'angoisse; il était persuadé que son amour et sa sagesse avaient reçu de Dieu le pouvoir de l'aider comme autrefois. Deux ans après sa mort, il écrit à un ami qui venait d'avoir le même malheur :

« Rien n'est plus déchirant que cette longue absence, rien

(1) Lettre à M. Lallier. Lyon, Noël 1839, t. I.

n'est plus sombre que cette solitude croissante et ce vide
que la mort fait autour de nous, et dans le premier moment
toute pensée de consolation semble impossible, injurieuse
même pour notre tristesse. J'ai connu cet état, mais il a peu
duré. Bientôt d'autres moments sont venus où j'ai commencé
à pressentir que je n'étais point seul, où quelque chose d'une
douceur infinie s'est passé au fond de moi : c'était comme
une assurance qu'on ne m'avait point quitté, c'était comme
un voisinage bienfaisant, quoique invisible, c'était comme si
une âme chérie, en passant, m'eût caressé de ses ailes. Et
de même qu'autrefois je reconnaissais les pas, la voix, le
souffle de ma mère ; ainsi quand un souffle réchauffant ra-
nimait mes forces, qu'une idée vertueuse se faisait entendre
à mon esprit, qu'une salutaire impulsion ébranlait ma volonté, je ne pouvais m'empêcher de croire que c'était toujours elle.

« Maintenant, après deux années, après le temps qui peut
dissiper les premiers égarements d'une imagination ébranlée, j'éprouve toujours ceci. Il y a des instants de tressaille-
ment subit, comme si elle était là, à mes côtés ; il y a surtout, lorsque j'en ai le plus besoin, des heures de maternel
et filial entretien, et alors je pleure peut-être plus que dans
les premiers mois ; mais il se mêle à cette mélancolie une
ineffable paix. Quand je suis bon, quand j'ai fait quelque
chose pour les pauvres qu'elle a tant aimés, quand je suis en
repos avec Dieu qu'elle a si bien servi, je vois qu'elle me sou-
rit de loin. Quelquefois, si je prie, je crois écouter sa prière
qui accompagne la mienne, comme nous faisions ensemble
le soir au pied du crucifix. Enfin souvent — je ne le dirais à
personne, mais à toi je puis le dire, — lorsque j'ai le bonheur
de communier, lorsque le Sauveur vient me visiter, il me
semble qu'elle le suit dans mon misérable cœur, comme tant
de fois elle le suivit, porté en viatique dans d'indigentes
maisons ; et alors *j'ai une ferme croyance de la présence réelle
de ma mère auprès de moi* » (1).

(1) Lettre à M. Falconnet, 31 janvier 1842, t. II.

CHAPITRE XIII

1840-41.

La chaire de droit, qu'Ozanam, par amour pour sa mère, avait tant désirée, ne fut inaugurée qu'après la mort de celle-ci. Son discours d'ouverture fit sensation et attira sur-le-champ à ses leçons de nombreux auditeurs :

« Une foule immense assistait au discours d'ouverture, écrit-il à son cousin Pessonneaux ; on a brisé portes et vitres.... Depuis lors, la salle n'a pas cessé d'être remplie ; elle contient pourtant plus de deux cent cinquante personnes. Cependant je me suis permis toutes les digressions philosophiques, historiques, que les matières pouvaient comporter. Je n'ai même pas reculé devant des vérités sévères ; mais je ne refuse pas non plus l'occasion d'appeler un sourire sur les lèvres des auditeurs ; et, comme dit de Maistre, l'aiguille fait passer le fil. Le recteur, enchanté du succès, pousse fortement à ma nomination pour la place de Quinet » (1).

Ces leçons ne se prolongèrent que pendant une année scolaire ; elles ont été publiées par M. Foisset, d'après des notes laissées par Ozanam. Voici comment ce jurisconsulte éminent apprécie, dans l'introduction dont il la fait précéder, l'œuvre du jeune maître :

(1) Lettre à M. Henri Pessonneaux. Lyon, 15 janvier 1840, t. I.

« On ne connaîtrait pas Ozanam tout entier si on ne le connaissait comme juriste… Le droit, pour lui, ce n'était pas seulement ce qui fait au palais le praticien, ce n'était pas seulement l'application des textes juridiques aux affaires de chaque jour. Le droit, c'était, avant tout, une branche de la philosophie; c'était une portion de l'histoire; c'était même un côté de la littérature…. Lorsqu'en 1839 une chaire municipale de droit commercial fut créée en faveur d'Ozanam dans sa ville natale, il monta dans cette chaire, à vingt-six ans, armé de toutes pièces sur la philosophie comme sur l'histoire et sur la théorie positive de la portion de la science qu'il était chargé d'enseigner. Profondément pénétré de la vraie mission du professeur, il ne s'était point efforcé d'accumuler dans son cours des problèmes juridiques. Il ne s'y perdit point en d'intarrissables discussions d'espèces controversées. Il aimait mieux enseigner des principes que des doutes, inculquer les règles du droit et en faire comme toucher du doigt la sagesse, que d'initier ses auditeurs, ce sont ses termes, « au double scandale de l'obscurité des lois et de la contrariété des jugements » (1).

Ces satisfactions extérieures ne pouvaient cependant remplir le vide que la mort de sa mère avait laissé dans sa vie. Ses deux frères étaient absents, et Ozanam, en rentrant chez lui, après son travail de la journée, ne trouvait plus à ce foyer jadis si heureux, que la pauvre vieille *Gui-Gui*, toujours fidèle et dévouée. Il était assez naturel que les doutes sur sa vocation, qui pour un moment avaient cessé de tourmenter son esprit, revinssent de nouveau l'assaillir, et renouveler ses anciennes per-

(1) Foisset, Préface aux notes d'un Cours de droit, *OEuvres complètes d'Ozanam*, vol. VIII, p. 325.

plexités. Sa vie lui semblait sans but, sans autre
fin qu'une carrière toute mondaine, sans autre intérêt que deux heures de cours par semaine et des
lectures dont il ne voyait pas clairement l'objet.
Seules, ses visites aux pauvres faisaient quelque
peu diversion à la monotonie sèche et routinière
de son existence. Il sentait encore toutes ses anciennes répugnances pour le mariage, et s'efforçait
d'en dissuader les amis, qui lui demandaient son
avis. Sa solitude et son récent chagrin, en lui montrant la brièveté et le néant des choses humaines,
l'avaient tellement détaché du monde, qu'il reculait
avec une sorte d'horreur à la pensée de se forger
de nouvelles chaînes.

« Dans les temps difficiles où nous sommes, écrit-il, les
engagements ordinaires du mariage et de la paternité ne
suffisent plus aux âmes un peu généreuses, et, en dehors du
sanctuaire domestique où elles se recueillent pour jouir et
pour prier, elles continuent de chercher dans des associations d'une autre nature la force pour combattre.

« .... Quant à moi, j'observe sans arrière-pensée, résolu
que je suis à ne pas m'occuper de la question d'*état* avant la
fin des vacances prochaines. Je dois bien à la mémoire de
ma pauvre mère une année de deuil. Ainsi, j'aurai le temps
de voir revenir de Rome l'abbé Lacordaire, et de mieux
m'assurer si la divine Providence ne voudrait pas m'ouvrir
les portes de l'ordre de saint Dominique. D'ici là, je voudrais, par une conduite plus religieuse, par des habitudes
plus austères, acquérir quelques droits aux lumières d'en
haut, quelque empire sur les passions d'en bas, par cela
même quelque certitude d'agir sous une inspiration légi-

time. Je convie mes amis à m'aider de leurs prières en ces graves et décisives circonstances » (1).

Il nous semble cependant, si nous écoutons les accents de tendresse humaine qui lui échappent à son insu, qu'un cœur ami, placé assez près du sien pour en compter les battements, n'aurait pu manquer de reconnaître certains symptômes précurseurs de ce qui devait être sa vocation. Il n'y a aucune note ascétique dans le ton des lignes suivantes où il sympathise gaiement avec le bonheur d'un jeune père :

... « et d'abord ne doit-on pas vous saluer sérieusement de ce titre de père, qui vous fut jadis dévolu comme un joyeux surnom ? Dieu vous a-t-il accordé l'ineffable consolation de voir votre jeunesse renaître sous les traits de l'enfance en la personne d'un fils ? Heureux le premier né d'un mariage précoce ! Il jouira de ses parents dans leur verte saison, il ne les verra blanchir qu'au temps où lui-même aura mûri, et l'adieu de la tombe sera pour un plus prochain rendez-vous ! Et vous aussi vous aurez le loisir de contempler votre ouvrage accompli... Si la responsabilité des obligations paternelles vous effraye, le moment est loin encore où elles pourront devenir difficiles, et jusque-là, ce n'est point un fardeau que Dieu vous donne, c'est un petit ange dont la présence sanctifie votre maison, vous rend la vertu plus aimable et la vie plus légère... » (2).

Toutefois, en s'associant aux joies pures qu'il décrit avec tant de poésie, le cœur de Frédéric restait encore libre de tout désir conscient de les par-

(1) A M. Pessonneaux, 13 avril 1840, vol. I, p. 370.
(2) Lettre à M. Lallier, Lyon, 15 février, vol. I.

tager. Il confie à l'un de ses amis l'embarras que lui causent certaines invitations où il soupçonne des pièges tendus à son indépendance. Quelques amis, pour faciliter leurs projets bienveillants, demandèrent même à la Chambre de Commerce d'augmenter le traitement du jeune professeur. « Oh ! pourquoi ma pauvre mère n'est-elle plus là ! » s'écria Frédéric dès qu'il apprit le succès de leurs démarches. « C'est son bonheur qui aurait fait le mien. » L'avenir devenait en effet pour lui d'autant plus brillant, qu'il y semblait plus indifférent.

Pendant les vacances, Ozanam fit un voyage à Paris :

... « La bienheureuse arrivée des vacances de Pâques, écrit-il, avait interrompu mon cours et rendu à mes facultés locomotrices leur entière liberté, lorsque le besoin de régler quelques affaires de librairie, peut-être aussi de respirer l'atmosphère intellectuelle de Paris, me fit essayer un petit voyage incognito de ce côté ;... Tout en effet, s'est réalisé comme j'avais voulu, et de plus la jouissance inespérée de rencontrer chemin faisant le plus grand nombre de mes anciens amis... Tout ce monde content et dispos, beaucoup d'activité dans la presse religieuse, de nouveaux écrivains comme Veuillot, enlevés à l'ennemi et recrutés à la bonne cause, partout et en grand nombre les convertis de M. le curé de Desgenettes(1) ; la chaire sacrée occupée par M. Cœur, qui règne aujourd'hui, M. Bautain, le Père de Ravignan et un abbé Marcelin bien capable, à en juger par le début, de leur tenir tête un jour... La société de St-Vincent-de-Paul n'a

(1) Le saint curé de N.-D. des Victoires, paroisse qui, à l'époque où ce vénérable pasteur en prit possession, était l'une des plus mauvaises et des plus impies de tout Paris.

pas été non plus un des moindres sujets de joie et d'espérance que j'ai trouvés dans mon dernier séjour à Paris. L'époque de l'une de ces solennités, le deuxième dimanche de Pâques, m'a permis de la voir réunie et dans toute l'étendue de son rapide accroissement. J'ai vu réunis dans l'amphithéâtre de ses séances, plus de six cents membres qui ne forment pas la totalité de son personnel de Paris. La masse est composée de pauvres étudiants, mais relevée en quelque sorte par l'accession des plus hautes positions sociales. J'y ai coudoyé un Pair de France, un député, un conseiller d'État, plusieurs généraux, des écrivains distingués. J'y ai compté vingt-cinq élèves de l'École Normale, (sur soixante-quinze qu'elle contient), dix de l'École Polytechnique, un ou deux de l'École d'État-major. Le matin, près de cent cinquante associés s'étaient approchés ensemble de la Sainte-Table, au pied de la châsse du saint patron. On avait reçu des lettres de plus de quinze villes de France qui ont déjà des conférences florissantes ; un nombre à peu près égal s'est organisé cette année. Nous voici près de deux mille jeunes gens engagés dans cette paisible croisade de la charité catholique... Enfin, lorsque le paupérisme envahissant se trouve furieux et désespéré en face d'une aristocratie financière dont les entrailles sont endurcies, il est bon qu'il y ait des médiateurs, qui puissent prévenir une collision dont on ne saurait imaginer les horribles désastres, qui se fassent écouter dans les deux camps, qui aillent porter, dans l'un des paroles de résignation, dans l'autre des conseils de miséricorde, partout le mot d'ordre : *réconciliation et amour.*

C'est seulement à la fin de cette longue lettre (1) qu'Ozanam fit part à son correspondant d'un événement qui était pour lui personnellement d'un très grand intérêt. M. Cousin, qui désirait toujours at-

____

(1) A M. Velay. Lyon, 12 juillet 1840, vol. I.

tirer Ozanam dans le corps universitaire, l'avait reçu très affectueusement quand Frédéric avait cru devoir venir au ministère, présenter ses respects à celui qu'il appelait « son très honoré patron ». Il l'avait invité à déjeuner et s'était enquis avec le plus amical intérêt de la position et des projets de son jeune protégé.

« Il m'exprima l'intention de me faire suppléer Quinet l'an prochain, dit Ozanam. Mais il a mis cette faveur à un prix dont il était naturellement le maître. Il a demandé que je vinsse concourir à Paris au mois de septembre pour l'*Agrégation de littérature*, institution nouvelle au succès de laquelle il tient avec une affection d'auteur. Il m'a fait répéter son invitation par plusieurs amis, puis par le recteur, puis enfin par une lettre formelle, en sorte qu'il est impossible de m'y soustraire. Et cependant la difficulté du programme hérissé des plus épineux textes grecs a déjà failli plusieurs fois me désespérer, et, avec les occupations que me donne mon cours, j'ai des peines infinies à trouver le temps rigoureusement indispensable pour la plus superficielle préparation (1).

Ozanam néanmoins ne se laissa pas rebuter par ce nouveau travail. Il s'est peint lui-même, dévorant une énorme quantité de latin, sans préjudice du code de commerce, et sur le point d'en perdre la tête si Dieu ne lui vient en aide.

« En même temps, ajoute-t-il, il n'a pas fallu négliger la propagation de la foi, et dans le numéro de juillet des *Annales*, vous trouverez un long travail, souvent détestable par la forme, mais important au fond, que j'ai dû faire pour établir autant qu'il était possible d'après des renseignements sûrs une *statistique générale des missions* (1) ».

(1) Lettre à M. Lallier. Lyon, 24 juin 1840, vol. I.

L'agrégation était un concours auquel, en vertu
d'un récent arrêté ministériel, les candidats au
professorat dans l'Université étaient obligés de se
soumettre. En acceptant le travail imposé par cette
nouvelle épreuve, Ozanam résolut, encore une fois,
de considérer le résultat comme l'indication définitive de sa destinée. S'il réussissait, si l'Université
lui était ouverte, il en conclurait que telle était
la sphère dans laquelle il devait servir la vérité. Il
n'avait jamais varié, du reste, dans la conviction
intime que tout le bien qu'il pouvait faire à ses
semblables, s'il restait dans le siècle, il le ferait
par l'enseignement, sutout par celui de l'histoire
et de la philosophie. Son vœu le plus cher était de
faire de ses connaissances un instrument pour la
démonstration de la vérité, et de sa science, une
arme pour la défense du christianisme. Il ne pouvait se dissimuler que Paris était le centre où il
servirait le mieux cette grande cause. A Lyon, les
jeunes gens n'avaient ni le temps ni le goût de suivre
des cours de philosophie. Aussitôt les études du
collège terminées par le baccalauréat, ils entraient
dans les affaires. Si donc Ozanam réussissait dans
ses efforts, ne serait-il pas nécessaire pour la fé-
condité de son œuvre, qu'il s'éloignât des siens et
revînt habiter à Paris ?

M. Ampère, dont l'opinion avait pour lui peut-
être plus de poids que toute autre, le pressait vivement de prendre ce parti. Mais tandis que ces
problèmes se posaient dans son esprit, un autre

événement se préparait qui devait lui en rendre la solution plus difficile encore.

Lacordaire, devenu maintenant le Père Lacordaire, était encore à Rome, et il avait écrit à Ozanam pour lui faire une description enthousiaste de sa vie au noviciat, où l'avaient suivi huit jeunes Français, âmes d'élite, plus richement doués les uns que les autres. Mais Frédéric, en dépit de sa sympathie et de son admiration pour ces grands exemples, ne se sentait pas invinciblement entraîné à les suivre dans cette voie.

L'abbé Noirot, qui le connaissait mieux que personne, s'était tenu prudemment à l'écart tandis que le jeune homme cherchait ainsi, comme à tâtons, son chemin vers la lumière; mais chaque fois qu'Ozanam lui ouvrait son cœur à ce sujet, il lui répondait invariablement : « Mariez-vous, mon cher, mariez-vous, » et Frédéric, secouant la tête, n'osait opposer une dénégation absolue au conseil d'un si sage ami.

M. Noirot n'avait jamais varié dans l'opinion qu'Ozanam n'était point fait pour la vie religieuse. Il jugeait au contraire qu'à son besoin de tendresse, de sympathie et d'encouragement, le mariage seul pouvait donner satisfaction, et il avait même dans son esprit fait le choix de l'épouse qui lui conviendrait le mieux parmi toutes les jeunes filles de Lyon. Mais le vieux philosophe connaissait trop bien la nature humaine, et en particulier le type spécial qu'il avait alors sous les yeux, pour révéler sa pensée par un seul mot, ou même pour tenter d'amener une rencontre ; il prévoyait d'ailleurs que l'indifférence du jeune homme et son habitude systématique de fuir celles qu'il désignait sous le nom collectif de « *ces demoiselles* » lui feraient manquer toute occasion, même la meilleure. Cependant, la Providence, qui aime les cœurs purs et prend en main leurs destinées, conduisait doucement et à son insu Ozanam vers la sienne.

Un jour il alla rendre visite au recteur de l'Académie, M. Soulacroix. En traversant le salon, son introducteur, l'abbé Noirot, le présenta, comme par hasard, à Mme Soulacroix qui s'y trouvait. A ce moment, Ozanam remarqua, assise près d'une fenêtre, une jeune fille, trop occupée à soigner son frère malade pour donner aucune attention à l'étranger qui s'entretenait avec sa mère. L'étranger passa. Mais tandis qu'il parlait philosophie avec son savant interlocuteur, son regard se portait involontairement, à travers la porte ouverte, sur le groupe formé par la gracieuse jeune fille et le jeune malade, vers lequel elle se penchait. « Combien il serait doux d'être aimé par une telle sœur ! » soupirait Ozanam, dont les yeux ne la quittaient pas, et, sans qu'il s'en doutât encore, son cœur était pris.

A la fin de septembre, Ozanam vint à Paris, pour subir l'examen le plus formidable qu'il eût encore affronté. Il raconte cette épreuve dans une lettre écrite trois semaines plus tard :

« J'arrivais sincèrement très effrayé, convaincu que ma candidature, en me faisant perdre le peu de considération dont je pouvais jouir dans l'esprit des professeurs, me jouerait un mauvais tour. En effet, le jour vint : on nous réunit sept dans une salle de la Sorbonne, et là, sous clef, nous avons devant nous huit heures pour une dissertation latine « *Sur les causes qui arrêtèrent le développement de la tragédie chez les Romains.* » Je me trouvais savoir la question ; mais nullement habitué à composer vite, j'étais aux abois quand sonna l'heure fatale et je dus donner un fragment de brouillon indignement rédigé.

« Même aventure le surlendemain pour la dissertation française « *De la valeur historique des Oraisons funèbres de Bossuet.* » Les auspices n'étaient pas favorables, et sans quelques encourageantes indiscrétions d'un des juges qui me donnaient à entendre que mes compositions avaient réussi, je me retirais du concours.

« Venaient ensuite trois argumentations distinctes à des jours différents, et de trois heures chacune environ, sur des textes grecs, latins et français, donnés vingt-quatre heures d'avance.

« En grec, j'ai dû expliquer un chœur de l'*Hélène* d'Euripide et un fragment de la *Rhétorique* d'Halicarnasse : peu de philologie, comme vous pensez et beaucoup de phrases, Hélène envisagée comme caractère poétique et comme mythe religieux ; histoire de l'art oratoire à Athènes et à Rome. En latin, un fragment de Lucain et un chapitre théologique de Pline : *Discussion sur le rôle de César et sur les révolutions des doctrines religieuses chez les Romains.* En français, *Philémon et Baucis* de Lafontaine, et le dialogue de Sylla et d'Eucrate, par Montesquieu ; ici, quelques conjectures un peu hardies sur les causes de l'abdication de Sylla, et une comparaison plus téméraire encore de Montesquieu, comme publiciste, avec saint Thomas d'Aquin. Cette saillie assez vive de catholicisme, aussi bien que deux ou trois autres que je me suis permises dans l'occasion, n'ont déplu ni à l'audi-

toire, ni au jury ; et quelques réminiscences de droit romain,
venues à propos pour interpréter deux ou trois passages difficilement intelligibles sans elles, ont été non moins favorablement accueillies. A la suite de cette épreuve, est venue
l'interrogation sur les quatre littératures étrangères. Là, j'ai
bronché pour Dante dont je me croyais sûr ; l'espagnol, dont
j'avais pris dix leçons, a réussi à merveille ; on s'est tiré de
Shakespeare ; et comme on avait eu le bonheur de tomber
sur un des plus beaux et des plus pieux passages de Klopstock, l'émotion avec laquelle on l'a traduit a fait un excellent effet.

Restaient deux leçons sur des sujets différents pour chaque concurrent, et désignés par le sort, l'un vingt-quatre
heures, l'autre une heure d'avance. Le sujet de littérature
ancienne fut pour moi : *L'Histoire des scoliastes grecs et la-*
tins. Ceci semblait une méchanceté du sort, et l'on savait si
bien que je n'étais nullement au courant de cette spécialité
philologique, que la lecture du billet fut accueillie par un
rire général de malice, et peut-être un peu de vengeance par
les nombreux universitaires qui composaient le public. Je
me croyais perdu, et bien qu'un de mes rivaux, M. Egger,
avec beaucoup de générosité, m'eût fait passer d'excellents
livres, cependant, après une nuit de veille et une journée
d'angoisse, j'arrivai, plus mort que vif, au moment de prendre la parole. Le désespoir de moi-même me fit faire un
acte d'espérance en Dieu, tel que jamais je n'en formai de
plus vif, et jamais non plus je ne m'en trouvai mieux. Bref,
votre ami parla sur les scoliastes pendant sept quarts d'heure
avec une assurance, une liberté dont il s'étonnait lui-même ;
il parvint à intéresser, à émouvoir, même à captiver, non
pas seulement les juges, mais l'auditoire, il se retira avec
tous les honneurs de la guerre, ayant mis les rieurs de son
côté (1) ».

(1) Lettre à M. Lallier, Mayence, 14 octobre 1840, t. I.

La dernière épreuve était comparativement facile ; c'était une *Critique littéraire sur le siècle de Louis XIV*, et Ozanam, pour employer ses propres expressions, « y prit ses aises. » Un instant, il fut effrayé de son audace. « Je craignais d'avoir cassé « les vitres, écrit-il, mais tout fut pris au mieux. » On procéda au scrutin, et son nom sortit le premier. Il pouvait à peine y croire. Sa lenteur dans la composition et sa grande difficulté d'improvisation lui faisaient dire que ce verdict était « un mensonge bizarre », quand il considérait que parmi les compétiteurs se trouvaient cinq jeunes professeurs « dont plusieurs réunissaient, à des études profondes, une improvisation coulante, vive et gracieuse. »

« Si donc tout cela n'est pas un rêve, ajoute-t-il, ou un jeu impertinent du hasard, on ne peut le justifier que d'une seule façon. Dieu m'avait fait la grâce d'apporter dans cette lutte une foi qui, même quand elle ne cherche pas à se produire au dehors, anime la pensée, maintient l'harmonie dans l'intelligence, la chaleur et la vie dans le discours. Ainsi puis-je dire : *in hoc vici* ; et cette idée qui peut au premier abord sembler orgueilleuse, est pourtant celle qui m'humilie et en même temps me rassure.

« Un succès si merveilleusement providentiel me confond ; j'y crois voir ce que vous-même y avez vu : une indication d'un dessein de Dieu sur moi ; une vocation véritable, ce que mes prières sollicitaient depuis tant d'années. Mon frère aîné est de cet avis, et je vais marcher, d'un pas encore bien tremblant, mais pourtant plus calme, dans la carrière nouvelle ouverte devant moi par ce singulier événement » (1).

(1) Lettre à M. Lallier, Mayence, 14 octobre 1860, t. I.

M. Fauriel, professeur à la Sorbonne, offrit immédiatement à Ozanam de le suppléer dans la chaire de littérature étrangère, dont il était lui-même titulaire. Cette position était précaire, et le traitement très modique, — un peu moins de 2,500 francs. — Mais les devoirs de cet emploi étaient de ceux qu'Ozanam se sentait spécialement apte à remplir, et l'offre venant immédiatement après un succès aussi extraordinaire qu'inattendu, lui semblait une nouvelle invitation manifeste de la Providence. Il accepta donc, et le sujet qu'il avait à traiter l'année suivante, étant la littérature de l'Allemagne au moyen-âge, en commençant par les *Niebelungen* et le *Livre des héros*, sa « conscience littéraire » comme il disait, le détermina à entreprendre un court voyage au-delà du Rhin.

Au retour de cette rapide excursion, Ozanam fut appelé à faire un de ces choix qui s'imposent rarement dans le cours ordinaire de la vie, à prendre une de ces décisions qui ne laissent à l'homme placé en face de sa conscience et de ses principes, d'autre alternative que de renoncer à son idéal ou de s'y cramponner avec une fidélité touchant à l'héroïsme.

La fugitive vision qui lui avait fait envier le bonheur d'être aimé par une si douce sœur avait été suivie de plusieurs entrevues. La plus pure flamme d'amour s'était bientôt allumée dans son cœur et M. Soulacroix n'avait pu refuser la main de sa fille au jeune homme qu'il admirait depuis longtemps.

Le Recteur avait suivi en effet Ozanam dans sa carrière avec un vif intérêt et augurait pour lui un brillant avenir. Il n'était point riche lui-même, et ne rêvait pas la richesse pour les siens ; mais en même temps, avec la prévoyance à long terme des parents français, il se fût crû presque coupable de donner sa fille à un homme dont la position n'eût pas offert de garanties raisonnables pour son avenir.

Heureusement la situation d'Ozanam était assez satisfaisante, si l'on considère surtout qu'il n'avait pas encore 27 ans, et que son talent, toujours grandissant, devait le conduire rapidement à la renommée. Mais un nouvel incident vint encore compliquer les choses. M. Villemain, qui avait succédé à M. Cousin au ministère de l'instruction publique, apprenant les projets de mariage d'Ozanam avec la fille de son ami, le Recteur de l'Académie de Lyon, lui écrivit pour lui offrir la chaire de littérature étrangère à la Faculté de cette ville, devenue vacante par la nomination de M. Quinet au Collège de France. La possession de cette chaire réunie à celle de la chaire de Droit qu'il devait conserver, lui assurait un traitement de près de 15,000 francs, et cette double situation était en outre inamovible. Certes, c'était une occasion bien faite pour éprouver la sincérité de sa vocation ! Renoncerait-il à tant d'avantages certains pour venir à Paris, vivre dans une position précaire, uniquement parce que là il pourrait, croyait-il, servir la cause de la philosophie chrétienne, plus efficacement que dans sa ville natale? Après avoir demandé à Dieu de lui faire connaître sa volonté, et de lui donner la force de l'accomplir à tout prix, Ozanam alla consulter M. Soulacroix. Le premier mouvement du recteur fut naturellement favorable à la nouvelle combinaison. Il lui semblait qu'Ozanam commettrait une folie en la refusant et qu'il s'y associerait lui-même s'il ne s'y opposait pas. Le jeune homme cependant plaida sa cause avec tant d'éloquence, que ce père sage dut admettre, à la fin, que l'héroïsme aussi avait des droits sur cette terre. Il avait en outre une confiance illimitée dans le talent et l'énergie du professeur; il était assuré qu'il saurait profiter de l'occasion que lui offrait la Sorbonne, et que, de plus, son séjour à Paris, en le mettant journellement en rapport avec les hommes influents du jour, lui permettrait d'arriver plus promptement aux sommets. Mais autre chose était de reconnaître tout cela en théorie, autre chose de conseiller à son gendre d'agir en conséquence. Avec une habileté diplomatique digne de Talleyrand, Ozanam résolut d'en appeler à sa fiancée, bien persuadé que, s'il obtenait son consentement, la bataille serait gagnée. Il lui exposa franchement les choses. S'ils restaient à Lyon, il pouvait lui offrir l'aisance, la sécurité pour l'avenir, et le bonheur, que tous deux appréciaient également, de ne point quitter leurs familles; mais, en agissant ainsi, il manquerait à ce qu'il croyait être la plus belle partie de sa tâche, qui entraînait le sacrifice et l'oubli de soi.

En allant à Paris, ils auraient à faire face à la
gêne, mais un large champ d'action s'ouvrirait devant lui et nulle part ils ne pourraient mieux accomplir ensemble la noble mission, objet de ses
plus beaux rêves. Avait-elle assez de confiance en
elle-même et en lui pour accepter ce début difficile? Amélie plaça sa main dans la main de Frédéric
et répondit: « J'ai confiance en vous. »

Et ainsi, ils entrèrent dans la vie, assez pauvres
des biens de ce monde, mais riches de leur mutuelle confiance, de leur foi et de leur amour.

Dès que ce choix fut approuvé et le mariage
décidé, une paix profonde succéda à l'anxiété et à
l'agitation auxquelles Ozanam avait été en proie
jusque-là.

« Que de choses à vous dire, écrit-il à Lallier, et comme
cette cruelle question de vocation, si longtemps incertaine
s'est tout à coup dessinée ! En même temps que la Providence
me rappelle sur ce terrain glissant de la capitale, elle semble
vouloir m'y donner un ange gardien pour consoler ma solitude ; je pars en laissant conclue une alliance qui se ter-
minera à mon retour. J'aurais eu recours à vos conseils si les
événements ne se fussent précipités avec une impérieuse ra-
pidité. Je recours maintenant à vos prières. Que Dieu me
conserve pendant cet exil de six mois, celle qu'il semble m'a-
voir choisie, et dont le sourire est le seul rayon de bonheur
qui ait lui sur ma vie depuis la perte de mon pauvre père !

« Vous me trouverez bien tendrement épris; mais je ne
m'en cache pas, encore que je ne puisse m'empêcher quelquefois d'en rire. Je me croyais le cœur plus bronzé... Vous me

verrez heureux : ce sera pour compenser le partage que vous fîtes si souvent de mes douleurs... » (1)

Le mariage eut lieu le 23 juin, au mois du soleil et des roses.

« Mercredi dernier, » dit il à M. Lallier, huit jours après l'événement (2), « à dix heures du matin, dans l'église de St-Nizier, votre ami était à genoux ; à l'autel était son frère aîné élevant ses mains sacerdotales, et au pied son jeune frère répondant aux prières liturgiques. A ses côtés vous auriez vu une jeune fille, blanche et voilée, pieuse comme un ange, et déjà, elle me permet de le dire, attendrie et affectueuse comme une amie. Plus heureuse que moi, ses parents l'entouraient, et cependant tout ce que le ciel m'a laissé de famille ici s'y était donné rendez-vous ; et mes anciens camarades, mes frères de Saint-Vincent de Paul, de nombreuses connaissances, remplissaient le chœur et peuplaient la nef. C'était beau, et des étrangers que le hasard amenait, s'en sont trouvés profondément émus. Quant à moi, je ne sais plus où j'étais. Je retenais à peine de grosses mais délicieuses larmes, et je sentais descendre sur moi la bénédiction divine avec les paroles consacrées.

Ah ! mon cher Lallier ! vous, le compagnon des temps laborieux, vous, le consolateur des mauvais jours, que n'étiez-vous là ! Je vous aurais prié vous aussi, comme le bon Pessonneaux, de donner votre signature à l'acte commémoratif de cette grande fête ; vous aussi je vous aurais présenté à la charmante épouse qui m'était donnée ; vous aussi elle vous aurait salué de ce gracieux sourire qui enchantait tout le monde. Et depuis, depuis cinq jours que nous sommes ensemble, quel calme, quelle sérénité, dans cette âme que vous connaissiez si inquiète et si ingénieuse à se faire souffrir !

(1) Lettre à M. Lallier, 6 décembre 1840.
(2) Château du Vernay, près Lyon, 28 juin 1841.

Je me laisse être heureux. Je ne compte plus les moments ni les heures. Le cours du temps n'est plus pour moi. Que m'importe l'avenir ? le bonheur dans le présent, c'est l'éternité… Je comprends le ciel. Aidez-moi à être bon et reconnaissant. Chaque jour, en me découvrant de nouveaux mérites dans celle que je possède, augmente ma dette envers la Providence… Quelle différence d'avec ces jours où vous me vîtes si triste à Paris. »

Quelques jours plus tard, au fils de son ancien et excellent protecteur, M. Ampère, il fait part aussi de son bonheur :

« Il dépasse toutes les espérances et tous les rêves et depuis mercredi dernier, jour où la bénédiction de Dieu est descendue sur ma tête, je suis dans un enchantement calme, serein, délicieux, dont rien ne m'avait donné l'idée. L'ange qui est venu à moi avec tant de grâces et de vertus est comme une révélation nouvelle de la Providence dans mon obscure et laborieuse destinée. Je suis tout illuminé de plaisir intérieur…

« Mais cette lumière qui me remplit l'âme n'y saurait laisser dans l'ombre les souvenirs du passé, et surtout ceux qu'accompagne la reconnaissance. Votre pensée a eu sa place au milieu des amis présents dont la foule se pressait au pied de l'autel. Et ensuite, dans ces charmantes conversations où ma nouvelle famille se plaît à me faire parler des années écoulées, à chaque instant votre nom et celui de votre père vénéré revient pour être accueilli par la gratitude la plus sincère.

« Incapable de la témoigner jamais comme j'aurais voulu, je me sens, souffrez que je le dise, presque quitte envers vous quand j'entends votre éloge sur ces lèvres si chères, dont un seul mot me fait tressaillir » (1).

(1) Lettre à M. Ampère, château du Vernay, 29 juin 1841.

Ozanam devait, en effet, être heureux, car il entrait dans la vie conjugale avec les aspirations les plus pures, et avec la plus haute idée des devoirs qu'elle comporte et des privilèges qu'elle confère. Les lignes qui suivent nous font entrevoir comment il concevait l'idéal du mariage chrétien (1) :

« Dans le mariage, il y a autre chose qu'un contrat ; par dessus tout, il y a un sacrifice, ou mieux, deux sacrifices : la femme sacrifie ce que Dieu lui a donné d'irréparable, ce qui fait la sollicitude de sa mère, sa première beauté, souvent sa santé, et ce pouvoir d'aimer que les femmes n'ont qu'une fois ; l'homme, à son tour, sacrifie la liberté de sa jeunesse, ces années incomparables qui ne reviendront plus, ce pouvoir de se dévouer pour celle qu'il aime, qu'on ne trouve qu'au commencement de sa vie, et cet effort d'un premier amour pour lui faire un sort glorieux et doux. Voilà ce que l'homme ne peut faire qu'une fois, entre vingt et trente ans, un peu plus tôt, un peu plus tard, peut-être jamais !... Voilà pourquoi je dis que le mariage chrétien est un double sacrifice ; ce sont deux coupes ; dans l'une se trouvent la vertu, la pudeur, l'innocence ; dans l'autre, un amour intact, le dévouement, la consécration immortelle de l'homme à celle qui est plus faible que lui, qu'hier il ne connaissait pas, et avec laquelle, aujourd'hui, il se trouve heureux de passer ses jours ; et il faut que les coupes soient également pleines pour que l'union soit sainte et que le ciel la bénisse. »

Après un mois de séjour dans le Dauphiné, le jeune couple partit pour l'Italie.

(1) *Les femmes chrétiennes. La civilisation au Ve siècle*, œuvres complètes, vol. II, p. 85.

Une partie de la somme réservée aux frais de l'installation à Paris, fut sacrifiée pour payer ce voyage. C'était peut-être imprudent, mais tous deux étaient jeunes et pleins de foi dans l'avenir. « Fiez-vous à moi, » se borna à dire Ozanam quand ils se résolurent à disposer ainsi de l'argent qui devait servir à orner leur foyer. Ils voyagèrent avec la plus grande simplicité, mais le voyage ne leur en parût pas moins, depuis le premier jour jusqu'au dernier « comme un rêve enchanté » dont une station de dix jours à Rome fût le couronnement.

Ce qu'ils virent et ce qu'ils firent en si peu de temps, sans parler des notes prises pour être utilisées plus tard, semble incroyable. Tout semble aussi nouveau à Ozanam que si, comme sa jeune femme, il foulait pour la première fois le sol de la Ville Éternelle. Il est rempli d'un pieux enthousiasme quand se présente à ses yeux la colossale vision de la coupole de St-Pierre, ce dôme immense et saisissant qui semble « le diadème de la Papauté suspendu entre le ciel et la terre, » et lorsque, du haut des collines voisines, il contemple le soleil se couchant derrière la basilique, ce spectacle lui semble « l'emblème admirable de cette institution que nous voyons toujours debout et immobile tandis que nous passons sur les flots du temps, et sur laquelle se couchera encore le dernier soleil de l'humanité » (1).

(1) A M. L... Paris, 2 janvier 1842.

CHAPITRE XIV

1842.

Ozanam possédait toutes les qualités morales et intellectuelles nécessaires pour occuper dignement la chaire de littérature étrangère qui lui avait été confiée. Il voyait, de plus, se réaliser les ambitions qu'il avait de tout temps caressées, et qui avaient été comme le pressentiment d'une mission à laquelle il s'était préparé dès sa jeunesse. Mais quelle que fût la capacité du professeur, le poste qui lui était assigné n'en était pas moins un poste périlleux, entouré de dangers et de difficultés.

MM. Guizot, Villemain et Cousin formaient depuis quelques années comme un triumvirat de génie, qui avait élevé le niveau de l'enseignement bien au-dessus des atteintes de la plus sévère critique. C'était donc une formidable épreuve pour le jeune docteur, arrivant de sa province, de se trouver l'émule de tels rivaux. Ce rapprochement était d'autant plus redoutable que ces maîtres illustres devaient, jusqu'à un certain point, leur popularité à l'opposition dont ils s'étaient faits les champions, et à la transformation fréquente de leur chaire en une tribune où la science et la littérature faisaient place à des théories politiques qui flattaient les oreilles de leur auditoire. Mais Ozanam, quand même il n'eût pas été trop modeste pour viser à une telle popularité, était surtout trop consciencieux pour condescendre à la conquérir par de tels artifices. Il ne se reconnaissait qu'une mission, celle d'enseigner la jeunesse; et ici, du moins, l'exemple de ses illustres collègues lui apportait un précédent des plus favorables, en l'autorisant à faire, lui aussi, de sa chaire une tribune où la science, la poésie et l'histoire lui seraient autant de moyens pour propager la vérité.

Dans son intérêt propre, il eût été plus prudent d'enseigner ces sujets pour eux-mêmes, que d'en faire le véhicule de la philosophie chrétienne. Mais les considérations personnelles ne pesaient guère pour Ozanam dans la balance du devoir. Il se rappelait sa résolution et il l'accomplit aussi fidèlement que les astres gardent leur cours, sans ignorer que cette ligne de conduite équivalait à une profession de foi, qui, selon toute probabilité, lui coûterait cher.

Les temps étaient agités, les esprits aigris contre la religion, ou du moins prêts à s'exaspérer à la plus légère attaque, les représailles, rapides et violentes. La grande question de la liberté de l'enseignement était chaudement débattue dans la presse et à la tribune. M. de Montalembert, le chevaleresque capitaine des forces catholiques, rompait des lances à tous venants pour la cause de la liberté; par la chaleur de son éloquence, il triomphait de

la froideur de ses collègues de la pairie, il les en-
flammait au contact de son jeune enthousiasme.
Tous ceux qui voulaient combattre, prenaient les
armes à son appel, prêts à le suivre sur les champs
de bataille. On voyait parfois des divisions dans le
camp ; — où n'y en a-t-il pas ? — mais il n'y avait
pas un traître.

La situation d'Ozanam le désignait pour un poste
d'avant-garde. Montalembert l'avait appelé son
frère d'armes ; le moment était venu pour lui de
revendiquer ce titre qu'il était fier de porter.

Il y avait près d'un demi-siècle que la parole d'un
professeur chrétien ne s'était fait entendre à la
Sorbonne, tandis que ses murs retentissaient sans
cesse des doctrines voltairiennes et rationalistes ;
et le silence des voix religieuses dans ce grand
centre de l'enseignement français était de nature à
confirmer cette idée devenue populaire, que le talent, à plus forte raison le génie, avait complètement déserté les rangs des catholiques. Mais voilà
qu'une ère nouvelle s'ouvrait. A peine âgé de vingt-
sept ans, prenant place parmi les vétérans de l'antique université, Ozanam électrisait jeunes et vieux
par la splendeur de son talent et la brûlante ardeur
de sa foi : et c'était chose étrange de voir le même
auditoire qui naguère applaudissait l'exposé des
thèses de Villemain et de Cousin, écouter avec une
faveur égale ce jeune audacieux combattant éner-
giquement les mêmes thèses du haut de la même
chaire.

C'était là, en effet, une tentative périlleuse. L'Etat, armé du monopole, regardait avec méfiance quiconque l'attaquait au nom des droits de l'Église et une réunion de jeunes gens, tous engagés dans l'un ou l'autre parti, mais parmi lesquels les adversaires se trouvaient en grande majorité, constituait un auditoire dangereux pour un professeur animé d'ardentes convictions religieuses. Mais Ozanam ne s'arrêta pas à considérer le péril, et la fortune, qui se met le plus souvent du côté des braves, prononça pour le jeune champion de l'Évangile.

Ce n'était pas un sophiste, un philosophe subtil, s'efforçant, pour la faire accepter, d'adoucir quelque « dure parole », quelque proposition mal sonnante. C'était un chevalier intrépide, qui courait dans la lice, brandissant son épée à la clarté du soleil, et jetant le gant à quiconque oserait le relever. Il ne transigeait pas avec la vérité et ne faisait aucune concession aux susceptibilités hostiles de ses auditeurs. Les sceptiques l'écoutaient avec étonnement et admiration ; les catholiques applaudissaient avec le pressentiment de la victoire.

« Athènes l'écoute, dit le Père Lacordaire, comme elle eût écouté Grégoire ou Basile, si au lieu de retourner dans les solitudes de leur patrie, ils eussent, aux pieds de l'Aréopage où prêchait St-Paul, ouvert ce trésor de goût et de savoir qui devait illustrer leurs noms » (1).

Les nouveaux travaux d'Ozanam embrassaient

____

(1) Notice d'Ozanam.

un champ presque sans limites, car il n'était pas
question d'initier ses auditeurs aux beautés familières des classiques grecs et latins, mais bien de
les introduire dans le domaine infini et encore inex-
ploré de la littérature étrangère, de leur révéler
tous les trésors que les poëtes, les historiens, les
philosophes, les écrivains enfin de toutes les nations ont légués à leur langue maternelle, comme
un héritage de génie. Il s'était préparé à cette
tâche par une étude approfondie des langues modernes et de leurs littératures, et il tenait de la nature ce don qui est le couronnement de tous les
autres et les résume tous : l'éloquence. Mais l'exercice de cette précieuse faculté n'allait pas sans
quelque souffrance. Jusqu'à la fin de sa vie, le début
d'un discours fut toujours pour Ozanam une épreuve
pénible. Partout, dans la solennelle enceinte de la
Sorbonne, dans une modeste salle d'école, dans un
tête à tête avec un étudiant, ou dans le cercle d'un
salon, il lui en coûtait de prendre la parole. Il serait resté toute une soirée à écouter les conversations engagées autour de lui, sans y prendre part
s'il n'y avait pas été provoqué directement. Mais si
l'on s'adressait à lui, il répondait volontiers, d'a-
bord avec quelque hésitation et comme cherchant
ses mots ; puis, après quelques phrases, la timidité
vaincue et le démon muet exorcisé, sa parole jail-
lissait comme une source limpide et étincelait. Le
silence qu'il était sûr de commander dès qu'il
commençait à parler, loin de l'intimider alors, le
stimulait et l'encourageait.

La même impression se trahissait en lui, mais d'une manière plus saisissante encore, dans les discours publics. Ceux qui assistaient à son cours de la Sorbonne, constataient chaque année, non sans étonnement, le malaise qui toujours accompagnait ses premières phrases. Quand il montait en chaire son attitude dénotait une agitation nerveuse, violente. Il était pâle, défait. Son œil errait au-dessus de l'auditoire comme s'il eût craint de rencontrer les regards fixés sur lui ; toute sa personne exprimait la contrainte. On aurait dit un musicien s'efforçant de maîtriser un instrument indocile et dont les cordes, rebelles à son effort, ne rendent que des sons confus.

Ce malaise ne manquait jamais de se produire, mais il était de courte durée ; après quelques minutes, il disparaissait graduellement ; l'orateur reprenait possession de lui-même, l'émotion qui le gagnait dominait la timidité et brisait les liens qui avaient semblé tenir sa langue enchaînée. Son œil s'illuminait, et cherchait hardiment un regard qui lui répondît ; son geste, toujours simple, devenait animé et expressif ; sa voix résonnait en accents pénétrants et prenait possession de l'auditoire qui, s'enflammant lui-même au contact de cette parole ardente, éclatait en applaudissements enthousiastes. Une fois maître de lui, et des âmes qui l'écoutaient, l'orateur poursuivait sa victoire, s'élevant d'un essor de plus en plus puissant, et tenant ses auditeurs captifs jusqu'au dernier mot de son discours.

Si nous exceptons cette hésitation passagère de
la parole, due, en grande partie, à la faiblesse physique d'un tempérament ultra-nerveux, Ozanam
possédait tous les éléments de la plus grande éloquence : une mémoire prompte et fidèle, une conception très nette de son sujet, une grande facilité
pour en tracer le cadre et le remplir de couleurs
vives, vigoureuses et délicates. Beaucoup d'autres
se seraient laissé éblouir par ce merveilleux assem-
blage de dons naturels, ou tout au moins s'en
seraient contentés, s'épargnant la peine de les perfectionner encore ; mais Ozanam travaillait, comme
si la nature lui eût dénié tout autre don que cette
puissance même du travail. Les facultés qu'il tenait
d'une grâce particulière de Dieu ne faisaient que
l'exciter à en acquérir de plus riches par un labeur
patient et persévérant. Rien ne saurait mieux le
prouver que la manière dont il préparait ses leçons.
Bien des hommes, grâce à de longues études préliminaires, maîtres, comme lui, de leur sujet, se seraient
bornés à en faire un exposé rapide, en s'aidant de
quelques notes prises sur les points principaux.
Mais cela ne suffisait point à Ozanam. Le jour et
la nuit qui précédaient son cours, il ne quittait pas
son cabinet, choisissait, parmi les matériaux accu-
mulés, les notes et les textes qui lui étaient nécessaires, et les classait dans l'ordre où il devait en faire
usage. Il se plaçait ensuite en face de son sujet, et
le méditait jusqu'à ce que l'idée principale s'en dé-
gageât clairement, et que la vérité morale qu'il con-

tenait, se détachât avec un relief bien accusé. Il passait alors de longues heures dans cette méditation solitaire du *beau* et du *vrai*, et la nuit était souvent bien avancée, lorsqu'une voix anxieuse venait l'arracher à ses contemplations. De grand matin il renouait la chaîne interrompue de sa pensée, et, lorsque l'heure était arrivée, il partait pour remplir sa mission, après avoir imploré à genoux les lumières et le secours de l'Esprit Saint.

Dans sa course rapide à travers les jardins du Luxembourg, la tête penchée, comme sous le poids de la pensée, le sourcil contracté, on l'eût pris pour un homme plongé dans le rêve. C'est ainsi que le savant arrivait à la Sorbonne et montait dans sa chaire, pour y subir le terrible moment d'angoisse que nous avons décrit.

Sa méthode d'enseignement était pleine de charme. Il dépensait sa vaste érudition avec la simplicité d'un enfant et aussi avec cette prodigalité que peuvent seuls se permettre ceux dont la richesse est inépuisable. Chacune de ses leçons était comme un volume condensé en un seul chapitre. Souvent même il renfermait en une phrase une somme considérable de pensée et d'érudition, répandant ainsi en une heure des trésors qu'il avait mis des années à accumuler. Il présentait la science de manière à lui enlever une partie de ses difficultés. Chez lui, en effet, elle n'était pas tant un système intellectuel qu'une habitude de l'esprit, qui était devenue comme une partie de son être. A l'inverse de

beaucoup d'hommes qui la prennent et la laissent
tour à tour, Ozanam en occupait toujours sa pensée ; et quand le moment était venu de la communiquer officiellement, il semblait se lever, moins
pour remplir sa charge de professeur, que pour saisir l'occasion d'ouvrir le riche trésor de pensées,
d'analyses savantes, et de profonde observation
que toute une vie d'étude avait amassées dans son
esprit. Il le faisait simplement, spontanément, et
avec l'enthousiasme réel d'un *dévot de la science*,
car sa *dévotion* à la science, et particulièrement à
l'histoire, avait quelque chose de religieux ; la science était à son esprit ce que la foi était à son âme.

La nouveauté de sa méthode, unie à l'art le
plus achevé, était une des causes principales de la
fascination qu'il exerçait et lui donnait sur les
jeunes gens une puissance d'attraction sans égale.
Ils étaient intéressés et charmés avant même d'être
convaincus. S'ils arrivaient au cours, ignorants du
sujet ou indifférents, ils se sentaient bien vite entraînés par une curiosité qui triomphait de leur froideur et les stimulait à la recherche. Peu d'hommes
ont possédé au même degré la faculté maîtresse de
communiquer à d'autres esprits la flamme qui les
animait eux-mêmes. A l'exemple de Socrate, dont
l'abbé Noirot lui avait enseigné le secret, il s'em-
parait des esprits tout à la fois par la sympathie,
la raison et l'imagination et forçait ses auditeurs, pendant qu'ils suivaient le travail de son
cerveau, à mettre en acte la puissance du leur

Au sortir d'un de ses cours, M. Cousin s'écriait :
« Les Lycées et les Collèges nous envoient des
professeurs distingués, mais l'abbé Noirot nous
envoie des hommes ». Comme son vénérable
maître, Ozanam s'efforçait, en effet, avant tout,
de communiquer à ses élèves la virilité de son
esprit et son amour pour le travail. Nul, plus que
lui, n'appréciait les heureux dons de la nature,
mais il plaçait encore bien au-dessus du talent, le
zèle, l'énergie, *la bonne volonté*, au service de laquelle il se prodiguait sans mesure. Il était doux, res-
pectueux, même avec les esprits les plus simples,
comme il l'était en face de la pauvreté sous toutes
ses formes, et souvent, grâce à son influence vivi-
fiante, ceux qui auraient totalement échoué sous
d'autres maîtres, sentaient se développer, avec un
succès inattendu, des facultés latentes, jusque-là
inertes et improductives. Il y avait au Collège Stanislas un jeune homme très travailleur qui, malgré
ses efforts persévérants, restait dans la dernière
moitié de sa classe. Personne ne l'encourageait,
et il désespérait de conquérir un rang meilleur.
Ozanam, nommé professeur au Collège, étudia
l'écolier pendant quelque temps, puis, l'appelant
un jour près de lui, se donna beaucoup de peine
pour lui faire comprendre le sujet de la leçon. Le
jeune garçon fut si surpris et si touché que lorsque le maître fut parti, il prit la plume pour le remercier, l'assurant que sa bonté ne serait pas perdue : « *Je vous jure que je ferai l'impossible pour*

« *vous prouver ma reconnaissance* », disait-il, et il tint parole. A la fin de l'année il remportait un premier prix au grand concours, et aujourd'hui, il est membre de l'Institut.

Ce ne fut pas là un cas isolé. Stanislas occupait un rang inférieur parmi les collèges de Paris, lorsqu'Ozanam y fut nommé professeur de rhétorique ; aucun élève n'avait encore remporté de prix au grand concours. A la fin de la première année de son professorat, sa classe avait doublé et ses élèves étaient plusieurs fois couronnés. Il était parvenu, en si peu de temps, à leur inspirer une telle passion pour l'étude, que beaucoup d'entre eux demandèrent spontanément à faire une seconde année de rhétorique. Ses premières paroles, en arrivant au milieu d'eux, avaient été : « Je ne vous punirai « jamais ; j'ai l'intention de vous traiter en hommes. « Je ferai de mon mieux pour vous, et je compte « que vous ferez de même. S'il en était autrement, « si vous vous conduisiez comme des *gamins*, je ne « perdrais pas mon temps avec vous ». Ils le prirent au mot. Pendant dix-huit mois qu'il resta professeur dans cet établissement, il n'eut jamais à rappeler à l'ordre aucun d'eux. Leur respect se manifestait par une attitude rare chez les écoliers : jamais ils ne se moquaient de lui. Un matin qu'il souffrait cruellement d'une rage de dents, il entra dans la classe avec un bonnet enfoncé jusqu'aux oreilles. L'un des élèves riant sous cape, risqua une plaisanterie : il fût immédiatement saisi par ses

camarades et chassé de la classe avant qu'Ozanam
eût connaissance du moindre trouble. Aucun homme,
dans sa situation, ne fut aimé autant. Après être restés, à la Sorbonne, suspendus à ses lèvres, éclatant
de temps à autre, et comme malgré eux, en bruyants
applaudissements, puis cessant brusquement de
crainte de perdre une seule parole du maître, ses
jeunes auditeurs le suivaient à sa sortie de la salle,
l'accompagnaient gaiement en lui posant des questions, les uns s'efforçant de fendre la foule pour
s'approcher de lui et se faire connaître, les autres
plus favorisés, l'entourant de près, et le conduisant
jusque chez lui, à travers le jardin du Luxembourg.
Jamais ils ne soupçonnèrent quel surcroît de fatigue cette affectueuse démonstration causait au professeur déjà épuisé par une heure et demie de con-
tention d'esprit, qu'avait précédée une préparation
laborieuse. Pourtant, si à bout de forces qu'il fût,
il ne les congédiait pas ; il accueillait leur bruyante
compagnie, leur conversation animée, leurs commentaires et leurs questions avec autant de bonne
grâce que s'ils lui eussent apporté le repos dont il
avait tant besoin. Il y avait cependant une récompense qu'Ozanam ambitionnait par-dessus tout :
c'était de voir un jeune homme, arrivé au cours
plein de doute et d'incrédulité, soudainement
frappé par cette manifestation de la foi qui brillait
d'une lumière si vive dans la parole de son maître,
ouvrir les yeux à la vérité, et pousser vers lui,
comme l'aveugle de l'Évangile, le cri de la reconnaissance.

Un jour qu'il rentrait de la Sorbonne, on lui remit le billet suivant :

« Il est impossible de ne pas croire ce que l'on exprime si bien et avec tant de cœur ; si ce peut être pour vous une satisfaction, que dis-je un bonheur, éprouvez-le dans toute sa plénitude : avant de vous entendre je ne croyais pas : ce que n'avaient pu faire bon nombre de sermons, vous l'avez fait en une fois ; vous m'avez fait chrétien...

« Recevez, Monsieur, l'expression de ma joie et de ma reconnaissance. »

Vous m'avez fait chrétien ! Que ceux qui, comme Ozanam, croient et aiment, se figurent ce qu'il dut ressentir, et quelle joie inonda son âme, lorsqu'il eut ainsi connaissance de la victoire qu'il venait de remporter !

Il aimait la jeunesse et savait gagner sa pleine confiance. Les étudiants venaient à lui dans tous leurs embarras, le consultaient sur leurs études, et sur toutes les matières où un conseil leur était utile, et il se donnait à eux comme si cette direction eût été une partie essentielle de son emploi. Il les recevait tous les matins, de huit à dix heures, excepté les jours de cours, et, pendant ces deux heures, la pièce qui précédait son cabinet était assiégée comme l'antichambre d'un ministre. Jamais il ne semblait pressé d'en finir, même avec le plus ennuyeux de ces visiteurs, quelque occupé qu'il pût être, ou quelque important que fût le travail qui avait été interrompu mal à propos.

On a dit avec vérité qu'Ozanam n'avait jamais

été jeune, qu'il avait été homme dès son enfance, et mûri prématurément par le chagrin, la pensée et l'étude. Il est certain, comme le disait un de ses amis d'enfance, qu'il n'eût pas de jeunesse dans le sens orageux du mot ; mais il est également vrai, dans un autre sens, qu'il resta toujours jeune ; jeune par ses aspirations vers l'idéal, par ses efforts énergiques, par ses rêves brillants, étincelants, par ses résolutions généreuses, et par ses ardents enthousiasmes, toutes choses qui font la gloire de la jeunesse et ses plus aimables prérogatives. Tout cela, Ozanam le conserva jusqu'à la fin. Il avait vu quelques-uns de ses rêves s'évanouir, il avait eu des espérances déçues ; mais, lorsqu'il voyait sur le rivage de la vie, un jeune esprit ouvrir ses ailes et s'envoler vers les mêmes mirages son cœur aussitôt répondait à cet élan ; jamais il ne glaça, par le froid sourire du désenchantement, la foi du jeune pèlerin de l'espérance. Alors même que, prenant trop haut son essor, l'imprudent se serait froissé et meurtri les ailes dans sa chute, cela valait mieux encore, jugeait-il, que de n'avoir point cherché à s'élever, que de se traîner dans les bas fonds des ambitions égoïstes, des intérêts étroits et des plaisirs honteux. Chez Ozanam, la foi dans l'idéal était trop sincère et trop profonde, pour que les expériences décevantes de la vie pussent jamais l'ébranler.

Mais ses forces ardentes ne se dépensaient pas seulement dans son cours et dans ses travaux historiques. Il était souvent appelé de côté et d'autre pour parler dans des Assemblées de charité ou dans des réunions d'ouvriers, et jamais il ne refusait. Pendant plusieurs années, il présida une conférence littéraire, et dirigea les études d'un grand nombre de jeunes gens, qui, grâce à ses conseils éclairés, sont devenus des hommes éminents. Ce n'était point la recherche d'une vaine amplification de rhétorique, mais une sincère émotion, qui lui inspira ces paroles adressées un soir à la réunion des jeunes gens du Cercle catholique :

« Tous les jours, nos amis, nos frères, se font tuer comme soldats ou comme missionnaires sur la terre d'Afrique ou devant les palais des Mandarins. Que faisons-nous, nous autres pendant ce temps-là ? Croyez-vous donc que Dieu ait donné aux uns de mourir au service de la civilisation et de l'Eglise, aux autres la tâche de vivre les mains dans leur poches, ou de se coucher sur des roses ? Ah ! Messieurs ! travailleurs de la science, gens de lettres chrétiens, montrons que nous ne sommes pas assez lâches pour croire à un partage qui serait une accusation contre Dieu qui l'aurait fait, et une ignominie pour nous qui l'accepterions. Préparons-nous à prouver que nous aussi, nous avons nos champs de bataille, *où parfois l'on sait mourir.* »

Il sût le prouver, en effet, quand le moment fût venu. Mais la somme de travail qu'il accomplit dans la sphère où il était placé, ne sera jamais connue en ce monde. Dieu seul sait la récolte que d'autres ont moissonnée dans le champ de ce dévouement si prodigue, et de cette éloquence qui réalisait si pleinement l'idéal de la parole humaine, décrite par Fénelon comme « la forte et persuasive manifestation d'une âme noblement inspirée. » En réalité, Ozanam n'était pas seulement un professeur en Sorbonne ; il enseignait le monde, et son influence s'y faisait sentir à travers l'esprit et la vie d'un grand nombre de ses contemporains qui, sans même en avoir conscience, réflétaient sa propre lumière.

CHAPITRE XV

1843-1844.

L'année 1843 fut une année de fructueuse activité dans le camp chrétien. La question de la liberté de l'enseignement, demeurée entière après la condamnation de l'*Avenir*, se posait de nouveau, et était discutée avec plus de véhémence que jamais. M. de Montalembert lui avait donné une impulsion nouvelle par sa brochure sur *Le devoir des catholiques*, qui avait paru au moment même où son auteur inaugurait, à la tribune de la Chambre des Pairs, sa carrière d'orateur politique. Le *Correspondant*, après bien des vicissitudes, était sorti des eaux troubles et se lançait dans une nouvelle carrière que les noms de ses collaboteurs promettaient d'illustrer. Montalembert lui-même était en tête de la liste où figuraient plusieurs écrivains qui jouissaient d'une grande notoriété, tels que MM. de Falloux, Ozanam, Veuillot, de Champagny, Audley, etc., etc.

La même année, on fondait le cercle catholique sous le patronage de Mgr Affre et de plusieurs laïques distingués : son objet était de créer un centre de réunion pour les jeunes gens catholiques appelés à Paris par leurs études. On organisa aussi une bibliothèque, avec des conférences sur des sujets scientifiques et littéraires. Ozanam présidait la conférence littéraire et y parlait souvent. Le Père Lacordaire, revenu d'Italie sous la robe blanche dominicaine, avec un prestige agrandi et dans toute la maturité de son génie, s'y montrait aussi de temps à autre. M. de Montalembert, le P. de Ravignan, l'abbé Bautain, dont les cours à Strasbourg avaient si vivement attiré l'attention, tous venaient contribuer au développement et à la vitalité de ce cercle. Ozanam y exerçait une influence décisive dans toutes les questions artistiques. Peu d'hommes, en effet, étaient plus compétents que lui pour interpréter la véritable mission de l'art, la faculté sublime qu'il a d'exprimer la foi et l'amour, de traduire les émotions de l'âme et les inspirations du génie par des symboles extérieurs et des signes matériels ; et en même temps, comme s'il en avait fait l'unique étude de sa vie, il possédait une érudition inépuisable sur tous les sujets se rapportant aux arts. Plus d'une fois un jeune homme, après avoir passé toute une semaine à compulser les vénérables in-folio de la Bibliothèque royale pour y trouver des renseignements sur un point obscur, sur un peintre ou un sculpteur inconnu, était tout étonné d'entendre le président, consulté sur la question, la résumer en quelques phrases contenant dix fois plus de choses qu'il n'en avait pu recueillir pendant sa semaine de pénible labeur.

Dans cette voie studieuse et militante, Ozanam

était courageusement secondé par M. Lenormant,
qui suppléait M. Guizot dans la chaire d'histoire.
La présence de cet homme distingué dans les rangs
chrétiens était de date récente. Pendant plusieurs
années, il avait été en proie à une violente crise intérieure, dont l'issue était attendue avec impatience
par des esprits très divers. Rien n'est plus émouvant
que le spectacle d'une conscience luttant contre elle-
même, et, avec la simplicité qui est la marque
d'une entière sincérité, admettant autrui comme
témoin de cette lutte, laissant de côté toute fausse
honte, ne faisant point mystère de ses doutes, ne
cherchant à dissimuler ni l'affaiblissement de convictions de jour en jour plus hésitantes, ni l'accès
graduel de la lumière, jusqu'au jour où la plénitude de la vérité illumine les ténèbres et où le triomphe de la foi est entier. M. Lenormant avait donné
cet étonnant spectacle à tous ses auditeurs pendant les trois années précédentes. Il était venu
à eux et leur avait parlé en sceptique ; mais du moment que son incrédulité fut ébranlée, sa conscience était trop droite pour lui permettre de fein-
dre des convictions négatives qui désormais n'é-
taient plus les siennes ; il ne cacha point que ses
croyances philosophiques allaient s'affaiblissant, il
ne dissimula ni ses irrésolutions, ni la surprise
qu'elle lui faisaient éprouver. Un jour vint enfin
où le combat cessa, et où la victoire se déclara du
côté de la foi. Cet événement fut salué parmi la
jeunesse de la Sorbonne, d'un côté par des trans-

ports de joie, de l'autre par des transports d'indignation, et ceux-ci, il faut le dire, l'emportaient. M. Lenormant n'en affirma pas moins sa conversion, en défendant et exaltant publiquement ce qu'il avait flétri, et en flétrissant ce qu'il avait exalté.

Ainsi qu'on pouvait s'y attendre, cette conduite provoqua un vif mécontentement dans le monde anti-chrétien, et le cours du professeur, naguère si populaire, devint le théâtre de démonstrations hostiles et tumultueuses. Ces mêmes apôtres si intolérants de la tolérance, poussaient de violentes clameurs au cours de M. Dupanloup, à qui ils ne voulaient pas laisser la liberté de s'exprimer suivant sa conscience sur Voltaire, l'homme précisément qui a montré le moins de réserve dans ses jugements sur les choses et sur les hommes. Des esprits plus mûrs et plus froids dirigeaient et excitaient ces jeunes fanatiques. MM. Michelet et Quinet considéraient la conversion de M. Lenormant comme une insulte personnelle, quoique « *le converti de la Sorbonne* », comme ils le nommaient dérisoirement, eût scrupuleusement évité d'attaquer ou même de réfuter indirectement les diatribes des deux tribuns révolutionnaires du Collège de France. Ils résolurent de ne rien épargner pour le réduire au silence, et leur intervention donna une certaine importance à un mouvement qui de lui-même se serait évanoui comme une simple effervescence de collège.

Ozanam comprit dès le début la gravité de la situation. Il se fit un devoir d'assister aux leçons de M. Lenormant, et sa sagacité eût vite démêlé le but et le motif des scènes turbulentes dont ce cours était le théâtre.

« Je puis vous assurer, écrit-il à Lallier, qu'il ne s'agit point d'un soulèvement des écoles, ni du fanatisme d'une troupe de jeunes gens échauffés. C'est beaucoup moins, et c'est beaucoup plus. C'est une affaire arrangée sans passion, mais avec un indigne calcul dans les bureaux de quelques journaux révolutionnaires, afin d'entretenir le public irréligieux dans cette espèce de fièvre où il était ces dernières années, et de susciter de nouvelles difficultés au gouvernement. Comme ces gens-là y mettent toute l'opiniâtreté d'un parti-pris, et que le gouvernement y met toute la faiblesse qu'il a continué de montrer dès qu'il s'agit de protéger les croyances, il y a lieu de craindre que les violences se renouvellent, et n'y eût-il, comme la dernière fois, qu'une soixantaine de tapageurs, s'ils reviennent dix fois, ils finiront bien par faire fermer le cours. Du moins ne sera-ce pas sans protestations énergiques ; car la jeunesse chrétienne s'est montrée plus ferme que de coutume dans cette affaire, qui aura du moins l'utilité de resserrer les rangs et d'aguerrir les cœurs.

« Mais vous jugez du chagrin que j'éprouve à voir un enseignement si honorable et si bienfaisant menacé par de telles intrigues, et trahi par la mollesse de ceux dont le devoir était de défendre, là comme ailleurs, la cause de l'ordre public.

« Ah ! mon ami ! qu'il se fait de mal dans le monde par l'inconséquence et la timidité des gens de bien ! Quant à moi, je ferai tous mes efforts pour qu'on ne sépare pas ma cause d'avec celle de M. Lenormant ; tant que ses leçons seront troublées, je ne cesserai pas d'y assister, j'userai de toute mon influence sur un certain nombre de jeunes gens pour recruter l'auditoire. Si vous étiez ici, mon cher ami, vous nous aideriez de votre présence et de vos conseils. Soutenez-nous du moins de vos prières. C'est le jeudi 8 que la reprise du cours doit avoir lieu » (1).

Les craintes d'Ozanam se réalisèrent. La réouverture du cours fut le signal d'une reprise des démonstrations hostiles. L'entrée de M. Lenormant fût saluée par des cris et des sifflets. Il commença à parler, mais sa voix fut étouffée sous les huées et les cris. Incapable de contenir son indignation, Ozanam, s'élança à côté de l'orateur, et pendant quelques instants resta debout, contemplant le tumulte avec un regard de défi. Cet acte de courage provoqua instantanément une salve d'applaudissements ; mais Ozanam, maîtrisant d'un geste plein de fierté les acclamations qui s'adressaient à lui, adjura les agitateurs, au nom de la liberté qu'ils invoquaient si bruyamment, de la respecter chez les autres, et de laisser à tout homme l'indépendance de sa conscience. L'effet de ces paroles fut magique ; le tumulte cessa, M. Lenormant continua ou plutôt commença la leçon, et la termina sans aucune interruption.

Mais le lendemain, le cours fut fermé par ordre du gouvernement, l'autorité cédant ainsi à la violence, là où, avec un peu de fermeté, il lui aurait été si facile de prendre la haute main et de se constituer la gardienne de la paix.

(1) Lettre à M. Lallier, 30 décembre 1845, t. II.

Cette marque de faiblesse ne découragea pas Ozanam, et ne diminua en rien sa parfaite indépendance ; il continua son cours sans modifier aucunement le caractère chrétien de son enseignement. La hardiesse de cette conduite, en même temps qu'elle élevait son prestige dans son propre parti, accrut généralement sa popularité. Son nom devint une puissance, et il fut cité partout comme un exemple de l'énergie et de la force croissante des catholiques.

Un jour, pendant les troubles du cours Lenormant, alors que la docte Sorbonne se transformait en champ de bataille, quelques personnes, pensant faire preuve d'esprit, effacèrent les mots « littérature étrangère » qui suivaient le nom d'Ozanam sur l'annonce de son cours, à la porte de la salle, et y substituèrent le mot « théologie ». Averti du fait à son entrée, il garda le silence sur ce sujet jusqu'à la fin de la leçon ; mais, au moment de descendre de la chaire : « Messieurs », dit-il avec une grande dignité, « je n'ai pas l'*honneur* d'être un théolo-
« gien, mais j'ai le bonheur de croire, et l'ambition
« de mettre toute mon âme et toutes les forces de
« mon être au service de la vérité. » — De bruyants et unanimes applaudissements accueillirent cette courageuse profession de foi.

La position d'Ozanam était en réalité aussi dangereuse que glorieuse, et il fallait un singulier mélange de sagesse, de tact et de courage pour concilier la dignité et l'intérêt personnel avec les aus-

tères exigences des principes. Le maître était devenu
le porte-drapeau du christianisme dans la sphère
où il avait été le premier à l'introduire, et, comme
tel, était le point de mire de toutes les attaques en-
nemies. Le sort de son collègue était un avertisse-
ment dont il ne pouvait méconnaître le sens. Sa
propre popularité n'était qu'une garantie insuffi-
sante, car la popularité la plus solide en apparence
est un trône bâti sur le sable, qu'un changement
de vent ou plûtôt un revirement du sentiment public peut renverser en un instant. Ouvrir une attaque directe contre la Sorbonne, équivalait à résigner sa chaire. C'était à la fois déserter le champ de
bataille pour le céder à l'ennemi et manquer à ses
devoirs envers sa femme et son enfant, que de
renoncer à ce *pain quotidien* qui représente la paix
de l'âme, la seule ambition terrestre qu'Ozanam
ait jamais nourrie. La vieille Sorbonne aussi réclamait ses égards : elle l'avait prématurément comblé
de ses plus hauts honneurs et la loyauté virile
d'Ozanam reculait à l'idée de la frapper. Sa position
semblait donc un nœud gordien qu'un coup douloureux pouvait seul trancher. Mais en réalité,
il n'en était point ainsi. Amis ou adversaires, tous
aimaient ou au moins estimaient Ozanam; sa popularité universelle était, comme toute saine popularité dans le vrai et noble sens du mot, l'ascendant qu'exercent sur les hommes une foi ardente,
le dévouement entier aux principes auxquels on a
consacré sa vie, une conviction ferme et enthou-

siaste et surtout un grand cœur. La haute intelligence d'Ozanam excitait l'admiration, sa piété commandait le respect, mais c'était sa bonté qui le faisait aimer. Lacordaire l'a peint en un mot, en disant que, dans sa bienveillance pour tous les hommes, il était même « juste envers l'erreur. » Quel évangile de charité est renfermé dans ces paroles ! Ozanam avait, en effet, une immense pitié pour les incrédules, les regardant, non comme des criminels ou des aveugles volontaires, mais comme des frères à qui, pour une cause mystérieuse, avait été refusé cet heureux héritage de la foi qui illuminait sa vie, et le sentiment de gratitude pour ce don accordé à sa propre indignité le rendait miséricordieux à leur égard. Son extrême douceur vis-à-vis de l'erreur était parfois une pierre d'achoppement pour les amis qui l'entouraient et qui étaient alors tous dans la fougue de la jeunesse ; mais tous aujourd'hui, en se reportant au passé, reconnaissent que la foi d'Ozanam était d'autant plus puissante qu'elle était plus doucement tempérée par la charité. Avec les jeunes gens, en particulier, sa tolérance était presque sans bornes, et cependant nul n'oserait dire qu'il se glissât la plus légère teinte de crainte ou de faux libéralisme dans cette commisération pour l'erreur intellectuelle. Ainsi que M. Ampère le dit avec beaucoup de justesse : « C'était une largeur de vues qui le portait à reconnaître des sympathies en dehors même du camp où il combattait. » Il avait un grand respect pour

les âmes, il révérait en elles les liens mysté-
rieux qui unissent Dieu à sa créature, et possédait
cette humilité délicate qui défend de juger autrui, et « d'éteindre la mèche encore fumante. »
Il citait souvent M. Lenormant comme un exemple du triomphe de la grâce sur un esprit sincère
dans son désir de servir la vérité, au moment même
où il la combattait encore violemment, et il avertis-
sait ses amis catholiques du danger qu'il y aurait à
repousser les âmes, en de semblables circonstances,
par la dureté ou par les jugements injustes. Cette
crainte extrême de détourner une âme, alors qu'elle
recherchait la vérité, le rendait particulièrement
aimable dans ses relations avec ses adversaires. Il
disait toujours qu'un homme qui commence à exa-
miner la doctrine religieuse, doit être traité avec
respect, parce que du moment qu'une âme cherche
Dieu, c'est-à-dire la vérité, elle est déjà sur le chemin qui conduit à Lui. Il blâmait toute amertume
dans la controverse religieuse comme un acte de
trahison envers la Foi, dont le premier commande-
ment est : « Aimez-vous les uns les autres. » Aucun
triomphe dans la controverse n'avait de prix à ses
yeux, s'il était acheté aux dépens de la charité, ou
s'il troublait « la paix et l'amour ». Dans les onze
volumes qu'il a laissés, et qui traitent de tous les sujets possibles, il réprouve toujours l'erreur, l'injustice, et le vice, mais on n'y trouve pas un mot qui
soit dur ou cruel pour les individus. Nulle trace d'ir-
ritation, de rancune, ou de colère. Il tient le sceptre

de la vérité d'une main vigoureuse, mais il ne s'en sert jamais pour frapper, si ce n'est l'erreur. Il démontre plutôt qu'il ne condamne, et ses réfutations respirent plus la compassion que le courroux.

Le même esprit si large de charité universelle présidait à ses aumônes et à sa conduite envers les pauvres. Il ne faisait point acception de croyance. Toutes les fois qu'il rencontrait une nudité à vêtir, des larmes à essuyer, une âme à réconforter, il reconnaissait un droit et y donnait satisfaction. L'abbé Perreyve raconte à ce sujet une anecdote touchante et plus éloquente qu'un volume.

Une congrégation protestante de Paris avait réuni une certaine somme destinée à des œuvres de charité, et l'avait remise au Pasteur, qui n'ayant point alors de pressantes détresses à soulager, ne savait comment l'employer. Il connaissait Ozanam de réputation, et l'idée lui vint que l'éminent professeur en ferait meilleur usage que personne. Suivant sa généreuse inspiration, il lui porta l'argent, et le pria d'en disposer comme il le jugerait bon. Ozanam, profondément touché de cette preuve délicate de confiance, porta l'offrande le soir même à une conférence de St-Vincent-de-Paul, et raconta l'incident avec une émotion qui se communiqua à chacun. Un des membres, cependant, se leva, et, après avoir loué la charité désintéressée du bienfaiteur protestant, proposa que l'argent fût d'abord employé à soulager les pauvres catholiques, qui étaient les plus nombreux, et que le surplus fut ensuite donné aux familles protestantes.

« Pendant qu'il parlait, dit l'abbé Perreyve, je voyais le visage d'Ozanam se contracter par l'impatience, et je devinais, au frémissement de sa main, qu'il passait et repassait dans ses longs cheveux, l'approche d'une de ces explosions dont il pouvait rarement comprimer les flammes. Messieurs, s'écriat-il tout à coup, si cet avis a le malheur de prévaloir, s'il n'est pas bien entendu que nous secourons les pauvres, sans distinction de culte, je vais de ce pas reporter aux protestants les secours qu'ils m'ont remis, et je leur dirai : Reprenez-les; nous n'étions pas dignes de votre confiance. »

Nul ne s'étonnera d'entendre M. Perreyve ajouter : « La chose ne fut pas même mise aux voix. »

Mais s'il était ainsi intolérant de l'intolérance, Ozanam avait néanmoins une horreur profonde, presque violente, pour le mal en lui-même. La vue du vice ou de la fausseté le révoltait autant que l'injure personnelle révolte la plupart d'entre nous. Il ressentait cette impression avec une vivacité en contradiction avec la douceur de sa nature ; et cependant, malgré tout, jamais il ne refusait sa pitié au coupable. « Souvent, dit l'abbé Perreyve, en en-
« tendant dire d'une personne, dont la vie était
« plongée dans le mal : C'est un homme perdu !
« Ozanam ajoutait : Après tout je crois que Dieu
« a un secret ; et s'il a un secret, soyez sûr que
« c'est un secret de miséricorde ! »
Le service des pauvres occupait une place si pré-

pondérante dans la vie d'Ozanam, qu'il est intéressant de revenir encore une fois sur la manière dont
il l'accomplissait. C'était pour lui, avant tout, un
service d'amour. Son attitude envers les pauvres
était aussi pleine de considération et de déférence
qu'elle l'était avec ses égaux. Il ôtait invariablement
son chapeau lorsqu'il entrait dans leurs misérables
demeures, et les saluait de la formule courtoise
qui lui était habituelle : « Je suis votre serviteur ».
Jamais il ne leur faisait de sermon ; après avoir
donné ce dont il pouvait disposer, il s'asseyait et
se mettait à causer de quelque sujet qui pût les
distraire ou les intéresser. Quand ils venaient chez
lui, on ne les faisait pas attendre dans l'antichambre, mais on les introduisait sur le champ dans
son cabinet, où il leur donnait un siège confortable, et se conduisait envers eux comme envers des
visiteurs auxquels il était bien aise de faire honneur.
A Noël, il leur apportait toujours quelque petit
présent, un livre, une image, ou quelque bagatelle
qu'il savait devoir leur plaire. Une fois, la veille
du jour de l'an, il parlait à sa femme d'une famille
pauvre qui avait connu de meilleurs jours, et qui
était alors réduite à une telle extrémité qu'elle avait
été obligée d'engager une commode, dernier souvenir qui lui restât de son aisance d'autrefois ; il
ajouta qu'il était bien tenté de dégager cette commode et de la renvoyer à ces pauvres gens pour
leurs étrennes. Mme Ozanam, qui n'était que bien
rarement portée à arrêter ses impulsions généreu-

ses, lui fit l'observation que ces pauvres gens avaient des besoins plus pressants. Il en sentit la justesse et se rendit. La journée se passa à faire et à recevoir des visites amicales ou officielles, suivant l'usage de Paris; mais quand le soir vint, et que sa petite fille lui montra la profusion de jouets et de bonbons qui lui avaient été donnés depuis le matin, il se détourna en soupirant, et resta silencieux et distrait. Mme Ozanam s'enquit de la cause de sa tristesse. Il lui avoua alors que la pensée de ces pauvres gens privés de leur commode lui pesait, et que la vue de tout l'argent prodigué pour les plaisirs de Marie le frappait comme un reproche. Amélie le conjura de suivre le mouvement de son cœur; aussitôt il se précipita dehors, et revint au bout de peu d'instants tout rayonnant de bonheur.

Quelques-uns de ses amis remarquèrent que le jour de Pâques, après la communion générale de Notre-Dame, au lieu de rentrer directement chez lui pour déjeuner, il disparaissait dans une autre direction. Ils l'observèrent, et virent qu'il se rendait d'abord chez un boulanger, et de là, dans différentes familles pauvres, où il portait des pains. Il terminait souvent son action de grâce par un acte de charité semblable.

Rarement son éloquence a été mieux inspirée que lorsqu'il plaidait la cause des pauvres. Il a laissé quelques pages sur l'aumône, ses devoirs, ses joies et ses dangers; c'est l'une de ses plus belles compositions. Parlant de l'assistance qui honore et de celle qui humilie celui qui la reçoit, il dit :

« L'assistance humilie quand elle prend l'homme par en
bas, par les besoins terrestres seulement, quand elle ne
prend garde qu'aux souffrances de la chair, au cri de la faim
et du froid, à ce qui fait pitié, à ce qu'on assiste jusque chez
les bêtes..... L'assistance humilie, si elle n'a rien de réci-
proque, si vous ne portez à vos frères qu'un morceau de
pain, un vêtement, une poignée de paille que vous n'aurez
probablement jamais à lui demander, si vous le mettez dans
la nécessité douloureuse pour un cœur bien fait de recevoir
sans rendre..... Mais l'assistance honore quand elle prend
l'homme par en haut, quand elle s'occupe, premièrement de
son âme, de son éducation religieuse, morale, politique, de
tout ce qui l'affranchit de ses passions et d'une partie de ses
besoins, de tout ce qui le rend libre, et de tout ce qui peut le
rendre grand. L'assistance honore quand elle joint au pain
qui nourrit, la visite qui console, le conseil qui éclaire, le
serrement de main qui relève le courage abattu ; quand elle
traite le pauvre avec respect, non-seulement comme un égal,
mais comme un supérieur, puisqu'il souffre ce que peut-être
nous ne souffririons pas, puisqu'il est parmi nous comme
un envoyé de Dieu pour éprouver notre justice et notre charité, et nous sauver par nos œuvres.

« Alors l'assistance devient honorable parce qu'elle peut
devenir mutuelle, parce que tout homme qui donne une parole, un avis, une consolation aujourd'hui, peut avoir besoin
d'une parole, d'un avis, d'une consolation demain, parce
que la main que vous serrez serre la vôtre à son tour, parce
que cette famille indigente que vous aurez aimée vous ai-
mera, et qu'elle se sera plus qu'acquittée quand ce vieillard,
cette pieuse mère de famille, ces petits enfants, auront prié
pour vous (1).

« ... Croyez-vous avoir payé le vicaire à qui l'État donne
cent écus par an pour être le père, l'instituteur, le consolateur d'un pauvre village perdu dans la montagne, ou le sol-

(1) Mélanges, tom. VII, p. 295.

dat qui reçoit cinq sous par jour pour mourir sous le drapeau ? Mais le soldat fait à la patrie l'aumône de son sang,
le prêtre celle de sa parole, de sa pensée, de son cœur, qui
ne connaîtra jamais les joies de la famille. Et la patrie à
son tour ne leur fait pas l'injure de croire qu'elle les paye ;
elle leur fait l'aumône qui leur permettra demain de recommencer l'humble dévouement d'aujourd'hui, de retourner auprès du lit du cholérique, ou sous le feu des Bé-
douins....

« Ne dites donc plus que j'humilie le pauvre, si je le traite
comme le prêtre qui me bénit et comme le soldat qui se fait
tuer pour moi. L'aumône est donc la rétribution des services
qui n'ont pas de salaire.... Dans nos croyances, l'homme
qui souffre sert Dieu, il sert par conséquent la société comme
celui qui prie. Il accomplit à nos yeux un ministère d'expiation, un sacrifice dont les mérites retombent sur nous, et
nous avons moins de confiance, pour abriter nos têtes, dans
le paratonnerre de nos toits, que dans la prière de cette
femme et de ces petits enfants qui dorment sur une botte
de paille au quatrième étage.

« Ne dites pas que si nous considérons la pauvreté comme
un sacerdoce, nous voulons la perpétuer ; la même autorité
qui nous annonce qu'il y aura toujours des pauvres parmi
nous, est aussi celle qui nous ordonne de tout faire pour
qu'il n'y en ait plus.... Quand vous redoutez si fort *d'obli-
ger* celui qui reçoit l'aumône, je crains que vous n'ayez jamais éprouvé qu'elle oblige aussi celui qui la donne. Ceux
qui savent le chemin de la maison du pauvre, ceux qui ont
balayé la poussière de son escalier, ceux-là ne frappent jamais à sa porte sans un sentiment de respect. Ils savent
qu'en recevant d'eux le pain comme il reçoit de Dieu la lumière, l'indigent les honore ; ils savent que l'on peut payer
l'entrée des théâtres et des fêtes publiques, mais que rien ne
payera jamais deux larmes de joie dans les yeux d'une
pauvre mère, ni le serrement de main d'un honnête homme
qu'on met en mesure d'attendre le retour du travail. Nous

sommes tous malheureusement sujets à bien des hauteurs et à bien des brusqueries avec les gens de métier. Mais il y a bien peu d'hommes assez dépourvus de délicatesse pour rudoyer le malheureux qu'ils ont secouru, pour ne pas comprendre que l'aumône engage qui la donne et lui interdit pour toujours tout ce qui pourrait ressembler au reproche d'un bienfait » (1).

Ozanam était loin, cependant, de préconiser les aumônes faites sans discernement, auxquelles se laissent aller trop souvent des personnes dont la bienveillance est quelque peu apathique.

« On doit chercher avec grand soin les misères cachées, interroger le chagrin qui ne fait point de bruit, visiter l'asile où l'homme malade souffre en silence, et pénétrer jusque dans la prison où les malheureux ne trouvent point d'écho pour porter la voix de leur angoisse jusqu'au monde extérieur. »

Cette théorie prudente n'empêchait pas qu'il ne fût quelquefois trompé dans la pratique. Il avait pendant longtemps assisté un Italien, auquel il avait fini par procurer une situation dans une maison de commerce. Cet homme trompa la confiance de son patron, et, étant tombé de nouveau dans une grande misère, s'en vint demander secours à son premier protecteur ; celui-ci, justement irrité de sa conduite, le renvoya et lui signifia d'avoir à ne plus revenir. Cependant, cet homme n'eut pas plus tôt quitté la maison, qu'Ozanam fût saisi de remords. Il se disait qu'il était mal de réduire qui que ce soit au désespoir ; qu'on n'avait pas le droit de refuser

(1) De l'Aumône. Mélanges, tom. VII, p. 300.

un morceau de pain au dernier des misérables ;
que lui-même aurait un jour besoin que Dieu ne
lui fût pas inexorable, ainsi qu'il venait de l'être
avec un de ses semblables rachetés par le sang de
Jésus-Christ. Incapable de supporter cette pensée,
il prit son chapeau et courut à la poursuite de l'Italien, qu'il retrouva dans le jardin du Luxembourg.

Nous avons vu comment il engageait ceux qui
donnaient à augmenter la valeur de leurs secours,
en les remettant de leur propre main au lieu de les
envoyer par des intermédiaires ou des domestiques :

« Comment les familles assistées seraient-elles émues d'un
bienfait qui a toute l'exactitude, mais aussi toute la sécheresse d'une mesure de police ? A-t-on jamais vu les gens
reconnaissants et touchés jusqu'aux larmes de la régularité
avec laquelle les bornes-fontaines s'ouvrent chaque matin et
les rues s'éclairent chaque soir? »

Enfin il avait beaucoup d'ordre dans les aumônes.
Le budget de ses charités était réglé d'avance
chaque année, aussi strictement que celui de ses
dépenses personnelles, et s'élevait en proportion de
l'augmentation de ses ressources : il engageait tous
ses amis à adopter sa méthode et à s'épargner ainsi
l'ennui de ne jamais savoir exactement où ils en
étaient, relativement à l'accomplissement de leur
devoir, et d'avoir à se dire parfois : « Je ne puis
pas faire cela », ignorant si réellement la chose
était ou non possible. Il faut renoncer à exprimer la douceur, la grâce incomparable dont il

accompagnait ses dons personnels nécessairement limités. Toutefois on peut lui appliquer en toute vérité ces lignes du Père Lacordaire : « Il y a une manière de donner, un charme qui cache le bienfait, une transparence qui nous permet de regarder dans le cœur et de l'aimer, quelque chose de bon, de simple, une prévenance aimable qui attire tout l'être, et fait que l'homme préfère le spectacle de la bonté à celui même du génie. »

CHAPITRE XVI

1844-1845.

Ozanam, en arrivant à Paris, avait loué, rue de
Fleurus, un appartement donnant sur les Jardins
du Luxembourg, à peu de distance de la Sorbonne.
L'habitation était très simple, mais ornée de souvenirs domestiques qui l'embellissaient, en faisant
revivre à ses yeux ses parents, et en lui rappelant
son enfance ; il y avait là de douces madones, des
poètes couronnés de lauriers qui lui souriaient en
lui montrant le chemin *en avant* et *en haut*. Sa
femme était la reine de ce petit Parnasse, un centre
vivant au milieu des muettes divinités qui l'entouraient.

Ils avaient amené avec eux Gui-Gui. La vieille
servante lyonnaise était la colonne du modeste
ménage. Il y avait alors près de soixante-dix
ans qu'elle était au service de la famille Ozanam,
elle y était entrée toute petite fille pour prendre
soin des coqs et des poules et s'était élevée graduellement aux fonctions importantes de cuisi-
nière, dont elle continuait l'exercice avec une autorité jalouse. Son économie fabuleuse n'était éga-
lée que par son dévouement. Tous les membres de
la famille la consultaient dans les occasions impor-

tantes, et elle donnait son opinion à chacun avec un rare bon sens ; inutile de dire qu'avec le temps, il lui arriva quelquefois de la donner avant qu'elle ne lui fût demandée. Gui-Gui était profondément conservatrice, et tenait aux usages de sa jeunesse. Elle portait le pittoresque costume de paysanne de son village, que la mode parisienne n'avait point réussi à lui faire modifier, et montait la garde auprès des traditions de famille avec une vigilance sévère. « Votre grand'mère faisait ceci, votre grand-père faisait cela. » Elle occupait ses moments perdus à réciter d'interminables rosaires pour les âmes de ses maîtres défunts, considérait leurs enfants comme siens, et berçait les nouveau-nés avec les mêmes chansons qui avaient bercé quatre générations de la famille (1).

Ozanam était profondément heureux, dans le plein essor de son œuvre littéraire, tranquille sur le présent et sur l'avenir, lorsque survint un évènement qui changea tout à coup l'aspect de sa vie : M. Fauriel mourut. Le célèbre professeur était malade depuis de longues années, et cependant ce dénouement surprit Ozanam comme s'il avait été imprévu.

... « La perte inattendue de M. Fauriel, écrit-il à M. Foisset (2), a été pour moi un coup de foudre. J'avais en lui un patron bienveillant qui me prêtait ses lumières, dont la bonté m'assurait une suppléance perpétuelle dans

(1) Extrait des notes, T. II, p. 52.
(2) 29 juillet 1844.

la chaire où ses infirmités ne lui permettaient plus de paraître. Son attachement pour moi faisait ma sécurité… Maintenant que fera-t-on de moi ? Dieu seul le sait encore. Après quatre ans d'un enseignement dont le succès a dépassé toutes mes espérances… on ne peut pas songer à m'éliminer purement et simplement, et à mettre un autre professeur dans la chaire que je remplissais. La Faculté est de cet avis, et le plus grand nombre de ses membres sont disposés à me présenter au ministre en première ligne, ce qui déciderait ma nomination ; seulement il leur semble convenable, par respect pour la mémoire de M. Fauriel, d'attendre l'époque de la rentrée. Mais une minorité peu nombreuse s'oppose à ces bonnes intentions, insiste sur mon âge de trente et un ans, mon défaut de titres scientifiques, mon entrée récente dans l'Université ; et propose qu'on me laisse le temps de gagner mes éperons, en prolongeant la vacance et en me confiant la chaire l'année prochaine à titre de *chargé de cours*, c'est-à-dire à titre précaire.

« Je vois parfaitement tous les dangers d'une situation provisoire dans un temps de luttes comme celui-ci, où les dispositions bienveillantes des esprits peuvent changer si promptement. Tout l'effort est donc sur ce point ; plusieurs de mes amis me secondent de leurs démarches, mais tous peuvent me soutenir de leurs prières. Du reste, ce que je demande à Dieu, c'est que lui-même prenne la conduite de cette délicate négociation, en sorte que je n'y sacrifie ni mes devoirs d'état par imprudence, ni mon honneur de chrétien par pusillanimité.

« Ces sentiments dont je cherche à me pénétrer depuis quinze jours sont heureusement bien assis dans le cœur de ma femme, qui, pour comble d'épreuves, se trouve éloignée de moi en un si pénible moment. Il a fallu que je demeurasse sur la brèche ; et il faudra bien entendu que j'y reste toutes les vacances. »

L'épreuve se prolongea au-delà des vacances. Ozanam resta incertain de son sort jusqu'à la fin de novembre. Mais il fut nommé alors professeur titulaire à la Sorbonne, à la place de M. Fauriel. C'était une situation inamovible qui comportait une grande augmentation de traitement.

M. Ampère est le premier à qui il fait part de la bonne nouvelle :

« Je viens vous apprendre la grande nouvelle. Enfin samedi, à deux heures. M. le ministre de l'Instruction publique a signé ma nomination.....

« Il est presque humiliant d'être si ému d'un avantage temporel ; mais, dans le premier moment, cette fin mise à tant de craintes et de sollicitudes. cette sécurité naissante, ce sentiment de paix, nous a touchés, Amélie et moi, plus que je n'ose dire.

« J'étais si heureux de voir que cette vie si chère, attachée à ma vie, serait désormais assurée, autant que faire se peut humainement, contre les soucis et les vicissitudes qui fatiguent les plus nobles cœurs ; qu'un rang honorable et digne d'elle lui était donné ; et qu'en même temps je me trouvais dans des conditions d'indépendance qui me permettraient de faire mon devoir sans crainte de soupçons mortifiants et d'interprétations menaçantes ! Bientôt les félicitations de nos amis sont venues ajouter à la douceur de nos premiers moments : nous ne savons plus si nous sommes plus joyeux de notre succès, que du plaisir qu'il fait à tant de gens de bien, à tant de personnes respectables, bonnes et dévouées.

« Je savais bien, et Dieu nous en avait assez fait faire l'expérience, qu'on avait besoin de ses amis dans la tristesse ; mais je ne savais pas qu'on en eût tant besoin dans le bonheur » (1.

Les élèves du Collège Stanislas furent, parmi ses amis, les seuls à ne s'en pas réjouir ; ils étaient

(1) Lettre à M. Ampère, 23 novembre 1844, t. II.

fiers de son triomphe, mais ils le payaient bien cher. Aucun professeur de Faculté n'avait le droit de donner des leçons dans un collège ; en conséquence, la nouvelle dignité de leur maître devait les séparer de lui. Si jeunes qu'ils fussent, ils avaient apprécié le bonheur de le posséder, et lui avaient souvent exprimé ce sentiment, sous forme poétique, en remerciant leur « guide savant et aimable » de ce qu'il savait se séparer de la foule lettrée du dehors, pour se dévouer à l'humble auditoire d'une salle de classe. Dans l'une de leurs effusions affectueuses, par exemple, ses élèves lui parlaient en ces termes :

> Votre cœur respirant du fardeau de la gloire,
> Y trouvera du moins des cœurs reconnaissants.

Aussi, dans leur désespoir de le perdre, écrivirent-ils au ministre, M. Villemain, le suppliant de suspendre en leur faveur l'effet de la prohibition commune, et de permettre à leur cher maître de rester avec eux. Ils essayèrent de mettre Ozanam lui-même de leur côté, et lui écrivirent une lettre qui est trop caractéristique pour n'être pas citée :

« Monsieur,

« Nous ne saurions vous exprimer avec quelle douloureuse surprise nous avons reçu hier la première nouvelle du malheur qui nous menace. Ceux qui ne sont près de vous que depuis quelques mois seulement ; ceux qui, après une année de vos leçons, avaient espéré les entendre encore longtemps ; ceux enfin que d'autres études viennent de recevoir au sor-

tir de la rhétorique, ont tous été également affectés, et j'ai
reçu la triste mission de vous manifester cette générale douleur. Cependant, tout espoir n'est peut-être pas perdu, et
quelque indignes que nous soyons d'occuper un temps aussi
précieux que le vôtre, *nous osons vous supplier de prendre
vous-même en main notre cause, et de nous conserver, s'il est possible, le maître que nous avons le plus aimé.* »

Leurs efforts furent inutiles. M. Villemain demeura inflexible, mais Ozanam fut profondément
touché de cette lettre qu'il conserva précieusement.
Cependant, malgré toute sa bonté, ce n'était point
un maître facile. Il était, au contraire, comme professeur, exceptionnellement sévère. Comme exa-
minateur, il ne faisait point grâce. Il se défiait tellement de son penchant à l'indulgence, que, par
conscience, il tombait dans l'excès opposé, et, dans
ses fonctions officielles de juge, poussait l'impartia-
lité presque jusqu'à la dureté, surtout envers les
candidats auxquels il prenait un intérêt personnel.
On raconte l'histoire d'un jeune homme très *protégé*, qui faillit échouer à cause de l'extrême rigueur des interrogations d'Ozanam. Aussi les candidats craignaient-ils plus qu'ils ne désiraient de
lui être recommandés. Un jeune séminariste vint
un jour le trouver pour le prier de lui faire connai-
tre les raisons qui l'avaient fait refuser à un récent examen. Ozanam le reçut avec la plus grande
bonté, lui signala en détail les fautes de sa ver-
sion, puis, tout à coup, changeant de ton et prenant une contenance sévère : « Votre costume, lui

dit-il, Monsieur, nous oblige à être plus exigeants. Quant on a l'honneur de porter la livrée du sacerdoce, on ne doit pas l'exposer légèrement à un semblable échec. »

M. Soulacroix fut nommé chef de division au ministère de l'Instruction publique, au printemps de l'année suivante (1845). Cette circonstance, en fixant près de lui la famille de sa femme, causa à Ozanam une joie sincère. De son côté, il continuait à travailler avec ardeur, mais se plaignait de l'insuffisance des résultats.

« Je meurs d'impatience de reprendre mes recherches sur l'Allemagne, qui commençaient à m'intéresser infiniment quand il a fallu les interrompre, dit-il à M. Foisset. Je désespère franchement de jamais rien faire de considérable avec ma lenteur et ma facilité à perdre le temps. Ah ! qu'il me faudrait cette activité que je vous vois, que je vois à mon beau-père, que je voyais à mon père, mais qui devient rare et qui semble se perdre. Il me semble que le grand secret de l'éducation devrait être de détruire cette disposition de l'esprit à se laisser distraire. De toutes les grandes qualités du *grand siècle*, celle qui soutenait toutes les autres, c'était peut-être celle que Bossuet prisait si fort, dont il regrettait si amèrement l'absence chez son élève : je veux dire l'application » (1).

Cette année de prospérité, comme il l'appelle, apporta encore à Ozanam une bénédiction nouvelle, une joie qui couronnait toutes les autres joies.

« Mes amis ont beaucoup à faire cette année pour m'aider à remercier Dieu. Après tant de faveurs qui fixaient ma vocation dans ce monde, qui mettaient fin à la dispersion de

(1) Lettre à M. Foisset, Paris, 5 avril 1845.

ma famille, un bienfait nouveau est venu me faire connaître la plus grande joie probablement qu'on puisse éprouver ici-bas : je suis père !

« Nous avions beaucoup prié, nous faisions prier encore, jamais nous n'avions plus senti le besoin d'une assistance divine !

« Nous avons été exaucés au-delà de nos espérances. Ah ! Monsieur, quel moment que celui où j'ai entendu le premier cri de mon enfant ! où j'ai vu cette petite créature, mais cette créature immortelle, que Dieu remettait entre mes mains ! qui m'apportait tant de douceurs, et aussi tant d'obligations ! Avec quelle impatience j'ai vu venir l'heure de son baptême ! Nous lui avons donné le nom de Marie, qui était celui de ma mère, et en mémoire de la puissante patronne à l'intercession de laquelle nous attribuons cette heureuse naissance. Maintenant la mère, à peu près rétablie, a la consolation d'allaiter son enfant ; c'est un plaisir bien laborieux, mais bien vif. Ainsi nous ne perdrons pas les premiers sourires de notre petit ange. Nous commencerons son éducation de bonne heure, en même temps qu'il recommencera la nôtre ; car je m'aperçois que le ciel nous l'envoie pour nous apprendre beaucoup et pour nous rendre meilleurs. Je ne puis voir cette douce figure, toute pleine d'innocence et de pureté, sans y trouver l'empreinte sacrée du Créateur, moins effacée qu'en nous. Je ne puis songer à cette âme impérissable dont j'aurai à rendre compte, sans que je me sente plus pénétré de mes devoirs. Comment pourrais-je lui donner des leçons, si je ne les pratique ? Dieu pouvait-il prendre un moyen plus aimable de m'instruire, de me corriger, et de me mettre dans le chemin du ciel ?

Vous donc, Monsieur et cher ami, qui exercez saintement ces grandes fonctions de père, souvenez-vous de moi devant Dieu, et demandez-lui pour votre jeune ami les lumières, les inspirations, les forces qu'il lui faut. Souvenez-vous aussi de mon enfant qui, un jour, vous le rendra, j'espère, et n'oubliez pas non plus sa mère qui vous est, vous le savez,

bien attachée. Elle me charge de vous dire combien elle
tient à un *Ave Maria* dans votre chapelle quand vous y
prierez en famille. Vos confidences paternelles de l'an passé
nous reviennent maintenant à la pensée, et nous soupirons
déjà en pensant qu'il faudra peut-être marier un jour notre
petite Marie... » (1).

Le bonheur était pour l'heureux père une source
de jour en jour plus féconde en joies tendres et
poétiques.

« Je ne sais rien de plus doux sur la terre, dit-il (2), que de
trouver en rentrant chez moi ma femme bien-aimée avec
ma chère enfant dans ses bras. Je fais alors la troisième
figure du groupe, et je demeurerais volontiers des heures
entières dans l'admiration ; si, tôt ou tard, des cris ne venaient me rappeler que la pauvre nature humaine est bien
fragile, que sur cette petite tête bien des périls sont suspendus et que toutes les joies de la paternité ne sont données
que pour en adoucir les devoirs. »

Les examens de la Sorbonne l'ayant retenu tout
l'été, il ne put s'échapper de Paris qu'au mois de
septembre. Il alla alors avec sa femme et sa
fille s'établir à Nogent, petit village des environs.

« De tout cet été, je n'ai guère vu d'autre verdure que
celle du tapis vert autour duquel nous faisons les examens
du baccalauréat. Depuis trois jours, je siège depuis dix
heures du matin jusqu'à sept heures du soir ; et je ne puis
même vous écrire ici que dans les courts intervalles entre la
question de géographie et la question d'histoire. Voilà pourquoi je ne vous entretiendrai guère des grandes affaires du
temps...

(1) A M. Foisset, Paris, 7 août 1845.
(2) A M. Lallier, 27 avril 1845.

« Le nombre de nos conférences s'est accru depuis un mois de cinq. Nous en comptons six à Londres. Vous vous souvenez comme nous vous grondâmes quand vous amenâtes, en 1833, ce pauvre de la Noue, qui portait notre nombre à neuf ; aujourd'hui nous sommes environ neuf mille. Vous voyez que ces pauvres catholiques ne sont pas encore morts. Toujours comme du temps de saint Paul : *Quasi morientes, et tamen viventes* » (1).

Les vacances ne donnèrent au professeur un peu de repos qu'en lui permettant de changer de travail. Il les employa à finir ce qu'il appelle son « interminable volume » sur l'*Histoire de la civilisation chrétienne chez les Germains*. Ces jours d'automne lui furent pourtant très doux.

« Le séjour de la campagne me donne un loisir que je ne connaissais pas depuis longtemps, écrit-il (2). Nous sommes à trois quarts d'heure au-delà de Vincennes, sur un coteau qui domine la Marne. Le jardin est grand, l'air très pur, le temps admirable. Ma femme reprend rapidement ses forces, et mon enfant se développe comme une petite fleur. C'est un de ces moments de bonheur comme il y en a bien peu dans la vie, et qui font sentir de plus près la bonté de la Providence. »

(1) Lettre à M. Lallier, 27 août 1845.
(2) Id., septembre 1845.

CHAPITRE XVII

1846.

L'année 1846 ne fut marquée par aucun événement important dans la vie publique ou privée
d'Ozanam. Il continuait à travailler comme s'il
avait en en réserve une seconde vie, pour suppléer
à celle qu'il dépensait sans pitié. Sa santé commençait à s'altérer, mais il ne s'en apercevait point, ou
du moins ne voulait point s'en apercevoir. Ses travaux littéraires s'étendaient de jour en jour, et
absorbaient tout le temps qu'il pouvait dérober à
ses devoirs professionnels : cela ne l'empêchait pas
de se dévouer, comme par le passé, au service
des pauvres. Après la fatigue des leçons du matin,
on le voyait prendre la parole le soir à une réunion
d'ouvriers dans la crypte de St-Sulpice, et y dé-
penser ses forces avec autant d'ardeur que lorsqu'il s'adressait à l'auditoire le plus délicat et le
plus élevé. Ceux qui l'ont entendu parler à ces
gens sans culture se rappellent encore avec quel
art il s'efforçait de mettre à leur portée les richesses
de sa science, et aussi avec quelle fidélité son
auditoire répondait à ses efforts.

« Mais amis, leur disait-il un certain jour, chacun a son métier ici-bas. Mon métier à moi, c'est de compulser les vieux livres. Eh bien ! dans la poussière des bibliothèques, je trouve parfois des leçons que le passé nous a léguées sous une forme pleine d'attrait. Laissez-moi donc vous raconter une de ces vieilles histoires qui charmaient les veillées de nos pères. »

Alors, avec une grâce que la Sorbonne eût enviée, il commentait le récit d'une de ces légendes que l'Irlande semble avoir empruntées à l'Orient et animées d'un souffle chrétien. Tous ces hommes du peuple comprenaient admirablement et applaudissaient bruyamment. Puis venait la morale.

« Ces histoires, reprenait l'orateur, sont l'emblème de l'autre vie, où seront récompensées ou punies toutes les actions de celle-ci. Nous sommes tous comme ces ouvriers des Gobelins qui, suivant les plans d'un artiste inconnu, s'appliquent à assortir les fils de diverses couleurs sur les revers de la trame, ils ne voient pas le résultat de leur travail. C'est seulement lorsque tout est terminé, qu'ils peuvent admirer à leur aise ces fleurs, ces figures, ces scènes splendides et dignes des palais des rois. Ainsi de nous, mes amis ; nous travaillons, nous souffrons ici-bas, sans en voir le terme ni le fruit. Mais Dieu le voit, et quand il nous relève de notre tâche, il montre à nos regards émerveillés ce que *Lui*, le grand artiste invisible et présent partout, a fait de toutes ces fatigues, qui nous semblent si stériles ; et il daigne placer dans son grand palais ces faibles œuvres de nos mains » (1).

Il n'est pas étonnant, du reste, qu'Ozanam fût un orateur populaire parmi les ouvriers. Il se con-

----

(1) *Eloge de Frédéric Ozanam*, par F. Poulain, couronné à l'Académie des jeux floraux.

sidérait lui-même comme l'un d'entre eux, et on sentait dans son éloquence comme une note de fierté personnelle quand il insistait sur la dignité et la puissance du labeur de l'homme sous toutes ses formes. Ses ouvrages abondent en pages magnifiques sur le travail, considéré comme l'une des forces régénératrices du monde, et sont pleins d'arguments et d'exemples destinés à prouver que le travailleur, opprimé et méprisé par le Paganisme, devait au Christianisme sa réhabilitation.

L'époque des examens de baccalauréat revint encore, cette année-là, lui apporter son surcroît ordinaire de travail. Le professeur se représente lui-même, durant les brûlantes chaleurs du mois d'août, « assis huit ou dix heures chaque jour devant cette bienheureuse table verte, » cherchant à écrire à un ami quelques lignes précipitées entre la question de grec et celle de mathématiques, « entre des collègues qui baillent et des candidats qui se troublent, » et soupirant après l'air frais de la campagne.

« Rien ne vaut mieux que le grand air, l'atmosphère embaumée, les exhalaisons même des étables, pour rétablir les personnes délicates. Le séjour de la campagne est plein d'enseignement et de consolations dont nous nous privons en nous enfermant dans les murs de nos villes. »

Mais après cette petite boutade, il cherche des sources plus profondes de consolations.

« Nous avons ce bonheur, nous autres catholiques, que

notre cause veut être servie en même temps de deux manières qui se prêtent à la diversité des esprits ; il lui faut
des hommes de guerre et des hommes de paix, la croisade
de la polémique et le prosélytisme de la charité. J'admire
ceux qui combattent glorieusement sur la brèche, mais je
ne puis me défendre de préférer pour nos amis et pour moi
cet autre ministère moins dangereux s'il est moins éclatant.... »

Cette vie de travail ininterrompu ne pouvait
impunément se prolonger. Le corps est apte à souffrir beaucoup et supporte avec une longue patience
la noble tyrannie de l'âme ; mais, au delà de certaines limites, il se révolte et réclame ses droits.
Avant la fin des examens, Ozanam fut atteint d'une
fièvre maligne qui mit sa vie en grand danger. Au
début de septembre, il commençait seulement à
se rétablir et, le 22, il écrivait de Meudon à M.
Léon Boré :

« Voilà un bien long silence, et s'il était volontaire, une bien
impardonnable ingratitude, après les deux aimables lettres que
j'ai reçues de vous. Mais au moment où j'allais prendre la
plume pour vous remercier, j'ai été saisi par les premières
atteintes d'une grave maladie dont je relève à peine. J'ai eu
une fièvre pernicieuse d'un caractère alarmant, et peut-être
n'en serais-je pas revenu sans les soins excellents de notre
ami commun M. Gouraud, et sans la tendresse intelligente
et courageuse d'Amélie, qui m'a singulièrement soutenu
dans cette épreuve.... Je n'ai jamais mieux senti combien
l'homme est peu de chose, et je ne puis vous dire combien
je suis humilié de voir que, mangeant bien, dormant bien,
il suffit d'une heure du travail le plus léger pour fatiguer
ma tête et me réduire au repos. Cependant j'use des pre-

mières libertés que la médecine m'accorde pour réparer un retard qui pesait sur mon cœur.... Ma femme prétend m'empêcher d'écrire trop longuement. Je me laisse arracher la plume par obéissance, ne fût-ce que pour donner le bon exemple à tous les maris de la terre » (1).

La maladie avait trouvé Ozanam tellement épuisé, qu'on se demandait comment il avait pu y résister ; aussi quoique à peu près guéri, restait-il dans un état de prostration des plus alarmants. Les médecins déclarèrent que la seule chance de salut était un repos complet pendant une année entière. Une telle prescription soulevait pour Ozanam toutes sortes de difficultés. Comment, par exemple, avec son esprit ardent et son activité dévorante, rester inoccupé toute une année ? Une seule chose était à faire : employer ce temps à voyager. M. de Salvandy, ministre de l'instruction publique, instruit de la situation, voulut contribuer à faciliter la convalescence et chargea le professeur d'une mission littéraire en Italie. Le ministre bienveillant n'avait certes pas la pensée de condamner ainsi le malade à un simple changement de fatigue ; mais Ozanam, consciencieux en toutes choses presque à l'excès, ne donna que trop ce caractère à la mission qui lui avait été confiée pour un tout autre objet.

(1) A M. Boré. Meudon, 22 septembre 1846.

CHAPITRE XVIII

1847.

Partis de Paris au mois de novembre 1846, Ozanam et sa femme firent d'abord une excursion dans
le midi de la France, puis, voyageant à petites
étapes, ils se rendirent, par Gênes et Florence, à
Rome, où ils devaient passer l'hiver. Sous l'influence de ce délicieux *régime*, la santé du voyageur
se fortifia rapidement, quoiqu'il ne l'épargnât en
rien. Chacun de ses voyages produisait un volume,
quelquefois deux. Le fruit de celui-ci fût l'ouvrage
intitulé : *Documents inédits pour servir à l'histoire
littéraire de l'Italie, du huitième au treizième siècle*,
auquel s'ajouta une autre œuvre charmante : *les
Poëtes franciscains*. Il avait considéré le premier
comme un travail, le second comme un délassement. Mais un jour vint où un repos complet
s'imposa. La fatigue de copier, pendant la matinée,
les anciens manuscrits latins et italiens dans les
bibliothèques et les musées, puis de les classer et
de les arranger durant l'après-midi, compromit de
nouveau sa santé, de telle façon qu'à son arrivée à
Rome, il dut cesser tout travail.

« J'ai bien besoin que tu prennes ma défense contre les

mauvaises langues qui doivent accuser ma paresse et mon silence, écrit-il de Rome à son frère, en février. Je voudrais que Charles passât chez Ampère pour demander de ses nouvelles, de celles de M. Ballanche et de Mme Récamier, en ajoutant que j'écrirai dans quelques jours et que je suis honteux de ne l'avoir pas fait. La vérité est qu'à Florence mon temps a été entièrement pris par mes recherches dans les bibliothèques. Depuis que je suis ici, je me suis fait un scrupule de conscience de rien écrire avant d'avoir fini mon interminable préface, laquelle touche à sa fin. Mais quelques jours après mon arrivée, j'ai été pris d'un malaise nerveux sans éprouver cependant aucun symptôme alarmant, ni rien qui ressemblât aux accès de fièvre de cet été. Seulement, je ne pouvais pas travailler, et je me trouvais parfaitement en harmonie avec l'esprit public qui n'était tourné qu'aux fêtes et aux divertissements. »

La première *fête* à laquelle il assista fut une basse messe célébrée par le Pape à l'église de Saint-Apollinaire. Il décrit l'église, ornée à l'intérieur de draperies rouges, blanches, bleues, brodées d'argent et d'or, et illuminée par des lustres, des candélabres et des flambeaux.

Puis il ajoute :

« Ces décorations qui choquent un peu nos regards, accoutumés à la nudité majestueuse des églises gothiques, ont cependant je ne sais quoi de joyeux et d'aimable. Elles conviennent à un peuple qui traite Dieu plus familièrement, plus tendrement ; elles ont un air de fête de famille qui finit par me plaire. C'était bien une fête de ce genre qu'on allait célébrer. Les élèves du séminaire (1), au nombre d'une centaine, rangés sur la porte, attendaient en silence, mais

(1) Saint-Apollinaire est l'église du séminaire romain.

tout rayonnants de plaisir. A huit heures et quart, les cloches ont sonné, et le Pape est entré avec un cortége peu nombreux.... Il était en mozette rouge et en soutane blanche, le chapeau rouge à la main.... Il a dit une messe basse, assisté seulement de quatre prêtres, lentement et avec une grande piété ; au moment de la communion, tous les élèves sont allés deux à deux recevoir la Sainte Eucharistie de la main du Saint-Père qui avait bien vraiment l'air d'un père au milieu de ses fils. Jusqu'ici, tout était édifiant ; mais ce qui est devenu sublime, c'est quand le Pape, en finissant de donner la communion aux ecclésiastiques, a exprimé le désir de la distribuer au peuple. Alors les gardes se sont écartés, et on a vu le Souverain-Pontife descendre de l'autel tenant le Saint-Sacrement dans ses mains ; en même temps, un mouvement s'est fait dans la foule pour aller au-devant de lui et se jeter à la sainte table. Les marches étaient couvertes de deux rangs de fidèles, serrés, troublés, émus jusqu'aux larmes. Point de distinction. Il y avait là, la reine douairière de Saxe, de pauvres Italiennes, des femmes, des hommes de différentes nations, et mon Amélie et moi dans cette foule, à côté l'un de l'autre, comme nous l'avons toujours été dans le bonheur et dans le malheur, comme nous espérons l'être jusqu'au bout de la vie et après la vie.... Le cortège sacré s'est approché de nous. J'ai vu cette admirable figure de Pie IX, tout éclairée par les flambeaux, tout émue par la sainteté du moment, plus noble, plus douce que jamais. J'ai baisé son anneau, l'anneau du pêcheur qui depuis dix-huit siècles a scellé tant d'actes immortels. Puis j'ai tâché de ne plus rien voir, de tout oublier pour ne plus songer qu'à Celui qui est notre Maître à tous et devant qui les pontifes ne sont que poussière ! » (1).

Chaque lettre qu'Ozanam écrit de Rome, exprime un tendre enthousiasme pour Pie IX.

(1) Lettre à son frère. Rome, 17 février 1847, t. II.

« Nous avons eu l'honneur d'être reçus en audience particulière, écrit-il à M. P. Dugas, et Sa Sainteté a voulu faire
asseoir ma femme, caresser et bénir ma petite fille de dix-
huit mois. Le Pape nous a parlé de la France, de la jeunesse
des écoles, des devoirs de l'enseignement, avec une noblesse,
avec une émotion, avec une grâce inexprimables.

… « Il faut vous dire, puisque vous êtes père et que vous
comprendrez mon orgueil, que ma petite Marie se conduisit
comme un petit ange ; qu'en nous voyant, sa mère et moi,
agenouillés devant le Pape, elle se mit à genoux toute seule,
joignant ses mains avec un petit air de vénération, et le
Pape en fut si content, que trois ou quatre jours après, il eût
la bonté de s'en souvenir et de dire à un prêtre français
en lui parlant de nous : « Ils m'ont amené leur petite fille
qui a été tout à fait charmante ; cette pauvre enfant s'est
mise d'elle-même à genoux devant moi, et me regardait
comme si j'étais le bon Dieu. » Ne trouvez-vous pas que ma
petite Marie avait bien raison, et qu'elle reconnaissait bien
le représentant de celui qui a dit : « Laissez venir à moi les
petits enfants » (1).

Immédiatement après Pâques, Ozanam partit
seul pour le Mont Cassin, afin de faire quelques
recherches dans la magnifique bibliothèque des
moines. Le voyage rapide, la journée entière passée à déchiffrer et à copier d'anciens manuscrits,
joints au froid intense du monastère, amenèrent
le retour des accès de fièvre dont il avait souffert
à Florence.

« J'y suis allé par la diligence de Naples et revenu de
même, passant deux nuits en route et trente-six heures seulement à l'abbaye, écrit-il à ses frères le 29 avril. Assuré-

____

(1) Lettre à M. P. Dugas, jour de Pâques, 1847, T. II.

ment, si je n'avais été conduit que par la passion des arts,
j'aurais éprouvé un bien cruel désappointement : dans un
lieu qu'on s'attend à trouver tout rempli de souvenirs de
l'antiquité chrétienne, on ne voit qu'une église du dix-huitième siècle, riche en marbres, en dorures, mais sans un tableau, sans une statue de quelque prix. Heureusement, j'ai
pu communier au tombeau de saint Benoit, et j'ai retrouvé
toutes les traditions bénédictines dans l'admirable bibliothé-
que de l'abbaye et chez les savants religieux qui m'en ont
fait les honneurs... Ils m'ont montré des manuscrits très
précieux dont j'ai tiré quelques copies : ce ne sera pas la
partie la moins intéressante de mon butin littéraire. Mais
ces bons moines, qui savent tant de choses, ne savent pas
se chauffer. Ils m'ont laissé mourir de froid dans leurs belles
archives, et je suis reparti avec un malaise qui a fini à Rome
par un accès de fièvre. Par bonheur, la fièvre n'a duré qu'un
jour et m'a laissé en assez bon état pour aller, le lundi soir,
à l'audience que le souverain Pontife voulait bien m'accorder.

« J'avais à le remercier de l'appui qu'il avait daigné donner à mes recherches, je voulais lui offrir un exemplaire de
mon livre et aussi lui remettre des lettres de la Société de
Saint-Vincent de Paul. Il était neuf heures du soir quand
on m'a fait entrer, et le Pape paraissait très fatigué des affaires qu'il venait d'expédier avec son ministre et plusieurs
autres fonctionnaires publics. Cependant, Sa Sainteté m'a
accueilli d'une manière si cordiale que j'en ai été profondément touché; il m'a demandé des nouvelles de ma santé, de
ma femme, de ma petite fille, avec un accent d'amitié et de
familiarité charmante, et moi, le voyant si bienveillant pour
tous les miens, je lui ai parlé de mes frères, de celui qui est
prêtre, et je lui ai demandé pour tous deux sa bénédiction
paternelle » (1).

(1) A ses frères, 29 avril 1847.

Une dernière joie était réservée aux voyageurs. Rome célébrait le 21 avril l'an 2600 de sa fondation. Le peuple avait voulu solenniser ce jour par un banquet national. Près des Thermes de Titus, on avait dressé des tables où s'assirent huit cents convives, tandis que deux mille personnes prenaient place dans l'enceinte ornée de drapeaux, de devises et de fleurs. Le dîner n'était qu'un prétexte, car, suivant la remarque d'Ozanam, « les « quatre plats qu'on y servit n'auraient pas effrayé « la sobriété des Curius et des Caton. » Le but réel c'étaient les discours, les harangues, les chants patriotiques qui firent retentir les airs. Plusieurs hommes éminents prirent la parole, et parmi eux le célèbre professeur Orioli et le marquis d'Azeglio, gendre de Manzoni. Au lendemain de cette belle journée, une nouvelle importante circula dans Rome. « Le Pape, par une circulaire du car- « dinal Gizzi, venait d'ordonner que chaque pro- « vince envoyât le nom de trois citoyens notables, « parmi lesquels le gouvernement en choisirait un « pour venir à Rome représenter la province d'une « manière permanente et donner toutes les infor- « mations nécessaires pour une complète réforme « des institutions municipales. » Ozanam décrit ainsi l'enthousiasme suscité par cette décision :

« Nous ne savions rien de cet acte qui occupait toute la ville et nous ne cessions de regretter la seule chose qui manquât pour compléter notre séjour, nous aurions voulu être témoins de quelqu'une de ces belles ovations populaires dont

nous avions entendu si souvent parler. Il en coûtait beaucoup à Amélie de partir sans avoir revu encore une fois le
Pape et sans emporter une dernière bénédiction. Le soir, en
nous promenant, nous espérions le rencontrer peut-être,
comme cela nous était arrivé, mais cette espérance s'était
évanouie comme tant d'autres. Nous rentrions au logis,
quand on nous annonça que tout se préparait pour remercier
le Pape de son nouvel édit et qu'il y aurait une belle fête
aux flambeaux. Nous dînâmes donc à la hâte avec l'abbé
Gerbet et quelques amis qui étaient venus nous faire leurs
adieux, nous descendîmes au Corso. Le rendez-vous était
à la place du Peuple. On y distribuait des torches, et ceux
qui les prenaient se rangeaient par dix avec un chef de file.
Mais la foule était si grande que nous ne pûmes arriver
qu'un peu au-dessus de l'église de Saint-Charles. Là, nous
vîmes la marche triomphale. Elle s'ouvrait par plusieurs
rangs d'hommes armés de torches ; ensuite venait la circulaire du cardinal *Gizzi* imprimée sur une grande toile blanche et portée comme une bannière, puis un corps de musique militaire, une colonne serrée de gens avec des torches, et qu'on évaluait à près de six mille. Rien n'était plus
remarquable que l'ordre qui régnait dans cette armée im-
provisée, et rien n'était plus touchant que de voir côte à
côte, dans les mêmes rangs, des hommes des plus hautes
classes, des ouvriers en veste, des prêtres en costume, plusieurs avec des cheveux tout blancs, et tous unis dans un
même sentiment, exprimé par un même cri : *Viva Pia nono !*
Viva Gizzi ! C'est assurément la première fois que j'ai entendu crier des *vivat* à un ministre. A mesure que le cortège s'avançait dans le Corso, les maisons s'illuminaient sur
le passage. A tous les étages, on voyait les fenêtres s'ouvrir
et les gens se pencher avec des lampes ; souvent il y avait
des lampions, des verres de couleur, des drapeaux chargés
de devises ; et des salves d'applaudissements s'échangeaient
entre les fenêtres et la rue... Après avoir suivi la foule jusqu'à la place Colonna, nous nous jetâmes dans les rues ad-

jacentes pour gagner plus vite la place de Monte-Cavallo où
l'on se rendait : elle était déjà couverte de monde. Nous
eûmes le bonheur de trouver une voiture où on invita Amélie à monter ; je me tenais sur le marchepied, et de là nous
embrassions tout l'ensemble du spectacle. Bientôt nous vîmes arriver les torches, qui se firent place au milieu des
rangs serrés de la multitude et qui vinrent former un carré
devant la porte du palais papal. Au milieu du carré étaient
l'édit porté en bannière, et la musique.

« Après qu'on eût exécuté quelques morceaux, un grand
cri s'éleva : on voyait des lumières passer derrière les fenêtres du palais, elles s'avançaient doucement jusqu'à la fenêtre du balcon qui s'ouvrit et laissa paraître le souverain
Pontife, accompagné de deux prélats et de quelques domestiques avec des flambeaux. Il semblait doucement ému de la
reconnaissance qu'on lui témoignait, et saluait à droite et à
gauche avec beaucoup de grâce. De tous côtés, on lui répondait par les acclamations les plus vives, les femmes agitaient leurs mouchoirs, les hommes leurs chapeaux, on battait
des mains et on ne se lassait point de répéter *Viva Pia nono !*
Ce n'était point le mot d'ordre d'une ovation publique ; ils
savent bien qu'il faut demander qu'il vive, et qu'à sa vie
sont attachés les plus grands intérêts de l'Italie et du monde.
Mais voici ce qui m'a le plus touché. Le Pape a fait un geste,
et aussitôt on n'a plus entendu que le mot *zitto* (chut), et en
moins d'une minute le silence régnait dans cette foule eni-
vrée. Alors on a pu écouter la voix du Pontife qui s'élevait
pour bénir son peuple et lorsque étendant la main et faisant le signe de la croix il en a prononcé les paroles solennelles, un grand cri d'*Amen* s'est élevé d'un bout à l'autre
de la place. Rien de plus beau que cette ville tout entière
priant avec son évêque, à cette heure avancée de la nuit, à
la clarté des étoiles, par un ciel superbe. Et pour bien mar-
quer qu'il s'agissait d'un acte tout religieux, aussitôt que le
Pape s'est retiré du balcon, toutes les torches se sont éteintes
en même temps, et la scène n'est plus restée éclairée que

par quelques pots de flammes de Bengale allumés sur les
terrasses des palais voisins.

« Ainsi, personne n'a eu l'idée de continuer le plaisir de
la promenade aux flambeaux, comme, parmi tant de cris,
personne n'avait eu la pensée de crier contre l'Autriche, contre
le cardinal Lambruschini, contre les partisans de l'ancien
gouvernement ; rien qui marquât ni de la haine ni de l'a-
nimosité, rien que du respect et de l'amour. Du reste, dans
une si grande foule, avec des voitures et des chevaux, aucun désordre, pas un sot qui eût, comme on l'aurait à Paris,
du plaisir à effrayer les femmes ; j'aurais pu y laisser aller
petite Marie avec sa bonne, tant il y a de sagesse, de dignité,
d'obligeance même, dans ce peuple. A neuf heures et demie,
nous quittions la place du Quirinal avec les derniers groupes, et nous rentrions en trouvant les rues calmes et silencieuses comme elles le sont à minuit. Ces Romains étaient
allés dormir comme d'honnêtes enfants qui, avant de dormir,
avaient voulu dire bonsoir à leur père » (1).

Mais Ozanam ne pouvait songer au sommeil ; il
était trop ému par le spectacle dont il avait été témoin, et par la merveilleuse perspective qui s'ouvrait sur l'avenir. Plongé dans une profonde et
douce méditation, il erra longtemps au pied de
l'obélisque situé au milieu de la place. Ce qui
s'était passé sous ses yeux ne lui paraissait, sans
doute, rien moins que la fin de la lutte, la solution du problème qui troublait l'Europe depuis plus
de cinquante ans.

Depuis un demi-siècle, en effet, la chrétienté in-
voquait la liberté, la cherchant et la réclamant

(1) Lettre à ses frères, 29 avril 1847.

comme un droit impérieux et sacré, résolue d'ailleurs à la conquérir à tout prix. D'autre part, il se trouvait des hommes pour lui dire que l'abandon du christianisme devait en être le prix. On la mettait en demeure de choisir entre l'une et l'autre, et elle se refusait à ce choix, l'une et l'autre lui paraissant nécessaires. Une partie de la société se révoltait contre cette affirmation d'une prétendue incompatibilité, et jurait d'en prouver la fausseté : de là cette scission dont elle souffrait depuis si longtemps, s'épuisant en efforts pour arriver à la conciliation. Et voici que ce jour, ou plutôt cette nuit, à cette heure même, là, sous le ciel étoilé de la ville des Césars, la réconciliation semblait s'être faite ; le vieil antagonisme était détruit et le problème résolu : le vicaire de Jésus-Christ, le Pontife et le Prince de la chrétienté avait pris la Liberté par la main, et signé avec elle un traité solennel !

Pour nous, qui jugeons à la lumière des événements ultérieurs et de l'état actuel des choses, nous ne pouvons réprimer un sourire en voyant Ozanam se réjouir, avec tant d'enthousiasme, du triomphe de son idéal. On s'étonne souvent de ce mélange de saine philosophie, de sens profond et d'utopie qui vivent côte à côte, dans l'esprit des hommes de génie : Ozanam nous présente un de ces curieux phénomènes. En considérant les illusions où il se complait, dans lesquels il a une foi si entière, nous ne devons pas perdre de vue que sa pensée habitait bien plutôt le passé que le présent. Il vivait en réalité dans le moyen-âge et c'est-là qu'il puisait ses idées démocratiques ; il s'inspirait de ces républiques, qui, dans les périodes les plus tourmentées de leur histoire, subissaient, malgré tout, le contrôle prépondérant de la religion, et dont la démocratie chrétienne différait autant de la démocratie anti-chrétienne et athée de nos jours, que les plus cruelles erreurs des armées croisées étaient éloignées des hideux excès de la Commune. Il ne considérait pas que les républiques du moyen-âge étaient en réalité, sous ce nom, de véritables oligarchies, où les peuples qui parlaient si haut de leur indépendance acceptaient docilement le joug d'un petit nombre de chefs. L'unité, maintenue au sein des multitudes par l'influence d'un seul, gouvernant les esprits et les volontés, telle est la condition de l'existence d'une démocratie sous sa forme même la plus mitigée. Aucun État ne peut avoir de sécurité ni de stabilité s'il n'est fondé sur cette unité. Heureusement pour la paix du monde, l'humanité le sait, et, instinctivement, agit en conséquence. Les hommes sont *race moutonnière* et doivent avoir un chef, qui est *roi*, pour un temps, quel que soit le nom sous lequel on le désigne.

La pensée d'Ozanam était que la religion constituerait cet élément de cohésion dans l'État, que l'Église créerait ce lien d'unité qui rendrait la société capable de se gouverner elle-même.

Avec un optimisme invincible, il estimait que
l'humanité en général, et la France en particulier,
étaient bonnes et facilement gouvernables ; nous
en avons le témoignage dans ces fréquentes et
tendres apologies en faveur « des pauvres diables
abusés, derrière les barricades, mais qui sont
chrétiens de cœur et prêts à se rendre devant
une parole de bonté. » Un tel républicain porte
dans son esprit sa république idéale, et perd de
vue que tout essai pour réaliser cet idéal ne pro-
duira qu'une république violente, sanglante, dé-
sordonnée, sur laquelle lui-même et ses idées
resteront sans influence ; une république courant
d'excès en excès, conduite ou leurrée, ou violemment entraînée par les hommes les plus pervers, qui sont toujours les plus entreprenants et les
plus agressifs, jusqu'au moment où elle sera écra-
sée par les armes de quelque nouveau despote.
Ozanam, comme d'autres hommes éminents, se
sentait si heureux de la perfection théorique de
son idéal qu'il oubliait la présence des éléments
cachés qui devaient produire le résultat diamé-
tralement opposé à celui qu'il attendait. Il disait vrai, quand il déclarait qu'il n'était point un
homme politique dans le sens pratique du mot ;
ses théories étaient sans doute belles et élevées ;
mises en pratiques, elles eussent aidé à la solution
des questions sociales ; mais, au point de vue politique, elles étaient absolument inapplicables à l'Europe du dix-neuvième siècle.

Ozanam donc applaudissait d'autant plus à la conduite de Pie IX, qu'il y voyait la réalisation de son *credo* politique. Il était républicain, non seulement parce qu'il tenait la république pour la meilleure forme de gouvernement, mais encore parce qu'il croyait que vers elle tendaient graduellement toutes les nations, les unes inconsciemment, les autres avec répugnance, mais toutes inévitablement. Il croyait voir s'avancer rapidement le jour où, dans tous les Etats, le peuple s'emparerait du pouvoir; c'est pourquoi il jugeait essentiel, afin que le monde fût bien gouverné, et que le principe d'autorité fût partout respecté, que le peuple fût christianisé. La démocratie lui apparaissait comme une marée montante qu'aucun pouvoir humain ne pouvait arrêter en lui disant : « Jusqu'ici et pas au delà. » Il appartenait aux maîtres de l'Europe — rois, hommes d'Etat ou grands politiques — de décider si ce seraient des flots paisibles qui porteraient le navire social à travers la crise inévitable dans toute transition d'un ordre de choses ancien à un ordre nouveau, — ou bien si un torrent destructeur entraînerait tout dans la ruine et la désolation. Rome était alors menacée par cette marée montante, et quoique Ozanam reconnût le fait, il ne voyait pas encore distinctement jusqu'à quelle profondeur les eaux étaient empoisonnées. D'un côté la Russie, avec le schisme de l'Eglise grecque et la politique envahissante des Czars, marchant opiniâtrement vers Constan-

tinople pour devenir maîtresse de l'Europe orien-
tale, demeurait une perpétuelle menace. D'un
autre côté l'Autriche, puissance hostile, avait,
dès les premiers moments de l'élection du Pontife, travaillé contre lui avec une ardeur jalouse.
Les grands projets de réforme de Pie IX, son attitude ferme et indépendante alarmaient et offen-
saient le cabinet de Vienne, qui se tenait prêt à
saisir le premier prétexte pour susciter des troubles
sur le territoire pontifical, et provoquer des marques de désaffection parmi le peuple. Les sociétés
secrètes enveloppaient le pays tout entier comme
d'un filet, soufflant la haine du christianisme et de
ses représentants ; le Pape, qui émancipait le peuple en lui donnant part au gouvernement de l'État,
en admettant les laïques aux charges publiques, en
proclamant la *Consulta*, en réformant les diverses
branches de l'administration, et cela sans violence,
sans aucune mesure coercitive, le Pape était représenté par les révolutionnaires comme le pire
ennemi, l'ennemi de tout progrès et de toute liberté, l'opprobre de l'Italie, qui jamais ne serait libre
tant qu'elle ne serait point délivrée du Souverain-
Pontificat. Enfin, il y avait encore, pour compliquer
la situation, l'ardent désir manifesté par les agitateurs italiens de chasser les Autrichiens, et l'impossibilité où était le Père des chrétiens d'entreprendre une guerre contre ceux qui, déclarait-il,
« étaient aussi ses enfants. »

Pie IX voyait tout cela, mais sans alarme et

sans défiance. Il aimait son peuple et son pays, plus sincèrement et plus sagement qu'aucun des « patriotes » qui l'accusaient : il voyait les maux qui existaient et ceux qui menaçaient, mais avec l'indomptable courage d'un homme qui cherche ses inspirations plus haut que dans les conseils de ce monde. Ozanam vécut assez pour voir l'échec des nobles et généreux efforts du Pontife : jamais cependant, il ne cessa de croire à la légitimité de la cause et à son succès final. Il ne fut pas de ceux qui, se retournant contre la liberté, la maudissaient comme une vipère qui déchire le sein qui l'a réchauffée ; il ne cessa de penser que Pie IX avait bien fait de lui tendre la main, et de la considérer comme l'appui naturel et puissant de la religion. Le résultat l'affligea, mais ne le troubla point et ne le jeta point dans le désespoir. Même aux plus beaux jours de ce jeune pontificat, il était préparé aux temps mauvais qui devaient suivre. A son retour de Rome, il disait dans une réunion publique :

« Je crois fermement que l'avenir réserve à Pie IX des périls plus sérieux. Je le crois pour la gloire de ce grand Pape. Dieu n'a pas coutume de susciter de tels hommes pour des épreuves ordinaires. Si celui-ci n'avait à triompher que de cet enthousiasme, de cet empressement de la foule, dont si peu de princes ont le bonheur de se plaindre, sa mission semblerait trop facile ; elle tiendrait moins de place dans l'histoire. Sa barque aurait passé sur des eaux bien tranquilles. Attendons-nous aux tempêtes ; mais ne craignons pas, comme les disciples de peu de foi : le Christ est dans la barque et il n'y dort pas : il n'a jamais si bien veillé qu'aujourd'hui. »

Toutefois malgré tout son désir de tenir la balance égale, le plateau s'abaissait visiblement du côté de l'espérance et de l'attente joyeuse.

« La *Consulta*, le décret, la magnifique ovation qu'Ozanam décrit au moment où il va quitter Rome, étaient, à ses yeux, autant de pas de géant sur le chemin de la réforme. Trois députés de chaque ville ne constituaient pas un parlement, mais en étaient le germe, et les hommes sages approuvaient la lente sagacité du Souverain Pontife qui construisait patiemment l'édifice, avançant pas à pas, au lieu d'adopter d'emblée des institutions toute faites, ainsi que le demandaient les radicaux impatients. Les nations voisines contemplaient avec étonnement ces innovations, et, se rappelant les fêtes de la Commune de Paris, prévoyaient que le Pape regretterait bientôt ses concessions. Mais l'histoire était là pour établir un précédent en sa faveur. La *Consulta* avait des racines dans le passé et des analogies évidentes avec une assemblée consultative et législative composée d'ecclésiastiques, fondée quatre siècles auparavant par Nicolas V, et que Pie IX faisait revivre en la sécularisant pour l'adapter aux besoins de son temps. La population romaine justifiait pleinement la confiance qu'il avait mise en elle. C'était un noble spectacle que de voir ce peuple entrant d'un seul bond en pleine liberté, sans la plus légère atteinte à la modération, à la douceur, à la sobriété. Ozanam, qui le contemplait avec les yeux d'un poète et le cœur d'un philosophe chrétien, voyait dans « cette révolution de fleurs et de poésie », ainsi qu'il l'appelait, la réalisation assurée de ses rêves. Derrière les Alpes, il est vrai, l'Europe, accoutumée à des révolutions d'un autre genre, menées avec des armes différentes, regardait avec une surprise non dissimulée ce peuple qui inaugurait sa liberté, non par des barricades et de la poudre à canon, mais par des fêtes fleuries dans le jour et des processions aux flambeaux le soir. Mais, dans un pays où la poésie est le langage spontané de l'émotion populaire, comment ne l'aurait-on pas trouvée à l'aurore de la liberté nationale ?

« Ne méprisons pas ces populations qui marchent vers la liberté à travers des rues enguirlandées de fleurs et ornées de drapeaux, éclatantes de lumières, et résonnant de chœurs de musique et d'hymnes, s'écrie Ozanam. Ne levons point les épaules comme les hommes qui ne croient qu'à la puissance de l'épée. Nous pouvons attendre de grandes choses d'un peuple qui charme ainsi les premières heures de son émancipation ; qui se contente de peu ; qui n'est ni blasé ni fatigué de la vie, parmi lequel on ne s'assassine pas par vanité ou par paresse ; un peuple qui a peu d'expérience, mais beaucoup d'enthousiasme, et qui s'en tient fermement à la foi qui est le vrai principe de l'ordre, et à l'amour, le vrai principe de la liberté. »

Ozanam était convaincu que la force morale d'un pays se mesure à la somme de liberté qu'il est capable de porter sans préjudice pour l'ordre. Le besoin de liberté lui paraissait le signe de la santé nationale ; d'où il suit que là où d'autres voyaient seulement des instincts révolutionnaires qu'il était du devoir de l'autorité de réprimer, il reconnaissait des aspirations salutaires qu'il appartenait au législateur d'éclairer et de diriger. La philosophie de l'histoire, telle qu'il la comprenait, l'avait amené à croire qu'il n'y a ni sens ni valeur dans aucun mouvement de la société humaine, si, à travers les changements et les convulsions, on ne voit pas clairement un progrès sérieux et continu par le christianisme vers la liberté. Cette condition de liberté qu'il jugeait indispensable à la dignité, au bien-être et au bonheur de toute société, il la considérait comme également indispensable à l'Eglise. Il lui était en conséquence impossible d'accepter pour elle la moindre servitude, et il ne supportait pas l'idée qu'un peuple chrétien pût tolérer cette injure, surtout au moment même où il luttait vaillamment pour l'émancipation de sa patrie. Si l'Eglise devenait libre, dans le vrai sens du mot, libre de diriger, de régler et d'enseigner le genre humain, alors toute liberté légitime s'en suivait.

Aussitôt après la semaine Sainte, Ozanam et sa femme quittèrent Rome et revinrent en France en traversant l'Italie. Ils visitèrent tous les sanctuaires qui se trouvèrent sur leur route, Sienne, Bologne, Padoue, etc., et contemplèrent partout les manifestations du génie, étroitement unies aux croyances religieuses. « Il semble, dit

Ozanam, qu'il ait suffi d'ensevelir un saint quelque
part pour que tous les arts vinssent fleurir alentour. » Mais, de tous les sanctuaires qu'ils visitèrent, aucun ne les ravit autant que celui d'Assise, tout parfumé des souvenirs de sainte Claire
et de saint François — ce doux saint François qui
s'était fait l'ami des tourterelles et des bêtes sauvages.

Ils arrivèrent à Venise vers la fin de mai, et rien
de ce qu'Ozanam avait vu jusqu'alors sur cette terre
des merveilles, ne l'avait préparé à la surprise qui
l'attendait là. La nuit tombait. Le long canal par
lequel ils entrèrent dans la ville était éclairé seulement par quelques étoiles et par les fanaux des
gondoles, qui passaient silencieuses et sombres,
dans leurs draperies noires, comme des fantômes
glissant sur les eaux. A mesure qu'ils avançaient,
les Palais se dressaient sur chaque rive, jusqu'au
moment où la gondole s'engagea dans le petit canal qui les mena à leur hôtel. Après un moment
de repos, ils sortirent pour voir la ville, autant
qu'elle pouvait être vue la nuit. Ils furent d'abord
à la Piazza ; elle était inondée de lumières qui
l'agrandissaient jusqu'à l'immensité.

Ozanam déclare qu'il ne voyait point ; il croyait
rêver et s'attendait à ce que le rêve s'évanouît à la
clarté du matin.

« Il était dix heures, on entendait de la musique de tous
côtés, des groupes d'hommes et de jeunes femmes s'arrêtaient sous les portiques, et je commençais à comprendre

tout ce qu'il y avait eu de voluptueux, de dangereux, dans cette vie enchantée des anciens Vénitiens, tout ce qui avait fait le charme de cette cité magique, et tout ce qui en avait fait la perte...

Le jour est venu : dix fois je l'ai vu se lever sur Venise, et dix fois j'ai trouvé que mon rêve n'était pas évanoui. Venise m'a tenu bien plus que je ne m'en étais promis. Aucune église d'Italie, ni celle de Pise, dont j'aimais tant les belles colonnades, ni celle d'Orvieto avec ses bas-reliefs et ses peintures, ni le Dôme de St-Vital de Ravennes, ni les mosaïques de St-Apollinaire, de Ste-Marie-Majeure et de la cathédrale de Montréal ; aucun monument religieux ne m'a paru plus instructif que St-Marc, qui réunit le style de l'Orient et celui de l'Occident, dont les mosaïques savamment disposées contiennent toute l'histoire du christianisme, tandis que les inscriptions qui couvrent ses murailles forment un grand poëme religieux » (1).

Dans cette cité magique où la vie semble un songe, le temps fuyait rapidement pour les voyageurs qui, tantôt en gondole sur les lagunes, tantôt au clair de lune sur le Lido, se laissaient bercer par les vagues de l'Adriatrique, murmurant aux étoiles leur douce mélodie.

Ils rentrèrent en France au commencement de juillet, en passant par la Suisse et la Belgique. La santé d'Ozanam semblait rétablie, et il était impatient de rouvrir son cours dès que les vacances seraient terminées.

(1) Notes de voyage, mai 1847.

CHAPITRE XIX

1848.

A l'automne de 1847, Ozanam, dont la santé était
à peu près rétablie, reprit ses leçons à la Sorbonne
avec un redoublement de zèle.

Son congé n'avait point été une période d'oisiveté, et il était relativement satisfait du résultat de
son travail.

Il écrit en ces termes à M. Foisset :

« Mes deux essais sur Dante et sur les Germains sont pour
moi comme les deux jalons extrêmes d'un travail dont j'ai
déjà fait une partie dans mes leçons publiques, et que je
voudrais reprendre pour le compléter. Ce serait l'histoire
littéraire des temps barbares; l'histoire des lettres, et par
conséquent de la civilisation, depuis la décadence latine et
les premiers commencements du génie chrétien jusqu'à la fin
du treizième siècle. J'en ferais l'objet de mon enseignement
pendant dix ans, s'il le fallait, et si Dieu me prêtait vie ; mes
leçons seraient sténographiées, et formeraient la première
rédaction du volume que je publierais, en les remaniant, à la
fin de chaque année. Cette façon de travailler donnerait à
mes écrits un peu de cette chaleur que je trouve quelquefois
dans ma chaire, et qui m'abandonne trop souvent dans le
cabinet. Elle aurait aussi l'avantage de ménager mes forces
en ne les divisant point, et en ramenant au même but le peu
que je sais et le peu que je puis.

« Le sujet serait admirable, car il s'agit de faire connaître cette longue et laborieuse éducation que l'Eglise donna aux peuples modernes.

« Je commencerais par un volume d'introduction, où j'essaierais de montrer l'état intellectuel du monde à l'avènement du christianisme ; ce que l'Eglise pouvait recueillir de l'héritage de l'antiquité, comment elle le recueillit, par conséquent les origines de l'art chrétien et la science chrétienne, dès le temps des catacombes et des premiers Pères. Tous les voyages que j'ai faits en Italie l'an passé ont été tournés vers ce but.

« Viendrait ensuite le tableau du monde barbare, à peu près comme je l'ai tracé dans le volume qui attend votre jugement ; puis, leur entrée dans la société catholique et, les prodigieux travaux de ces hommes, comme Boëce, comme Isidore de Séville, comme Bède, comme Saint-Boniface, qui ne permirent pas à la nuit de se faire, qui portèrent la lumière d'un bout à l'autre de l'empire envahi, la firent pénétrer chez des peuples restés inaccessibles, et se passèrent de main en main le flambeau jusqu'à Charlemagne. J'aurais à étudier l'œuvre réparatrice de ce grand homme, et à montrer que les lettres, qui n'avaient pas péri avant lui, ne s'éteignirent pas après.

« Je ferais voir tout ce qui se fit de grand en Angleterre, au temps d'Alfred, en Allemagne, sous les Othon, et j'arriverais ainsi à Grégoire VII et aux croisades. Alors j'aurais les trois plus glorieux siècles du Moyen-Age : les théologiens comme Saint-Anselme, Saint-Bernard, Pierre Lombard, Albert-le-Grand, Saint-Thomas, Saint Bonaventure ; les législateurs de l'Eglise et de l'Etat, Grégoire VII, Alexandre III, Innocent III et Innocent IV ; Frédéric II, St-Louis, Alphonse X ; toute la querelle du Sacerdoce et de l'Empire ; les communes, les républiques italiennes ; les chroniqueurs et les historiens ; les universités et la renaissance du droit ; j'aurais toute cette poésie chevaleresque, patrimoine commun de l'Europe latine, et, au-dessous, toutes ces traditions épiques particulières à chaque peuple, et qui sont le commencement des littératures nationales. J'assisterais à la formation des langues modernes, et mon travail s'achèverait par la *Divine Comédie*, le plus grand monument de cette période, qui en est comme l'abrégé et qui en fait la gloire.

« Voilà ce que se propose un homme qui a failli mourir il y dix-huit mois, qui n'est pas encore bien remis, assujetti à toutes sortes de ménagements ; que vous connaissez d'ailleurs plein d'irrésolution et de faiblesses » (1).

L'exécution d'un programme si bien élaboré faillit être arrêtée par des événements qui forment l'un des chapitres les plus importants de l'histoire contemporaine, et au milieu desquels Ozanam fut appelé à jouer un rôle. La révolution de février 1848 était au moment d'éclater, apportant avec elle de graves leçons et bien des avertissements salutaires pour quiconque était capable de les entendre, au milieu de la terreur et du désarroi causés par l'explosion. En France, les révolutions sont comme la mort : de si loin qu'elles aient été appréhendées, elles sont toujours soudaines et imprévues. L'attention d'Ozanam s'était fort peu portée sur la politique ; l'étude du passé absorbait tellement son temps et ses pensées, qu'il lui restait bien peu de loisirs pour s'occuper du présent, si ce n'est dans la sphère où se mouvait sa charité. Mais son esprit était trop philosophique, il avait la vision trop claire et trop pénétrante des choses du moment, pour ne pas discerner les symptômes précurseurs qui se manifestaient autour de lui. Il répétait sou-

(1) Lettre à M. Foisset, 26 janvier 1848.

vent qu'il n'était point un politique, qu'il n'était
pas et ne serait jamais « *un des hommes de la situation* »; et, dans un sens, il avait raison. Cependant
il était vraiment un politique en cet autre sens
qu'il jugeait les faits en philosophe chrétien, fermement attaché aux grands principes de morale,
d'après lesquels doivent se régler les gouverne-
ments. Selon lui, c'était la question sociale, bien
plus que la question politique, qui devait surtout
fixer l'attention et provoquer les efforts des hommes publics de France; aussi regrettait-il souvent
que des personnages tels que M. de Montalembert,
par exemple, se dévouassent à la politique pure, au
lieu de travailler exclusivement à la solution des
problèmes sociaux qui étaient alors et sont encore
aujourd'hui, en France, la racine de toutes les révolutions. Sa politique à lui consistait à éloigner
ces révolutions, à les prévenir, par la charité, par la
diffusion des idées catholiques, par l'abaissement
des barrières qui séparent les différentes classes et
qui engendrent de part et d'autre le malentendu,
l'ignorance, l'envie et le ressentiment. C'était là le
résultat qu'il avait poursuivi dès les commencements de la société de Saint-Vincent de Paul. Il
entendait que son action se bornât au soulagement du pauvre et à son amélioration morale:
« Une lutte se prépare entre les classes diffé-
« rentes de la société, et menace d'être terrible »,
dit-il, dans une lettre déjà citée; « il faut nous pré-
« cipiter entre les rangs ennemis, pour amortir

« du moins le choc, si nous ne pouvons l'éviter ».

En 1836, il écrivait à son ami Lallier :

« Si la question qui agite aujourd'hui le monde autour de nous n'est ni une question de personnes ni une question de *formes politiques*, mais une question *sociale* ; si c'est la lutte de ceux qui n'ont rien et de ceux qui ont trop ; si c'est le choc violent de l'opulence et de la pauvreté qui fait trembler le sol sous nos pas, notre devoir à nous chrétiens, est de nous interposer entre ces ennemis irréconciliables, et de faire que les uns se dépouillent comme pour l'accomplissement d'une loi, et que les autres reçoivent comme un bienfait ; que les uns cessent d'exiger et les autres de refuser ; que l'égalité s'opère autant qu'elle est possible parmi les hommes ; que la communauté volontaire remplace l'impôt et l'emprunt forcés ; que la charité fasse ce que la justice seule ne saurait faire (1) ».

Il demeura fidèle toute sa vie à ce *credo* politique. Douze ans plus tard, au moment même de ce « choc violent » que sa sagacité lui faisait entrevoir, on l'entend répéter encore, comme aux jours où il était étudiant : « C'est une question sociale ; christianisez le peuple, et vous mettrez fin aux révolutions ».

Peu après son retour à Paris, Ozanam fit au cercle catholique un discours dans lequel il décrivait ce dont il avait été témoin dans la ville éternelle, l'attitude du Pape, l'immense effet de sa politique sur la population romaine, et le mélange de craintes et d'espérances qu'i remplissait la ville et le monde. Ce discours, apologie enthousiaste de la révolution pacifique accomplie

(1) Lettre à M. Lallier, Lyon, 3 novembre 1836.

par la politique libérale du souverain Pontife, se terminait par ces mots : « *Passons aux barbares ! Suivons Pie IX !* » Divers organes de la presse accueillirent cette expression par des cris de fureur, et une controverse animée s'ensuivit. Il n'y prit point de part, et se contenta d'expliquer à quelques-uns de ses amis, dans des lettres intimes, le véritable sens de la phrase mal interprétée. Cette phrase, dans sa pensée, signifiait que Pie IX était en train d'accomplir ce que le parti libéral du monde entier avait préparé et attendu depuis près d'un quart de siècle, et qu'il importait aux catholiques de se joindre à ce mouvement et de suivre le Pape, en passant avec lui du côté des « barbares » c'est-à-dire « en abandonnant le camp des monar-
« ques et des hommes d'État pour aller au peuple
« et l'entraîner vers l'Église. »

Le « camp des monarques » était peut-être trop identifié, dans l'esprit d'Ozanam, avec le « *Grand Roi* » qu'on peut considérer comme le dernier de la France, celui dans la personne duquel le prestige monarchique eut sa plus haute expression. Louis XIV déifia la monarchie pendant un demi-siècle, mais, par là même il donna le signal de sa chute et sonna le glas des libertés nationales. Bientôt la royauté et la liberté périrent ensemble ; l'absolutisme des Rois conduisit à l'absolutisme des démocrates et le trône fût remplacé par l'échafaud.

Ozanam qui, ne cessait d'étudier le présent à la

lumière du passé, méditait souvent sur ce terrible
jeu de bascule entre le despotisme et le commu-
nisme. Il n'y voyait d'autre remède que la diffusion de l'esprit chrétien au sein du peuple, qui deviendrait par là capable de se conduire lui-même
et d'échapper pour toujours aux instabilités de
l'avenir.

« Ne craignez pas que je prenne le goût de la politique,
écrit-il à M. Foisset. Le temps me dure de retrouver assez de
force pour reprendre le dessein dont je vous parlais. Je
louerai Dieu, s'il me donne de pouvoir ensevelir ma vie dans
ces chères études. Il faudra bien le louer aussi, quand il me
condamnerait à ne travailler, comme à présent, que par des
intervalles et avec de pénibles ménagements. »

Ces lignes étaient écrites le 22 février. La révolution éclatait le 24.

L'excitation générale, l'explosion terrible des
forces destructives, la confusion bruyante et universelle qui sort de ces crises périodiques, sont
bien de nature à faire perdre toute présence d'esprit aux hommes les plus calmes. Les plus flegma-
tiques d'entre les politiques fuient souvent devant
l'orage ; les réformateurs n'ont plus foi en leurs
théories les plus chères, et les abandonnent : Ozanam, lui, ne cessa jamais de croire aux siennes.

Au moment où la tempête se déchaîna, il s'y attacha plus fortement que jamais, essayant de faire
entendre sa voix au milieu du bruit de l'orage,
s'efforçant de sauver le vaisseau, et de l'empêcher
de courir à un naufrage complet et irréparable.

Il revêtit l'uniforme de la garde nationale et prit rang au poste du péril avec tous les bons citoyens. Mais là n'était pas sa vraie place. Il le savait et le répétait à ceux qui, ne considérant que sa haute valeur et son influence personnelle, caressaient l'espoir de le voir devenir un des chefs politiques du nouvel ordre de choses.

« Vous avez bien tort, mon cher ami, » écrit-il à M. Foisset en réponse aux instances que celui-ci lui adressait à ce sujet, « de me croire l'un des hommes de la situation. Jamais je n'ai mieux senti ma faiblesse et mon incompétence. Je suis moins préparé que tout autre aux questions qui vont occuper les esprits, je veux dire à ces questions de travail, de salaire, d'industrie, d'économie, plus considérables que toutes les controverses politiques. L'histoire même des révolutions modernes m'est à peu près étrangère. Je m'étais renfermé avec une sorte de prédilection dans ce moyen-âge que j'étudiais passionément ; et c'est là que je crois avoir trouvé le peu de lumière qui me reste dans l'obscurité des circonstances présentes. Je ne suis pas homme d'action, je ne suis né ni pour la tribune, ni pour la place publique. Si je puis quelque chose, et bien peu de chose, c'est dans ma chaire ; c'est peut-être dans le recueillement d'une bibliothèque, c'est tout au plus de tirer de la philosophie chrétienne, de l'histoire des temps chrétiens, une suite d'idée que je puisse proposer aux jeunes gens, aux esprits troublés et incertains, pour les rassurer, les ranimer, les rallier, au milieu de la confusion du présent et des incertitudes formidables de l'avenir.

« Je ne sais si je m'abuse, mais il me semble que ce plan de Dieu, dont nous apercevions les premières traces, se déroule plus rapidement que nous n'avions cru, que les événements de Vienne achèvent d'expliquer ceux de Paris et de Rome, et qu'on entend déjà la voix qui dit : *Ecce facio cœlos novos et terram novam !* Depuis la chute de l'Empire Romain, le monde n'a pas vu de révolution pareille à celle-ci. Je crois encore à l'invasion des Barbares, mais jusqu'ici j'y vois plus de Francs et de Goths que de Huns et de Vandales. Enfin je crois à l'émancipation des nationalités opprimées, et plus que jamais j'admire la mission de Pie IX, suscitée si à propos pour l'Italie et pour le monde. En un mot, je ne me dissimule ni les périls du temps, ni la dureté des cœurs; je m'attends à voir beaucoup de misère, de désordre et peut-être de pillages, une longue éclipse pour les lettres auxquelles j'avais voué ma vie. Je crois que nous pouvons être broyés, mais que ce sera sous le char de triomphe du christianisme » (1).

C'est ainsi qu'il philosophait avec le plus grand calme sur le présent et sur l'avenir, le 15 mars, c'est-à-dire quand la Révolution était dans toute sa violence, trois semaines seulement après l'explosion.

Le nom d'Ozanam fut tout d'abord inscrit sur plusieurs listes de candidats aux élections; mais il déclina cet honneur. Une part quelconque, même passive, dans le gouvernement, entraînait une responsabilité grave, et il ne se reconnaissait aucun droit à l'assumer. Peut-être toutefois se serait-il laissé persuader; mais, sachant mieux que personne quelles étaient les forces dont les Catholiques pouvaient disposer, il demeurait convaincu qu'ils n'étaient pas en état de triompher à eux seuls.

« Ce que nous avons de mieux à faire, disait-il, c'est de porter nos suffrages sur des candidats républicains qui partagent

(1) Lettre à M. Foisset, Paris, 22 mars 1848.

notre foi, ou qui offrent des garanties sérieuses pour notre liberté. » Mais à la fin de la lettre il ajoute : « Au moment même de terminer cette lettre, je reçois de Lyon des propositions très instantes pour me laisser mettre sur une liste de candidats. On m'assure que la division des partis et des suffrages sera si grande, que j'aurais chance de réunir un nombre suffisant de voix. D'un autre côté, je ne suis pas bien robuste de santé pour affronter les orages de l'Assemblée Nationale. Mes habitudes de parole ne s'accommodent guère avec la tribune où il faudrait monter. Mes amis d'ici sont partagés. Plusieurs me conseillent d'attendre l'assemblée suivante. Qu'en pensez-vous ? Si vous me répondez courrier par courrier, votre lettre peut encore m'arriver avant que j'écrive à Lyon ; car je n'écrirai que samedi. Je suis dans une perplexité douloureuse. »

Nous ignorons quelle fût la réponse de M. Foisset ; mais Ozanam céda et se laissa mettre sur les rangs. Sa candidature, annoncée quatre jours avant l'élection, réunit 16,000 voix. Le chiffre était insuffisant et il conserva sa liberté sans se considérer cependant comme dispensé d'intervenir, au moins indirectement, dans le travail législatif qui s'élaborait alors. C'était, il le sentait trop bien, le devoir strict de tout citoyen intelligent et patriote. Il n'était pas appelé à prendre part aux combats qui se livraient alors à la Chambre, mais il allait descendre dans une autre arène, où la voix de ceux qui défendent la vérité et toutes les nobles causes, peut trouver un écho puissant et retentissant.

« Toute la part que je prendrai à la vie politique, à laquelle personne ne peut s'arracher aujourd'hui, se réduira, écrit-il, au peu que je ferai pour l'*Ere Nouvelle*, qui paraît décidément le 15 avril. »

CHAPITRE XX

1848-1849.

Ainsi que nous l'avons dit, les débuts d'Ozaman dans le journalisme dataient de l'année 1832, alors que, jeune étudiant, il écrivait pour la *Tribune Catholique*, et versait ses modestes droits d'auteurs à la quête hebdomadaire de la société de Saint-Vincent-de-Paul.

Mais en même temps il écrivait dans une publication mensuelle nommée la *Revue Européenne*, qui ne vivait que par sa propre énergie et le talent de ses jeunes collaborateurs : MM. le Cte de Carné, de Cazalès, le C^ta Frantz de Champagny, le Dr Gouraud, l'abbé Gerbet.

Les deux publications faisaient, quoique dans un rang bien différent, leur œuvre, à cette époque ; mais plusieurs causes en restreignaient la portée.

D'abord, l'argent manquait ; de plus, l'apathie des catholiques français était alors, comme toujours, désastreuse pour toute entreprise de ce genre. Le concours qu'un grand nombre d'entre eux auraient si facilement pu donner, faisait complètement défaut, soit qu'ils demeurassent indifférents, soit qu'ils ne comprissent point de quelle utilité la Presse pouvait être pour leur parti. Enfin, la récente catastrophe de l'*Avenir* avait laissé dans les esprits une impression profonde, et paralysait ce qui pouvait subsister de vitalité ou d'esprit d'initiative. L'*Avenir* avait ouvert la voie aux controverses religieuses et fixé, pour un instant, l'attention de la France, nous pourrions dire de la Chrétienté, sur les intérêts de la cause. Mais le météore qui d'abord avait jeté tant d'éclat, s'était évanoui soudain, ne laissant qu'une trace sombre sur les eaux naguère éclairées d'une si radieuse lumière.

Le génie de M. de Lamennais avait élevé très haut le drapeau des catholiques, et, avec le concours de Lacordaire et de Montalembert, attiré l'attention des Français sur leurs légitimes revendications. Le public avait assisté à cette passe d'armes, comme à un tournoi de chevaliers, ébloui et ravi, alors même qu'il ne partageait pas les idées des combattants. Mais tout ce grand mouvement avait depuis longtemps cessé. Pour avoir poussé trop loin leurs prouesses, les chevaliers avaient dû déposer les armes. Il s'en était suivi une réaction de timidité et d'inertie et personne ne songeait à rouvrir la lice, qui avait été close si tristement.

Le pays était encore sous le coup de cette émotion, quand Ozanam fit briller sa jeune épée sur le modeste champ de bataille de la *Tribune Catholique*. Mais il jugea bientôt que la carrière était trop restreinte. Si peu d'expérience qu'il eût encore, il comprenait l'immense intérêt qu'auraient les catholiques à posséder en propre un organe important. Il ne cessait de déplorer l'erreur politique de ceux qui mettaient la Religion hors de cause, comme si elle était uniquement une question d'intérêt privé ; tandis qu'en en faisant une question d'intérêt public, on pouvait créer un parti assez puissant pour être d'un grand poids dans l'Etat et forcer le gouvernement à compter avec lui. De 1832 à 1833, on soutint en toute occasion la nécessité de constituer en un corps public les catholiques militants, mais ceux-ci recevaient avec indifférence cette suggestion, et n'y faisaient aucune réponse. On essayait aussi de leur démontrer, sans beaucoup plus de succès, l'urgence qu'il y avait à fonder un journal catholique quotidien. Toutefois ce dernier projet était au moment de se réaliser, grâce à un concours absolument inattendu.

Dans l'automne de 1833, un prêtre nommé l'abbé Migne, vint à Paris avec l'idée de fonder un journal catholique. Il n'avait pas d'argent ; mais cet obstacle ne le décourageait pas. C'était un de ces hommes doués d'une foi indomptable dans le succès de leurs idées, et possédant l'énergie qui supplée à tout (1). Or à ce moment-là, précisément, un de ses

(1) L'abbé Migne avait une grande imprimerie à Montrouge, où il a publié à très bas prix les Pères de l'Eglise latine et de l'Eglise grecque. Les bibliothèques des couvents ayant été détruites pendant la Révolution, le clergé français était privé de ces livres. Ç'a été un bienfait immense de les lui rendre.

amis, M. de la Tuilerie, qui l'avait accompagné à Paris, hérita d'une somme de 35,000 francs, et ne crut pas pouvoir faire un meilleur usage de ce legs, que de le consacrer à la fondation d'une feuille religieuse quotidienne. Il mit l'argent à la disposition de l'abbé Migne qui de son côté vint trouver M. Bailly et lui demanda conseil sur la manière de lancer la chose. Celui-ci lui proposa immédiatement de prendre la *Tribune Catholique*, pour l'agrandir et l'améliorer, plutôt que de fonder un nouveau journal.

Prenez mon ours, dit-il, appuyant ses arguments de ce dicton familier, prenez la *Tribune Catholique*, avec le petit groupe de ses collaborateurs zélés, et faites-la paraître tous les jours, sous un autre nom. Cela vaudra mieux que de chercher un nouveau terrain, de bâtir avec rien et de diviser les forces. »

L'abbé Migne accepta cette offre ; la *Tribune Catholique* disparut et le lendemain paraissait l'*Univers*.

Depuis la suppression de l'*Avenir*, l'abbé Gerbet s'était tenu dans l'obscurité, donnant des leçons, écrivant dans la *Revue européenne* et dans l'*Université Catholique*. Il était alors à Paris ; on lui proposa d'écrire pour le nouveau journal une série d'articles, qui seraient signés par l'abbé Migne, afin de ne point faire croire, par la révélation du nom de l'écrivain, à une couleur que les rédacteurs n'avaient point l'intention d'adopter. M. Gerbet accepta avec empressement, et, le 1ᵉʳ novembre 1833, le premier numéro de l'*Univers* parut, avec un article de fond sur *La Toussaint*, dont la beauté lyrique prit tout Paris d'assaut. L'article était signé « *Migne, fondateur, administrateur, directeur* », et dès le premier jour, fit un nom à cet « abbé de province qui écrivait comme Fénélon », et attirait la curiosité générale sur son journal. M. Gerbet continua pendant quelque temps à écrire sans signature, comme il était d'usage alors, et soutint le succès des débuts.

En même temps, Ozanam continuait la publication de ses articles, avec un zèle infatigable et un talent mûri par la pratique. Il traitait spécialement les questions de philosophie et d'histoire, tirait de ces sciences des moyens de défense pour la doctrine catholique, et inaugurait un genre de controverse religieuse calme et logique, qui ne valait pas moins par sa force que par sa nouveauté. La modération dans la polémique avait été, en effet, jusqu'alors presque inconnue dans le journalisme français.

Ozanam eut toujours foi dans la puissance de la presse comme arme au service du catholicisme, surtout en France, où elle exerce une action si vive sur des esprits particulièrement nerveux et impressionnables. Aussi, quand la révolution de février éclata, ne vit-il pas de barrière plus efficace contre le flot révolutionnaire et socialiste, que l'influence d'une presse éclairée. Cette conviction l'amena à créér, avec la coopération du Père Lacordaire, un journal appelé l'*Ere Nouvelle*, organe de la démocratie catholique, dont la mission devait être de réconcilier les catholiques avec République.

Il fallait en attendant, un courage aussi solidement appuyé sur les vérités surnaturelles que celui d'Ozanam, pour rester calme, tant que dura la tourmente. Une émeute à Lille lui causa quelque inquiétude pour la sûreté de son frère ; mais cette anxiété toute personnelle ne détourna point son attention des évènements, et ne lui fit point mettre de côté ses préoccupations patriotiques.

« Nous voudrions que les ouvriers de Lille et de Lyon, s'écrie-t-il, imitassent la sagesse et la modération de leurs frères de Paris ! Voilà sept semaines que cette grande et opulente ville n'a ni gouvernement, ni police régulière ; et cependant on n'entend pas parler plus qu'auparavant ni de vol, ni de meurtre, ni de désordre grave. Ne croyez pas les mal intentionnés qui vont semant des fables absurdes : rien de tout cela n'est vrai et rien n'est plus contraire aux dispositions du peuple de Paris, qui cherche toutes les occasions de témoigner son respect pour la religion, sa sympathie pour le clergé. Mon ami l'abbé Chéruel, qui a béni treize arbres de la liberté est encore tout ému des preuves de foi qu'il a trouvées dans cette foule où, depuis 1815, on habituait le prêtre à ne voir que des ennemis de Dieu et de l'Église. Occupe-toi toujours des domestiques autant que des maîtres, et des ouvriers comme des riches ; c'est désormais la seule voie de salut pour l'Église de France (1) ».

La confiance extraordinaire dont Ozanam faisait

(1) Lettre à son frère, 21 avril 1848.

alors preuve était d'autant plus frappante, qu'elle
contrastait davantage avec l'anxiété nerveuse et
presque maladive qui lui était habituelle. Cela tenait à ce que, dans une crise nationale, sa personnalité disparaissait en quelque sorte. Il ne songeait
plus à lui et ne mesurait pas les chances d'après
l'appui qu'il pouvait personnellement donner à la
cause qui lui était si chère. Il se considérait seulement comme une unité dans ce grand tout que
forme la France ; et sa confiance en son pays, en sa
vitalité, sa vigueur morale, son énergie, son intelligence, et son élan, n'étaient surpassés que par sa
confiance en Dieu. La crainte, il ne savait pas ce
que c'était et ce courage, heureusement, était
partagé par sa femme. « Grâce à Dieu ! Amélie est
courageuse », dit-il à un intime ami, qu'il tient au
courant de leur position pendant les troubles ; et
il se félicite souvent lui-même de trouver une force,
et non un obstacle, dans sa présence auprès de lui.

« Amélie a rassuré tes inquiétudes », écrit-il encore à
l'abbé Ozanam ; « elle t'a dit que nous étions sains et saufs
quoique nous ayons eu des craintes pour Charles Soulacroix
qui est allé trois fois au feu. Pour moi, mon peloton a été
retenu presque tout le temps au coin de la rue Garancière
et de la rue Palatine, puis au coin de la rue Madame et de la
rue de Fleurus. Nous avons eu bien des alarmes, des coups
de fusil dans le voisinage et de mauvaises patrouilles à faire
sur les boulevards ; mais, grâce à Dieu, nous n'avons pas
brûlé une amorce. Ma conscience était en règle, et je n'aurais
pas reculé devant le péril. Cependant je dois avouer que
c'est un terrible moment que celui où l'on embrasse sa

femme et son enfant en pensant que c'est peut-être pour la dernière fois (1). »

Ozanam fit l'expérience de ce « terrible moment » dans des circonstances particulièrement intéressantes (2).

« Le dimanche matin, le 25 juin, il montait la garde avec M. Cornudet et M. Bailly, à un poste de la rue Madame : Tous trois s'entretenaient des sinistres perspectives que la prolongation de la lutte faisait entrevoir, lorsqu'il leur vint à la pensée que la médiation de l'archevêque de Paris pourrait être très efficace, et qu'il deviendrait peut-être, s'il consentait à intervenir, le pacificateur de cette désastreuse guerre. Aussitôt ils allèrent communiquer cette pensée à l'abbé Buquet, vicaire général, qui était alors auprès du lit de mort de sa mère, dans une maison voisine de celle d'Ozanam. Celui-ci approuva chaudement l'idée, et leur donna une lettre contenue dans une grande enveloppe officielle, qui devait, au besoin, leur servir de laisser-passer et les aider à franchir les barricades pour pénétrer jusqu'à l'Archevêché. Il était midi, quand Ozanam rentra chez lui, et annonça à sa femme la mission dont il était chargé.

Partout on était maître de l'insurrection, excepté dans le faubourg Saint-Antoine, où le combat continuait aussi acharné que jamais. C'était le quartier

(1) Lettre à son frère, 3 juillet 1848.
(2) Ce récit est extrait des Notes qui accompagnent les *Lettres* d'Ozanam, T. II, page 214.

des fabriques, des ouvriers, des artisans, et, tant
qu'il résisterait, il n'y avait point à espérer de voir
le calme rentrer dans les esprits. Si l'archevêque
de Paris tendait aux rebelles la branche d'olivier,
et si ceux-ci l'acceptaient, ne serait-ce pas, non
seulement un immense bonheur pour tous, mais
aussi un glorieux triomphe pour l'Église ?

Les trois amis se rendirent donc auprès de l'archevêque. Après avoir écouté le motif de leur visite,
le prélat leur dit avec simplicité : « Depuis hier je
« suis poursuivi de la même idée ; mais comment
« cela pourrait-il se faire ? Comment arriver jus
« qu'aux insurgés ? Le général Cavaignac approu
« verait-il la chose ? Et où pourrait-on le trou
« ver ? » Les visiteurs répondirent à toutes ces
objections, et assurèrent Sa Grandeur qu'elle serait
accueillie, avec respect, sur toute sa route, par la
population : « Très bien, répliqua l'archevêque ;
« je ne prends que le temps de passer une soutane
« courte, afin de n'être point remarqué et vous me
« montrerez le chemin ».

Au moment où Sa Grandeur quittait la chambre,
un prêtre entra précipitamment, apportant des détails effrayants sur les scènes dont il venait d'être
témoin. Monseigneur Affre écouta avec quelque
émotion, sans toutefois que sa résolution fléchît.
En quelques minutes, il fût prêt ; mais les trois
laïques, comme inspirés par le pressentiment du
triomphe qui l'attendait, suggérèrent la pensée
qu'il serait mieux qu'il revêtit la soutane violette,

et laissât visible sur sa poitrine la croix archiépis-
copale. L'archevêque répondit avec la même simplicité : « Vous croyez que ce serait mieux ? Bien ;
« je vais donc mettre ma soutane violette ».

Le peuple ne démentit point la promesse faite par
Ozanam et ses amis. Rien ne peut exprimer la vénération, l'enthousiasme avec lesquels l'archevêque
fût accueilli sur son chemin à travers les rues. De
l'Ile Saint-Louis à l'Assemblée Nationale, ce fut une
marche triomphale : les troupes, la garde nationale,
la garde mobile présentaient les armes et battaient
aux champs ; les hommes se découvraient ; les
femmes et les enfants s'agenouillaient. Spectacle
émouvant que cet hommage unanime et spontané !
Il semblait qu'on devinât quel puissant motif
poussait le prélat à apparaître ainsi au milieu d'une
multitude en armes.

Le général Cavaignac reçut l'archevêque avec
toutes les marques de l'admiration et du respect ; il
lui remit une proclamation aux insurgés, et une
promesse d'amnistie, s'ils déposaient les armes. En
même temps, il l'avertit du danger qu'il allait courir : il lui dit que le général Bréa, qui avait été
envoyé avec un drapeau de paix, venait d'être pris
par les insurgés. L'archevêque écouta sans la
moindre émotion, et laissa le général, ainsi que
tous les témoins de cette scène, profondément
émus devant la simplicité avec laquelle il répondit :
« J'irai ».

Ozanam ne pouvait se reporter à cet épisode si

cruel pour lui, sans parler avec admiration de la tranquillité extraordinaire, du sang-froid allant presque jusqu'à l'indifférence, que Mgr Affre montra depuis le commencement jusqu'à la fin. Point d'enthousiasme ; point de cette exaltation qui accompagne souvent l'accomplissement d'un acte héroïque ; il allait simplement remplir ce qu'il croyait être son devoir, et il le remplissait avec une perception très nette du danger qu'il allait courir. En quittant la résidence du général Cavaignac, il témoigna à Ozanam et à ses amis le désir formel de retourner seul chez lui. Ceux-ci protestèrent tout d'abord ; mais, le voyant déterminé, ils feignirent de se rendre à son désir et le saluèrent, tout en continuant à le suivre à une petite distance. L'archevêque les devina et, arrivé au pont des Saints-Pères, se retourna vers eux, et leur enjoignit de le quitter. Leur uniforme de gardes nationaux, ajouta-t-il, leur donnait une apparence d'escorte, qui, dans les circonstances présentes, pouvait compromettre le succès de sa mission. Ils se rendirent à cet argument et prirent congé de lui, mais avec tristesse et avec anxiété. Ce n'est pas qu'ils eussent le pressentiment du terrible danger que courait l'archevêque, mais ils pensaient que leur présence serait un appui moral, et ils ne pouvaient se décider à le laisser seul.

Mgr Affre retourna donc à son palais, rencontrant, partout où il était reconnu, les mêmes démonstrations sympathiques. En arrivant chez lui, fatigué par cette longue marche, il accepta quelques rafraîchissements et se laissa persuader de prendre un peu de repos. Puis il se confessa, comme un homme qui se prépare à la mort, laissa quelques directions écrites, et partit pour le faubourg St-Antoine accompagné par ses vicaires généraux MM. Jacquemet et Ravinet. Pendant la route, il commentait le texte : « Le bon pasteur donne sa vie pour ses brebis, » poursuivant sa marche toujours avec le même calme d'esprit, comme s'il faisait une promenade ordinaire. Nous savons la fin — comment la branche d'olivier se transforma en palme, et comment, pour le bon pasteur, la mission de paix devint le martyre. Comme on approchait de la place de la Bastille, un jeune homme, nommé Brechemin, qui les suivait depuis quelque temps, attacha son mouchoir à une branche d'arbre et s'avança, en l'élevant devant lui, jusqu'à la première barricade. L'archevêque sans attendre le retour du parlementaire, pénétra derrière cette barricade par une boutique à deux issues qui faisait le coin de la rue du faubourg St-Antoine. Il tenait à la main la promesse de grâce, et commençait à parler aux insurgés, lorsqu'un coup de fusil partit d'une fenêtre juste au-dessus de lui. Il tomba à la renverse, blessé à mort, et s'écria en tombant : « Puisse mon sang être le dernier versé ! »

Il était à peu près sept heures du soir ; mais en raison du désordre et de l'agitation qui suivirent, l'évènement ne fut connu dans la ville que le lendemain. La nouvelle fut accueillie par un cri universel d'épouvante, d'horreur et de douleur. Comme on le peut imaginer, elle provoqua chez Ozanam et ses deux amis, un sentiment d'inexprimable affliction, mêlé d'abord de douloureux remords. Ce fut seulement quand l'orage fut dissipé qu'ils purent donner aux évènements leurs proportions véritables, et se consoler de la part involontaire qu'ils avaient eue dans la catastrophe. Il est plus que probable que, s'ils n'eussent point été trouver l'archevêque, celui-ci aurait agi sous l'inspiration personnelle qui, il le leur avait dit, le poursuivait depuis la veille, et conquis sa couronne dans d'autres circonstances. Sa prière fut exaucée. Sa mort sembla être le dernier coup porté à l'insurrection, et son sang fut, à ce que nous croyons, le dernier répandu dans cette phase de la guerre fratricide; car ce n'était pas un simple tumulte révolutionnaire, une émeute, mais, ainsi que le disait Ozanam, « une guerre civile, c'est-à-dire la « plus implacable des guerres, qui n'attend qu'une « occasion nouvelle pour éclater de nouveau. »

Ozanam était déçu, mais point découragé, par les résultats de la révolution.

« Vous savez, écrit-il à M. Foisset, le 24 septembre 1848, que j'ai toujours appartenu à ce que M. Lenormant appelle le *parti de la confiance*, j'ai cru, je crois encore à la possibilité de la démocratie chrétienne; je ne crois même à rien autre en matière de politique; j'ai laissé déborder encore le trop plein de mon cœur dans un article « *aux gens de bien*, » que vous avez peut-être lu ». Cet article que nous avons déjà cité, se termine ainsi: « Gardez-vous enfin, car c'est le péril des âmes honnêtes et des cœurs haut placés, gardez-vous de désespérer de votre siècle, arrachez-vous à ces découragements qui renoncent à rien entreprendre quand ils assistent, disent-ils, à la décadence de la France et de la civilisation, et qui, à force d'annoncer la ruine prochaine d'un pays, finissent par la précipiter. » (1).

Ce n'était pas en effet le moment de se décourager, mais, au contraire, de redoubler d'énergie.

Le chômage, mal si redoutable pour un gouvernement, régnait en maître dans tout le pays, dans les villes manufacturières comme dans les campagnes, défiant tous les efforts, et accumulant les désastres au point de justifier toutes les craintes des pessimistes, et d'expliquer cette touchante exclamation d'une sœur de charité disant à Ozanam : « Oh! oui, je crains la mort, mais pas autant certes, que je crains l'hiver prochain ! »

Ozanam était infatigable dans ses efforts pour faire partager cette crainte à tous ceux qui pouvaient l'aider à conjurer le mal, et renouvelait chaque jour les avertissements, les appels, les projets et les adjurations, dans les colonnes de l'*Ere Nouvelle*.

« Le journal me prend dans ce moment-ci la plus grande partie du temps que me laissent les examens ; écrit-il à son frère le 3 juillet. Depuis dix jours, j'y ai fait cinq articles.

(1) OEuvres complètes, *Ère nouvelle*, T. VIII, p. 279.

Il est vrai qu'au milieu de l'agitation des événements, je ne serais capable d'aucun autre travail. Nous avons d'ailleurs la consolation de faire quelque bien, car, dans les rues de Paris, on a vendu jusqu'à huit mille exemplaires par jour ».

Il avait entrepris une sorte de croisade contre le découragement, et la popularité que l'*Ere Nouvelle* rencontrait dans tous les rangs de la société comme dans tous les partis, montrait que les plus profondes sympathies du public étaient avec lui, et que le peuple répondait de tout cœur à sa propagande de l'espérance. Il ne se bornait pas à signaler le mal ; son but principal était d'en montrer les causes essentielles, et d'y apporter ainsi un remède efficace. Il croyait qu'on pouvait faire beaucoup pour la société en améliorant les conditions de son existence, mais sans prétendre surtout les renverser violemment.

« Cependant nous déclarons, écrit-il, qu'on n'aura rien fait tant qu'on ne sera pas allé chercher, non au dehors, mais au dedans les causes de la félicité de l'homme et les principes ennemis de son repos, tant que nous n'aurons pas porté la lumière et la réforme dans ces désordres intérieurs que le temps ne répare pas, plus incurables que les maladies, plus durables que les *chômages*, et qui multiplieront encore les indigents longtemps après que l'herbe des cimetières aura couvert les dernières traces de la guerre civile.

« Dieu ne fait pas de pauvres ; il n'envoie pas de créatures humaines dans les hasards de ce monde, sans les pourvoir de ces deux richesses qui sont les premières de toutes, je veux dire l'intelligence et la volonté...

« Pourquoi donc taire au peuple ce qu'il sait, et le flatter comme les mauvais rois ? C'est la liberté humaine qui fait

les pauvres ; c'est elle qui tarit ces deux sources primitives
de toute richesse, l'intelligence et la volonté, en laissant
l'intelligence s'éteindre dans l'ignorance, la volonté s'affaiblir par l'inconduite. Les ouvriers le savent mieux que
nous...

« A Dieu ne plaise que nous pensions calomnier ceux que
l'Evangile bénit, rendre les classes souffrantes responsables
de leurs maux et servir l'insensibilté des mauvais cœurs qui
se croient dispensés de secourir le pauvre quand ils ont établi ses torts !... De ces trois passions qui sont la ruine des
mœurs populaires, le jeu, le vin et les femmes, la société
française a proscrit la première, et c'est son honneur d'avoir
fermé les bureaux de loterie et les maisons de jeu de la même
main dont elle ouvrait les *Caisses d'épargne*... Nous avons
des impôts écrasants sur le sel, sur la viande et toutes les
consommations nécessaires, et jamais nous n'avons trouvé
dans l'arsenal de nos lois fiscales le secret d'arrêter la mul-
tiplication des distilleries, de hausser le prix des spiritueux,
de décourager le commerce de ces liqueurs détestables, alté-
rées, sophistiquées, qui font plus de malades que toutes les
rigueurs des saisons, et plus de coupables que toute l'injustice
des hommes. Quelles réformes a-t-on introduites dans les
plaisirs publics, chez cette population de Paris, si éprise de
plaisirs, et qui se laisserait mener au bout du monde, non
pas avec du pain, comme on l'a dit, mais avec des fêtes ?
Quel pouvoir a songé à ce puissant moyen d'enseignement
que l'antiquité, que l'Eglise ne dédaigna jamais ? L'hiver
dernier, la préfecture de police délivra *quatre mille permis-*
sions de bals nocturnes ! Elle ne met plus de terme à ces divertissements insalubres que le bon sens de nos pères resser-
rait du moins dans les six semaines du Carnaval. Chaque année, elle autorise l'ouverture d'un nouveau théâtre, dans
quelque misérable rue des faubourgs, où l'on jette aux fils
du peuple et à ses filles l'écume d'une littérature dont le cy-
nisme révolterait la chasteté du parterre de l'Opéra. Et,
quand, pendant six mois, la jeunesse des classes laborieuses

a prolongé ses soirées et passé ses nuits dans ces antres en-
fumés où sa santé court autant de périls que ses mœurs, vous
vous étonnez de l'en voir sortir étiolée, chétive, incapable de
fournir le contingent militaire, et peuplant chaque année
de recrues plus nombreuses les hôpitaux et les prisons ! Ne
pensons pas nous être acquittés envers le peuple, si nous lui
avons appris à lire, à écrire, à compter...

« Quand il s'agissait d'écraser les derniers restes de l'insurrection, nous n'avions besoin ni de délais ni de formalités
pour dresser vingt camps sur les boulevards de Paris, sur
les esplanades, et jusqu'au pied de l'Hôtel-de-Ville. Mais,
au bout de quatre mois, quand le 12e arrondissement
compte quatre mille enfants sans asile, quand la charité
particulière, touchée de ce dénuement, fait les derniers efforts
pour leur ouvrir des écoles qui seraient les camps pacifi-
ques de la civilisation, ce n'est pas assez de six semaines
de démarches, d'ajournements et de débats pour vaincre
les conflits et les scrupules de je ne sais combien de conseils, de comités et d'administrations, effrayés d'une
nouveauté si grande, et qui craignent la ruine de l'État, si
l'instruction des jeunes ouvriers se trouve livrée à des sœurs,
à des frères, à des instituteurs capables de leur enseigner autre chose qu'à épeler les syllabes d'un journal, et à charbon-
ner sur les murs l'ordre du jour des barricades. » (1)

Le journal dans lequel parurent ces articles,
n'eut qu'une courte existence. Il y a quelque chose
d'émouvant dans l'histoire de cette entreprise, née
d'un élan de confiance et de patriotisme, à l'heure
d'un grand désastre national, et tuée, non par la
révolution ou le gouvernement, mais par l'apathie
et la discorde de ce même parti que le journal s'é-

(1) OEuvres complètes, *extrait de l'Ère nouvelle*, T. VII,
p. 289.

tait donné la mission de servir et d'éclairer. L'*Ère
Nouvelle* donnait une voix au parti de l'espérance,
et élevait un fanal devant ceux des catholiques qui,
au lieu de s'abandonner au désespoir au milieu
des dangers dont ils étaient entourés, « cherchaient
à assurer le triomphe de l'*Église* par celui de la *démocratie*. » Mal comprise par certains journaux du
parti, attaquée par d'autres, reconnaissant que sa
mission devenait impossible, et qu'elle ne pouvait
subsister qu'à la condition de combattre non plus
avec ou pour les siens, mais contre eux, elle se
retira de l'arène, laissant derrière elle, dans quelques esprits éclairés et reconnaissants, le souvenir d'une tentative courageuse, et l'écho d'une voix
qui avait parlé sincèrement le langage de la vérité
en dehors de tout esprit de parti.

CHAPITRE XXI

1850-51

Dans l'automne de 1850, Ozanam fit un voyage en Bretagne avec sa femme et sa fille. Sa santé recommençait à donner de sérieuses inquiétudes, et il lui avait été défendu de toucher une plume pendant tout le temps des vacances. Mais aucune prohibition ne pouvait le réduire à l'inaction.

Il ne pouvait voir ni un évènement ni un lieu intéressant, sans être irrésistiblement poussé à en faire par lettre la description à quelque ami absent. Grâce à cette habitude de photographier ses impressions, des récits complets de ses différents voyages nous ont été conservés. Ainsi en fût-il pour ce voyage en Bretagne. Tous les incidents de la route sont relatés dans une série de lettres charmantes adressées à ses frères et à ses amis, et lorsque son frère Charles le gronde de sa désobéissance à la Faculté, Frédéric le désarme par ce touchant argument : « Je ne puis pas voir un beau « paysage, sans désirer ardemment faire partager « ma joie à ceux que j'aime, » puis il invoque encore cette excuse : « J'éprouve un serrement de « cœur à me coucher avec la pensée de n'avoir « rien fait de tout le jour : un bout de lettre me

« semble quelque chose, et me persuade que je
« puis encore aligner trois mots à la suite l'un de
« l'autre » (1).

Les mœurs et les coutumes de la Bretagne, qui
ont fourni de si riches matériaux aux poètes et aux
auteurs de légendes, ont rarement été dépeintes
avec plus de fidélité et de délicatesse que par Ozanam dans ces notes rapides. Il écrit du château de
Truscat :

« Figure-toi une plaine toute verte et descendant vers la
mer, étincelante des derniers feux du jour. C'était là que se
déroulait le cortége, ouvert comme toujours par de petites
filles vêtues de blanc, à la suite desquelles nos cinq enfants formaient le plus joli groupe du monde ; puis les gar-
çons, les femmes, les marins précédés d'un grand drapeau
de la République et portant sur leurs épaules un petit vaisseau avec une madone au gaillard d'arrière ; enfin les prêtres, la statue de la Sainte Vierge sur un brancard, le
maire avec un nombreux groupe d'hommes, et la foule marchant à la suite, ou se dispersant pour contempler les sinuo-
sités de la procession dans cet admirable paysage. Le plus
touchant était un pauvre jeune homme de vingt-trois ans,
destiné au sacerdoce, mais atteint d'une maladie dont il ne
guérira pas. On le voyait tout en noir, sur le seuil de sa
porte où il s'était traîné, tout heureux de voir une dernière
fois la procession de son pays. Les bannières flottaient et
faisaient l'orgueil des porteurs assez forts pour marcher
contre le vent ; le soleil couchant faisait resplendir de loin la
statue de Notre-Dame et dessinait tous les agrès du vaisseau
votif ; par-dessus tout planant le chant des litanies, et la foi
d'une population qui ne connaît pas le doute, et la prière du

(1) Lettre à son frère 10 septembre 1850.

jeune sous-diacre qui faisait le sacrifice de sa vie : Comment Dieu ne serait-il pas touché d'un tel spectacle? Et nous, comment nous défendre d'en être émus?

« L'heure du retour est arrivée ; de tous côtés des barques se détachent pour emporter les bonnes gens venus à la fête des rivages voisins. Nous avons fait comme eux, et je ne puis encore dire toute la sérénité de ces premiers moments du soir, la beauté de cette nappe d'eau bleue comme le lac de Genève ; les volées de goëlands qui semblaient s'échapper de la crête des vagues pour fuir devant nous ; cependant nous étions assis au pied de notre mât, abrités par notre voile pittoresque, nos enfants dans nos jambes, pour retenir la témérité de leurs jeux ; et, tout en causant doucement, nous arrivions à la plage du château » (1).

Là, comme partout, les intérêts des pauvres tenaient leur place dans la pensée d'Ozanam, et il raconte avec une joie reconnaissante comment Mme Ozanam et lui furent amicalement reçus pendant trois jours par une famille qui leur était jusque-là complètement étrangère et n'avait avec eux d'autres liens que ceux de la confraternité de Saint-Vincent de Paul :

« J'ai visité ici, dit-il à son frère, une conférence naissante, mais pleine d'activité, puis on m'a forcé de pérorer au Congrès où les savants de Bretagne s'étaient réunis pour traiter de l'amélioration de la race chevaline et des pierres druidiques ; pour couler à fond la question des Bardes et celle des engrais. Ainsi j'ai beau fuir le travail jusqu'au fond de la province, il a trouvé le moyen de me ressaisir en route, et

____

(1) Sa petite fille Marie et les quatre enfants de son hôte le v^{te} de Francheville. Lettre à M. Charles Ozanam, 10 septembre 1850.

j'avais à Morlaix non pas une petite Sorbonne, mais un vrai
Collège de France, avec la plus belle moitié du genre humain
dans l'auditoire. Je n'ai pourtant pas souffert de cette désobéissance à mes Hippocrates, et j'étais assez gaillard pour
partir samedi dans le plus remarquable véhicule que nous
ayons eu. En voyant ce vénérable équipage, un passant
s'est écrié : « Vraiment, l'auteur de cette voiture aurait dû
prendre un brevet d'invention (1) ».

Ozanam rend témoignage à l'hospitalité patriarcale qui lui est offerte partout dans les vieux ma-
noirs de cette Bretagne, où se retrouvent, dit-il,
« ces vertus domestiques, ces traditions d'hon-
« neur, trop rares aujourd'hui en France, malheu-
« reusement. » Ses lettres sont souvent pleines de
gaité. Du reste, nous aurions une idée très fausse
du caractère d'Ozanam, si nous nous le repré-
sentions comme toujours absorbé par de graves
pensées ou par des spéculations philosophiques.
« Personne ne s'amusait comme lui des *bonnes
bêtises* », dit un ami qui l'avait toujours connu. Il
ne se croyait pas trop sage pour devoir s'interdire
le rire, ce grand bonheur de la vie, et il conserva
jusqu'à la fin cette gaieté franche, presque enfantine, qui rendait sa société si attrayante pour la
jeunesse. Même lorsque les souffrances physiques
réprimaient les éclats de cette gaieté, le moindre
incident plaisant suffisait pour le mettre en verve
et provoquer de vives saillies.

Peu d'hommes ont eu comme lui l'art de faire

(1) A M. Ch. Ozanam, 15 octobre 1850.

passer une réprimande sous la forme d'une re-
partie spirituelle, comme il le fit un jour pendant
ce voyage en Bretagne. Il était en diligence avec
un jeune soldat, qui tourmentait de ses attentions
déplacées une jeune fille d'une tenue simple et
modeste. Ozanam lui fit observer que la chevalerie
était le premier devoir d'un soldat ; mais celui-ci
l'invita à se mêler dece qui le regardait, ajoutant
que ce n'était pas à lui à donner des leçons aux
autres. « Vous vous trompez, mon ami, répartit
« Ozanam ; je suis précisément payé par l'État pour
« vous donner des leçons. »

Ce voyage lui fournit d'ailleurs d'innombrables
occasions de plaisanterie sous les formes les plus
variées. Le souvenir de l'une d'elles subsiste sous
la forme d'un poëme burlesque adressé à M. Ampère,
qui devait rejoindre les touristes et qui manqua
le rendez-vous pour remplir une mission scientifique. Les vers sont en eux-mêmes vifs et spirituels ;
mais le poème parut un chef-d'œuvre lorsque Ozanam l'improvisa un jour, comme pour soulager le
trop plein de sa colère, pendant une promenade
dans la propriété de son hôte le vicomte de la
Villemarqué. Il appelle encore le sourire sur les
lèvres de ceux qui se souviennent de la verve et
de l'emphase plaisamment farouche avec lesquelles
l'improvisateur marquait le dernier mot :

> « Tandis qu'enfourchant l'hippogriffe
> Vous courez après l'hiéroglyphe
> Qu'un diable écrivit de sa griffe

> Sur quelque obélisque apocryphe,
> Notre amitié s'en ébouriffe
> Et demande que l'on vous biffe
> Du livre des preux chevaliers (1). »

Sa fureur cependant s'adoucit promptement pour faire place à un ton plus doux, et il raconte au coupable que « petite Marie va parfaitement, elle pousse comme une petite fleur », qu'elle commence à lire, et que, si l'absence se prolonge quelque peu, « elle lui écrira ». Cette menace, apparemment, ne produisit pas sur le voyageur l'effet qu'on en espérait ; car au mois de février de l'année suivante (1851), nous voyons Ozanam lui adresser de nouveaux et pressants appels pour le ramener au logis, et le décider à laisser les Napolitains aux joies de « leur ciel sans nuages, de leur mer bleue, et de « leur volcan si admirablement situé au point de « vue pittoresque... »

Ne vous laissez pas retenir par les tableaux qu'on peut vous faire de nos agitations et de nos dangers, ajoute-t-il. L'émeute est dans l'assemblée, l'émotion dans les salons, et le calme dans les rues. Les affaires prennent tout doucement le chemin de la prorogation. Ce n'est pas héroïque, mais c'est commode, c'est provisoire, cela permet d'ajourner l'*heure des coups de fusil*. Les républicains honnêtes y trouvent l'avantage d'habituer le pays au nom de république et de conserver au moins un beau reste du suffrage universel (2). »

Cette année 1851 fut une année de paix et de

(1) Lettre à M. Ampère, 3 octobre 1850.
(2) A M. Ampère, 25 février 1851.

bonheur pour Ozanam, quoique sa santé demeurât
une cause de souffrances pour lui, et d'inquiétudes
pour les siens, et que dès lors le fardeau des devoirs
professionnels excédât souvent ses forces. « La
« Providence nous traite cette année avec ménage-
« ment, comme des chrétiens faibles qui ont besoin
« d'indulgence », dit-il ; et, bientôt après il déclare
qu'en dépit des graves inquiétudes de l'avenir, et
des grandes souffrances du présent, il est « heureux
« autant qu'on peut l'être ici-bas. »

Il avait loué une maison de campagne à Sceaux,
près de Paris, où son ami M. Ampère venait, chaque
semaine, passer quelques jours avec lui. Celui-ci
rappelle en termes touchants ces douces visites.

« Ce fut durant l'été de 1851, sur un banc que je vois
encore, dans son petit jardin de Sceaux, où il était allé,
déjà bien fatigué, chercher quelque repos entre sa femme et
son enfant, qu'Ozanam me lut son tableau du *Paganisme*,
derniers jours où l'inquiétude qu'il fallait lui cacher ne
vint pas en empoisonner la douceur. » (1).

Sans qu'ils s'en doutassent, l'ombre de la séparation était déjà sur eux, et communiquait à ces derniers jours d'intimité une incomparable douceur ;
Ozanam la goûtait avec une plénitude de cœur
qu'il avait, jusque-là, rarement éprouvée. Les
deux amis travaillaient assidûment toute la matinée ; l'après-midi se passait en longues promenades et en interminables conversations, et le soir,

(1) Notice sur Ozanam, par Ampère.

M. Ampère charmait ses hôtes par la lecture de
quelques pages de son roman historique d'*Hilda*,
qui avait eu déjà l'honneur de mériter, à l'Abbaye-
aux-Bois , les applaudissesements de Mme Récamier et de Châteaubriand. Jamais on ne vit type
plus parfait de l'amitié entre hommes! Amitié sans
ombre, qui avait tenu toutes les promesses de la première jeunesse, et qui, maintenant dans sa maturité,
conservait la fraîcheur et l'enthousiasme de son
aurore. Ils n'avaient point de secrets l'un pour l'autre. Sur un seul point leur union n'était pas complète, mais c'était un point essentiel, et Ozanam
n'y faisait jamais allusion sans angoisse. La flamme
du doute, comme il l'appelait, qui avait passé sur
son âme, la laissant purifiée et fortifiée, avait opéré
autrement dans l'âme si noble d'Ampère ; il avait
perdu la foi qu'il avait héritée de son père. Cet
homme illustre l'avait gardée, cette foi, et en avait
toute sa vie observé les pratiques avec la docilité
d'un enfant ; mais le fils était incrédule et en souffrait. Son cœur soupirait après le trésor perdu ;
rien ne pouvait remplir ce vide, ni l'adulation du
monde, ni la renommée, ni la science, ni les pro-
digieuses ressources d'une merveilleuse imagination ; la coupe de sa vie semblait pleine jusqu'à déborder, mais il lui manquait la seule chose qui
puisse remplir la capacité infinie de l'âme humaine,
la connaissance de Dieu et la certitude d'une destinée immortelle. Il était impossible qu'Ozanam se
trouvât en présence d'un tel besoin, sans appliquer

tous ses efforts à le satisfaire. Un fragment de l'une de ses lettres à Ampère suffira pour montrer avec quelle persévérance et quelle tendresse il s'efforçait de rendre ce service suprême à son ami. Cette lettre fut écrite au moment où ce dernier venait de le quitter pour un long et périlleux voyage :

« Comment vous étonneriez-vous de ma tristesse en vous voyant partir ? Pardonnez-moi d'avoir contrarié peut-être par ma mélancolie, trop peu réprimée, le plaisir que vous vous promettez dans ce grand voyage.

Mais je ne pouvais vous dire de vive voix ce qui faisait le fond de ma tristesse. Je ne pouvais le dire, parce que je ne voulais pas que vous fussiez obligé de me répondre, et si je vous l'écris maintenant, c'est qu'il est trop tard pour que vous me répondiez. Si mon épanchement est indiscret, les vagues qui vous poussent vers l'Amérique en emporteront la mémoire, les impressions qui vont se succéder pour vous effaceront cette impression ; quand nous nous reverrons dans six mois, vous aurez eu le temps d'oublier ma lettre ; ce qui vous y aura déplu ne pourra mêler d'aucune froideur la joie du retour.

« Cher ami, vous vous engagez dans de longues fatigues, qui ne sont pas sans péril pour une santé si cruellement éprouvée. Souffrez donc mes inquiétudes. Vous cherchez à vous créer, disiez-vous, de nouveaux intérêts, et avec ce rare esprit que Dieu vous a donné, vous remuez toutes les études et maintenant vous faites la moitié du tour du monde pour trouver des nouveautés qui vous attachent. Et cependant il y a un intérêt souverain, un bien capable d'attacher et de satisfaire votre excellent cœur ; et je crains, cher ami, je crains peut-être à tort, que vous n'y songiez pas assez. Vous êtes chrétien par les entrailles, par le sang de votre incomparable père, vous remplissez tous les devoirs du christianisme envers les hommes ; mais ne faut-il pas les

remplir envers Dieu ? ne faut-il pas le servir ? vivre dans un
étroit commerce avec lui ? Ne trouveriez vous pas dans ce
service des consolations infinies ? N'y trouveriez vous pas
la sécurité de l'éternité ?

« Vous m'avez plus d'une fois laissé pressentir que ces
pensées n'étaient pas éloignées de votre cœur. L'étude vous
a fait connaître tant de grands chrétiens ; vous avez vu autour de vous tant d'hommes éminents finir chrétiennement
leur vie. Ces exemples vous sollicitent, mais les difficultés
de la foi vous arrêtent. Cependant, cher et excellent ami, je
n'ai jamais causé de ces difficultés avec vous, parce que
vous avez infiniment plus de savoir et d'esprit que moi. Mais
laissez-moi vous le dire : Il n'y a que la philosophie et la
religion.

« La philosophie a des clartés ; elle a connu Dieu, mais
elle ne l'aime pas ; mais elle n'a jamais fait couler une de
ces larmes d'amour qu'un catholique trouve dans la communion, et dont l'incomparable douceur vaudrait à elle
seule le sacrifice de toute la vie. — Si moi, faible et mauvais, je connais cette douceur, que serait-ce de vous, dont
le caractère est si élevé et le cœur si bon ! Vous trouveriez
là l'évidence intérieure devant laquelle s'évanouissent tous les
doutes. La foi est un acte de vertu, par conséquent un acte
de volonté. Il faut vouloir un jour, il faut donner son âme,
et alors Dieu donne la plénitude de la lumière.

« Ah ! si quelque jour dans une ville d'Amérique, vous étiez
malade, sans un ami à votre chevet, souvenez vous qu'il
n'est plus un lieu de quelque importance aux États-Unis, où
l'amour de Jésus-Christ n'ait conduit un prêtre pour y consoler le voyageur catholique. »

Cet appel provoqua une franche réponse. Ampère promit de demander à Dieu la plénitude de la
lumière, et de la chercher avec persévérance.
Quinze ans plus tard, il écrivait à une personne
amie, qui avait sa confiance et celle d'Ozanam :

« Je persévérerai à chercher de bonne foi la vérité ; personne ne la désire plus sincèrement que moi, et, chaque soir, j'adresse à Dieu cette prière : Exaucez-moi ! »

La prière fut sans doute exaucée, mais seulement lorsque la mort vint tirer le voile qui cachait à l'âme d'Ampère les clartés de la vérité et de la miséricorde éternelles.

Pendant l'été de 1851, la fameuse exposition du Palais de Cristal attira à Londres toutes les nations de la terre, et Ozanam se laissa entraîner par Ampère à grossir le flot des visiteurs. Il partit avec sa femme, dans la première semaine d'août, en compagnie de ce voyageur infatigable, qui s'était fait leur cicerone. Les merveilles de la grande cité commerçante, avec sa richesse et sa solide prospérité, n'étaient guère de nature à éveiller l'enthousiasme de cet esprit poétique, inspiré, hier encore, par les légendes de St François et les sauvages beautés des collines de l'Ombrie. Ozanam fut étonné et accablé à la vue de Londres, plutôt que charmé.

« C'est, dit-il, la ville la plus imposante du monde au premier aspect, lorsqu'à travers la brume qui l'enveloppe et l'agrandit encore, on la voit s'arrondir en demi-cercle au bord de la Tamise avec cette multitude de clochers, de colonnes, de portiques, au-dessus desquels plane le dôme de St.-Paul...

« Pour l'*Exhibition*, mes dernières visites n'ont rien ajouté à la première impression que j'en ai ressentie. Rien n'est plus beau que l'ordre avec lequel on a rassemblé dans un seul édifice la variété infinie des richesses humaines. Les savants y sont ravis de tous les prodiges que la mécanique

fait voir et de tous ceux qu'elle promet. Mais si l'on met à
part l'exposition indienne et chinoise, je suis désenchanté par
cette uniformité sous laquelle la civilisation matérielle menace d'envelopper le monde.... Cette exhibition n'est guère
que celle des objets de luxe, des produits que demande et paie
la classe des riches. Les besoins factices de cette classe se res-
semblent d'un bout à l'autre du monde; une parure destinée
à la reine d'Espagne est précisément la jumelle de celle qui
doit orner le front d'une impératrice de Russie. Dieu avait
fait la terre d'une variété infinie qui la rendait agréable à ses
yeux ; l'industrie menace d'y mettre une monotonie qui en-
traînera à sa suite la lassitude et l'ennui. Pour moi, après
avoir vu cet abrégé de la puissance humaine au bout de
soixante siècles tout à l'heure, je me disais : « Quoi ! l'homme
ne peut rien de plus ? Le dernier effort de son génie sera de
croiser l'or sur la soie, de mêler des feuilles d'émeraudes à
des fleurs de diamants ! » Et au sortir je me réjouissais de
voir les gazons verts du parc, les groupes de grands arbres,
les moutons qui paissaient au-dessous, et tout ce que l'industrie n'avait pas fait »,

La véritable exposition, — la seule qui, dans l'opinion d'Ozanam, donnât une profonde impression
de la puissance et de la richesse de l'Angleterre,
— ce n'était point la collection industrielle réunie
dans les féériques constructions qui bordaient *la
serpentine*, mais les Docks, où le commerce accu-
mule ses trésors.

« Pendant qu'au-dessus des ponts se déploie la ville du
luxe, la grande capitale, où se pressent les étrangers ravis ;
c'est au-dessous des ponts, en descendant la Tamise, que s'é-
tend une seconde ville de Londres qui fait la vie de la première. Celle-là n'a de monuments que ses vaisseaux, dont
les mâts plus pressés et plus svelte que toutes les colonna-

des, vont porter sous toutes les latitudes le drapeau britan-
nique. Celle-là a le tunnel où l'on marche sous un fleuve immense sans entendre même le bruit de ses eaux. Celle-là a
les docks, ces bassins où s'abritent vingt-cinq mille bâti-
ments. Tout autour s'élèvent des magasins innombrables :
nous y avons cheminé durant des heures, dans des rues entières composées de boîtes de thé, ou de balles de sucre, ou
de laines d'Australie. Au-dessous, la lampe à la main, nous
avons parcouru des caves gigantesques, où viennent s'ensevelir les vendanges de l'Espagne et du Portugal. Ce sont de
véritables catacombes de Mammon, bordées non de sépul-
tures, mais de tonneaux qui valent de l'or. Voilà l'Exposition
véritable, et une matinée passée dans ces lieux sombres et
opulents m'a peut-être plus frappé, plus instruit, que les élégantes galeries du Palais de Cristal » (1).

Il y avait quelque chose qui terrifiait presque Ozanam dans ce formidable amoncellement de richesses. Tout en admettant la nécessité de les échanger
par la voie d'un commerce légitime et en reconnaissant les avantages dûs aux progrès de l'industrie, il ne pouvait se défendre du sentiment qu'au
delà d'un certain point, le résultat portait en lui
« quelque chose de dangereux, de tentateur, de sa-
« tanique », et qu'il était impossible d'étaler ces
trésors éblouissants devant les yeux des hommes,
déjà trop épris des biens de ce monde, sans affaiblir
en eux le désir d'un gain plus noble.

« Ce qui me semble, dit-il, un signe de réprobation, c'est
que ces richesses ne servent pas, au bout du compte, à rendre meilleur le sort de l'humanité, le sort du grand nombre.

(1) A son frère, Dieppe, 5 septembre 1851, t. II,

C'est que la ville la plus riche de l'univers est aussi celle qui traite le plus rudement ses pauvres. »

L'extension de cette plaie nationale si douloureuse de l'Angleterre, — le paupérisme, — présentait, en effet, un pénible contraste avec cette colossale richesse. Ozanam avait vu la pauvreté, la misère, à Paris et à Lyon, pendant la période aiguë, qui avait suivi la révolution ; mais cette misère s'expliquait, au moins dans une certaine mesure, par la convulsion politique qui avait amené la complète stagnation du travail. Ici, rien de semblable ne pouvait justifier l'horrible excès de ce paupérisme qui défigurait la riche métropole. A quel vice d'organisation sociale fallait-il s'en prendre ?

« Comment la capitale même est-elle sillonnée d'indigents demi-nus qui poursuivent l'étranger, qui se jettent jusque sous les roues des voitures, portant sur leur visage l'empreinte d'un désespoir inexorable ?

« La taxe des pauvres et les work houses n'y peuvent rien : les Anglais ne sauraient empêcher la mendicité de pénétrer dans Londres, ils la tolèrent et je les loue de la tolérer. Mais alors, pourquoi insulter d'un air si hautain la mendicité des pays catholiques ? Jamais dans les rues de Rome je n'ai rencontré rien de comparable à ces femmes en haillons qui tendent la main le long du Strand ; à ces petites filles, qu'on voit, la robe déchirée jusqu'aux hanches, les pieds nus dans la boue noire et froide.

« Ne dites pas que c'est l'étalage d'une détresse qui veut forcer la pitié du passant. Pénétrez, je ne dis pas dans les quartiers pauvres de White-Chapel ou de Southwark ; mais derrière ces rues fastueuses de Regent Street, d'Oxford Street, vous trouverez d'étroites ruelles, obscures, fétides, sur lesquelles s'ouvrent des cours plus étroites encore, bordées de

hautes maisons. Là s'entassent les indigents : on les loge à
la semaine : une chambre moyenne coûte ordinairement de
trois à quatre schellings par semaine, c'est-à-dire de deux
cents à deux cent cinquante francs par an. Beaucoup de familles sont trop pauvres pour supporter seules le poids de ce
loyer, elles se réunissent afin d'en partager le fardeau. Elles
ne connaissent plus même cette dernière satisfaction qu'ont
chez nous les plus misérables ménages, la satisfaction d'être
chez soi... Depuis quelque temps les règlements de police ne
permettent plus de loger dans les caves ; mais la misère, plus
forte que tous les pouvoirs, oblige beaucoup d'ouvriers à
chercher ce dernier refuge » (1).

Ces misérables repaires exerçaient sur Ozanam
une plus vive attraction que tous les autres spectacles de la grande cité.

« Meilleur que moi, dit M. Ampère, il me laissait retourner seul au Palais de Cristal pour avoir le temps de visiter
les caves habitées par les pauvres catholiques d'Irlande ; il en
revenait tout ému, et, je crois, un peu plus pauvre qu'en y
descendant ».

Peu de monuments de Londres trouvèrent grâce
devant Ozanam. Il parle de St-Paul comme d'un
« édifice glacial que le catholicisme lui-même au-
« rait bien de la peine à réchauffer », en supposant
que la prophétie de M. de Maistre dût se réaliser,
et qu'on y célébrât la Messe avant la fin du dix-
neuvième siècle.

« La véritable basilique de Londres, dit-il, le St-Denis de
la Monarchie Anglaise, est à Westminster. Là, s'élève une
nef rivale de nos belles nefs d'Amiens et de St-Ouen... »

(1) Lettre au docteur Dufresne, 28 août 1851.

Le Père Lacordaire, dans sa notice sur Ozanam, raconte un incident caractéristique de la première visite qu'il fit à cette abbaye.

« Un jour, dit-il, qu'il visitait l'église de Westminster, mêlé à une foule d'étrangers et d'inconnus, il arriva derrière le chœur, en face du tombeau de Saint Edouard. La vue de ce monument mutilé par le protestantisme le saisit de douleur, et, tombant à genoux devant les reliques telles quelles du Saint Louis de l'Angleterre, il pria seul en expiation de tout ce peuple qui ne connaît plus ses saints, et au mépris de l'assistance qui le prit sans doute pour un idolâtre, sinon pour un fou ».

Tout hostile qu'il fût naturellement aux institutions religieuses officielles de l'Angleterre, Ozanam trouvait cependant beaucoup à admirer dans le caractère national et dans les mœurs.

« On ne peut nier les qualités du peuple anglais, dit-il. Il a le respect de la loi et l'amour de son pays, il est infatigable au travail, il semble même religieux si l'on en juge par le grand nombre des clochers qui dominent Londres, et mieux encore par ce repos du dimanche, si exactement observé d'un bout à l'autre du pays le plus laborieux de l'univers. »

Il est surpris et peiné de l'esprit d'orgueil qui sépare les différentes classes, et s'en amuse quelquefois :

« J'ai visité, avec un membre de la société de Saint Vincent de Paul, raconte-t-il, quelques-uns de ces réduits, et j'ai su qu'il fallait aux Anglais beaucoup de vertu et de courage pour secourir personnellement ces affreuses misères, non qu'ils soient avares de leur argent, mais dans ce pays aris-

tocratique le contact de l'indigent souille et compromet...
Comment se résoudre à presser la main d'un mendiant
irlandais? Cependant nos confrères de Saint-Vincent de
Paul ont su vaincre les préjugés de leur naissance, ils font
beaucoup de bien et c'est avec joie que j'ai passé une soirée
au milieu d'eux (1) ».

Heureux d'échapper pour un jour « à la tristesse
« de cette ville de brouillards et de fumée, aux
« monuments si mal éclairés », Ozanam s'en fut
chercher l'atmosphère plus pure d'Oxford. Là, tout
lui sembla « debout dans une paix profonde » et il
fut ravi de cette vieille ville des 15e et 16e siècles ;
« avec ses grands collèges qui ont conservé l'ar-
« chitecture gothique ou celle de la Renaissance.
« On peut errer dans leurs cloîtres, dans leurs
« beaux jardins, sans que rien vienne rappeler la
« différence des temps. »

Le voyage d'Angleterre ne produisit pas d'amélioration sensible dans la santé du voyageur, mais
il le reposa et l'intéressa. Toutefois, de retour dans
sa petite maison de Sceaux, il ne se sentit pas
mieux portant qu'au moment où il l'avait quittée.
A la fin d'octobre il écrit à M. Ampère, qui était
encore en Amérique :

« Je travaille un peu, mais lentement, difficilement ; et je
n'écris pas une page pendant que vous faites cinquante
lieues. Pourtant, je trouve quelque douceur dans ce repos
même de la campagne, dans ce séjour de Sceaux, d'où les
feuilles déjà s'en vont mais la paix ne s'en va pas. De la

(1) Lettres, 5 septembre 1851.

fenêtre auprès de laquelle j'écris, j'entends la voix joyeuse de ma petite Marie qui joue au jardin, et Amélie assise tout à côté me réjouit par un bon visage... (1) »

Il avait dès lors la certitude que sa santé était profondément atteinte ; mais il envisageait sa situation avec courage et résignation. Son seul regret, en ce qui le concernait personnellement, était d'avoir trop peu fait, et d'être vraisemblablement obligé de quitter ce monde au moment où, de tous les travaux de sa vie, il aurait pu faire sortir une œuvre qui en fût comme la résultante, et qui, plus parfaite et plus durable, n'en eût été aussi que plus utile.

(1) Lettre à M. Ampère, 22 octobre 1854.

CHAPITRE XXII

1852

Vers le mois d'avril, Ozanam tomba de nouveau dangereusement malade. Il avait continué son cours pendant tout l'hiver, sans interruption, et avec le succès habituel ; mais, aux environs de Pâques, les forces lui manquèrent. Il fut atteint d'une pleurésie qui mit ses jours en grand danger. Pendant cette maladie, et quoique la fièvre le consumât, inspiré qu'il était par cette foi ardente, la passion maîtresse de sa vie, et qu'on pouvait, dès ce jour, dire plus puissante que la mort, il trouva la force d'écrire la lettre suivante à un ami dont les croyances avaient fait naufrage dans l'étude des sciences profanes. Le prétexte de cette lettre était l'infortune d'un de leurs anciens camarades récemment frappé de cécité. Ozanam informe M. H... que le pauvre homme n'a d'autre ressource que l'admission à l'hospice des Incurables, et qu'il supporte son malheur avec la plus héroïque résignation :

« Vous avez été bien bon, bien généreux, cher ami, pour cet ancien condisciple, dit-il, il en sera reconnaissant et il priera pour vous. Et moi aussi, tout indigne que je suis, je prierai pour vous, puisque vous le voulez ! Ah ! que vous me rappelez de touchants souvenirs ! Non, je n'ai pas oublié la

douceur de cette nuit de Noël, non plus que tant de bons
entretiens avec vous et Lallier, lorsque, jeunes et amou-
reux de la vérité seule, nous conversions ensemble des
choses éternelles ! Laissez-moi vous le dire, cher ami... qui
sait si le moment n'est pas venu ? Vous avez cherché, dans
la sincérité de votre cœur, à résoudre vos difficultés, et
vous n'êtes pas arrivé au bout. Mais, mon cher ami, les difficultés de la religion sont comme celles de la science, il y
en a toujours. C'est beaucoup d'en éclaircir quelques-unes,
mais aucune vie ne suffirait à les épuiser... Ainsi de la
Bible, elle est hérissée de questions difficiles ; mais les unes
sont résolues depuis longtemps ; d'autres, jusqu'ici considé-
rées comme insolubles, ont trouvé leur réponse de nos jours ;
il en reste beaucoup, mais Dieu les permet pour tenir
l'esprit humain en haleine et pour exercer l'activité des
siècles futurs.

Non, Dieu ne peut pas exiger que la vérité religieuse, c'est
à-dire la nourriture nécessaire de toutes les âmes, soit le
fruit de longues recherches, impossibles au grand nombre des
ignorants, difficiles aux savants. La vérité doit être à la
portée des petits, et la religion repose sur des preuves acces-
sibles au dernier des hommes.

« Pour moi, après bien des doutes, après avoir aussi
mouillé bien des fois mon chevet de larmes de désespoir,
j'ai assis ma foi sur un raisonnement qui peut se proposer
au maçon et au charbonnier. Je me dis que tous les peuples
ayant une religion, bonne ou mauvaise, la religion est donc
un besoin universel, perpétuel, par conséquent légitime de
l'humanité. Dieu, qui a donné ce besoin, s'est donc engagé à
le satisfaire ; il y a donc une religion véritable. Or, entre
toutes les religions qui partagent le monde, sans qu'il faille
ni longue étude ni discussion des faits, qui peut douter que
le christianisme soit souverainement préférable, et que seul
il conduise l'homme à sa destination morale ? Mais dans le
christianisme, il y a trois Églises : la protestante, la grecque,
et l'Église catholique, c'est-à-dire l'anarchie, le despotisme

et l'ordre. Le choix n'est pas difficile, et la vérité du catholicisme n'a pas besoin d'autres démonstrations.

« Voilà, mon cher ami, le court raisonnement qui m'ouvre les portes à la foi. Mais une fois entré, je suis tout éclairé d'une clarté nouvelle, et bien plus profondément convaincu par les preuves intérieures du christianisme.........

...« Indépendamment de cette évidence intérieure, depuis dix ans j'étudie l'histoire du christianisme, et chaque pas que je fais dans cette étude affermit mes convictions. Je lis les Pères, et je suis ravi des beautés morales, des clartés philosophiques dont ils m'éblouissent. Je m'enfonce dans les âges barbares, et j'y vois la sagesse de l'Église et sa magnanimité. Je ne méconnais pas les désordres du moyen-âge; mais je m'assure que la vérité catholique y lutta seule contre le mal, et tira de ce chaos les prodiges de vertu et de génie que nous admirons. Je suis passionné pour les conquêtes légitimes de l'esprit moderne; j'aime la liberté et je l'ai servie; mais je crois que nous devons à l'Évangile la liberté, l'égalité, la fraternité. Sur ces différents points, j'ai eu le loisir et les moyens d'étudier les difficultés, et elles se sont éclaircies à mes yeux. Mais je n'en avais pas besoin, et si d'autres devoirs m'avaient interdit ces études historiques où j'ai trouvé tant d'intérêt, j'aurais raisonné pour elles, comme je raisonne pour les études exégétiques, dont l'accès m'est fermé. Je crois à la vérité du christianisme donc, s'il y a des objections, je crois qu'elles se résoudront tôt ou tard, je crois même que quelques-unes ne se résoudront jamais, parce que le christianisme traite des rapports du fini avec l'infini, et que jamais nous ne comprendrons l'infini. Tout ce que ma raison peut exiger, c'est que je ne la force pas de croire à l'absurde. Or, il ne peut pas y avoir d'absurdité philosophique dans une religion qui a satisfait l'intelligence de Descartes et de Bossuet, ni d'absurdité morale dans une croyance qui a sanctifié saint Vincent de Paul, ni d'absurdité philologique dans une interprétation des Écritures qui contentait l'esprit rigoureux de Silvestre de Sacy. Quelques modernes ne peuvent supporter le dogme de l'éternité des peines, ils le trouvent inhumain. Mais pensent-ils aimer plus l'humanité, ou avoir une conscience plus exacte du juste et de l'injuste, que saint Augustin et saint Thomas, saint François d'Assise et saint François de Sales? Ce n'est donc pas qu'ils aiment plus l'humanité ; c'est qu'ils ont un sentiment moins vif de l'horreur du péché et de la justice de Dieu.

Ah ! mon ami, ne nous perdons point dans des discussions infinies. Nous n'avons pas deux vies, l'une pour chercher la vérité, l'autre pour la pratiquer. C'est pourquoi le Christ ne se fait pas chercher. Il se montre tout vivant dans cette société chrétienne qui vous environne, il est devant vous, il vous presse.. Vous devez avoir bientôt quarante ans, il est temps de vous décider. Rendez-vous à ce Sauveur qui vous sollicite. Livrez-vous à sa foi comme s'y sont livrés vos amis, vous y trouverez la paix. Vos doutes se dissiperont comme se sont dissipés les miens. Il vous manque si peu pour être un excellent chrétien, il vous manque seulement un acte de volonté. Croire, c'est vouloir. Veuillez un jour, veuillez aux pieds du prêtre, qui fera descendre la sanction du ciel sur votre volonté chancelante. Ayez ce courage, cher ami, et cette foi que vous admirez chez notre pauvre ami L...., qui le console dans un si grand malheur, viendra ajouter sa douceur infinie à votre prospérité » (1).

Le courage qui avait rendu Ozanam capable d'écrire de son lit de souffrance ce long appel à une âme, reçut bientôt sa récompense. Avant de mourir il eût le bonheur de savoir son ami revenu à la foi.

La plus pénible épreuve que la maladie imposât à Ozanam, était l'inaction. Il avait continué régu-

____

(1) Lettre à M. H. 16 juin 1852.

lièrement ses cours à la Sorbonne bien au-delà du
moment où la simple pitié pour lui-même aurait
dû les lui faire cesser. Mais, aux médecins et aux
amis qui le suppliaient d'y renoncer, il répondait :
« Il faut faire ma journée ». Ainsi fit-il tant qu'il
pût trouver un reste de force pour se traîner jusqu'à sa chaire. Mais la journée était achevée, et
le fidèle travailleur allait bientôt recevoir sa récompense.

Il était encore en proie à de grandes souffrances
et dévoré par la fièvre, lorsqu'un jour il apprit que
le public de la Sorbonne se plaignait de lui, l'accusant de se trop écouter et de négliger ses devoirs,
en restant si longtemps éloigné de son cours,
alors qu'il était payé par l'État pour le faire. Cette
nouvelle le piqua au vif. « Je veux, dit-il, hono-
rer ma profession », et, malgré les larmes de sa
femme, malgré les supplications de son frère et du
médecin qui l'assistait, il s'habilla, et se fit conduire droit à la Sorbonne, où il trouva encore la
foule réunie au dehors de l'amphithéâtre. Lorsque
le professeur appuyé sur le bras d'un ami, épuisé,
pâle comme un spectre, s'avança au milieu d'eux,
les mécontents furent saisis de frayeur et de remords ; et, quand il gravit les degrés de cette chaire,
témoin de tant de triomphes, et dans laquelle il ne
devait plus jamais reparaître, les applaudissements éclatèrent à plusieurs reprises.

Le tumulte apaisé, il prit la parole. Sa voix
s'éleva, claire comme l'argent, plus pénétrante en

raison même de sa faiblesse, semblable à un esprit emprisonné dans un corps trop frêle pour supporter le choc de l'inspiration.

« Messieurs, dit-il, on accuse notre siècle d'être un siècle d'égoïsme, et l'on dit les professeurs atteint de l'épidémie générale ; cependant c'est ici que nous altérons nos santés ; c'est ici que nous usons nos forces. Je ne m'en plains pas : notre vie vous appartient, nous vous la devons jusqu'au dernier souffle, et vous l'aurez ; quant à moi, Messieurs, si je meurs, ce sera à votre service ! »

Il disait vrai ; il fit sa leçon, parlant avec une éloquence et une puissance qui émurent ceux-là mêmes qui l'avaient entendu dans ses plus beaux jours. L'enthousiasme de l'auditoire ne saurait se décrire. Peut-être sentait-on instinctivement que l'éloquence d'Ozanam, venait d'atteindre son apogée et que ces beaux accents devaient d'être les derniers. Comme il quittait la salle au milieu des effusions de ses amis, l'un d'eux lui dit en lui serrant la main : « Vous avez été merveilleux ! » « Oui, « répondit Ozanam avec un sourire, mais mainte- « nant il s'agit de dormir cette nuit ». Et en effet, il ne dormit pas.

Dès qu'il fut un peu mieux, on le conduisit aux Eaux-Bonnes, dans l'espoir que les eaux pourraient arrêter, au moins pour un temps, les terribles progrès du mal. Il reprit assez de force pour jouir des beautés sauvages du pays et pour faire chaque jour une promenade. « Vous me voyez, écrit-il à « M. de la Villemarqué, entre deux montagnes,

« épuisant à grands verres la source sulfureuse :
« franchement j'aimerais mieux votre cidre. Puis
« je grimpe à la suite des chèvres sur les rochers
« d'alentour », et il ajoute : « Je mène avec moi tout
« mon clan ; et, quand nous aurons décampé de
« ces hauteurs, nous irons prendre les bains de
« mer à Biarritz ; puis on m'exile dans le Midi
« pour tout l'hiver (1) ».

Au bout de peu de temps, l'effet du traitement
lui sembla si salutaire, que le désir ardent de faire
jouir les pauvres du même bienfait s'empara de
son esprit. Aussitôt il se mit à étudier un projet
d'hôpital à établir aux Eaux-Bonnes avec l'aide de
la Société de Saint-Vincent de Paul. Le temps ne lui
permit pas d'exécuter ce plan, mais nous croyons
que l'idée a été reprise et qu'elle a des chances de
succès. Ozanam profita du moins de son séjour
aux Eaux-Bonnes pour y établir une conférence.

Une autre consolation lui fût encore accordée
dans la société de cette belle âme, l'abbé Perreyve,
qui, déjà marqué, comme celui qu'il appelait son
« maître », par la main de la mort, venait aussi demander un peu de soulagement à ces eaux salutaires.
Le père Lacordaire a cité les pages, pleines d'une
pathétique beauté, où le jeune prêtre rappelle ces
jours de douce et tendre intimité, lorsque les deux
amis parcouraient ensemble les montagnes, tantôt,
dans une silencieuse communion de l'âme, écoutant

____

(1) A M. le Vte de la Villemarqué, 13 août 1852.

le chant des oiseaux et la musique des cascades, tantôt conversant des choses divines et humaines, — Dieu, la nature, la vie future, — dont ils approchaient tous les deux.

« Quand le ciel était pur, dit l'abbé Perreyve, nous partions de bonne heure, nous acheminant vers l'une des riantes promenades qui entourent les Eaux-Bonnes, et dont le souvenir s'embellit encore par celui de sa chère compagnie. C'était souvent la *promenade horizontale*. Là nous allions chercher le calme du soir ; nous la quittions quand le soleil, abandonnant les cimes empourprées du pic du Ger, laissait monter vers nous les fraîches vapeurs de la vallée de Laruns. Lorsqu'au dernier détour de la promenade, nous apercevions les toits des Eaux-Bonnes, il était nuit : les montagnes se découpaient en arêtes vives et sombres sur un ciel encore clair ; la lune se dégageant des sapins des hautes roches, s'élevait silencieuse, et des souffles réguliers comme la respiration d'un enfant qui s'endort, inclinaient doucement les bois. A cette heure, en ce bel endroit, nos âmes montaient naturellement vers Dieu ; nous causions encore ; mais de longs intervalles de silence nous avertissaient plutôt que c'était l'heure de prier, profonde prière, non articulée par des mots, et qui consiste seulement à se taire devant Dieu ! O Seigneur ! O mon maître ! je vous remercie de m'avoir donné ces heures. »

Ozanam aussi l'en remerciait. On peut dire en toute vérité que peu d'hommes ont été plus exacts que lui à rendre grâces :

« Dieu, sans doute, a voulu m'accorder quelques jours de plus pour devenir meilleur ; qu'il en soit béni ! s'écrie-t-il. Mais son dessein est-il de me rendre la santé, ou de me faire expier mes péchés par de longues souffrances ? qu'il en soit encore béni ! Alors qu'Il me donne le courage, qu'Il m'envoie la douleur qui purifie, et, s'il faut porter une croix, que ce soit celle du bon larron ! »

Cependant, il était loin d'avoir perdu toute espérance de guérison, quoi qu'il espérât surtout à atteindre la résignation parfaite qui lui permît d'y renoncer sans se plaindre. En septembre, il quitta les Eaux-Bonnes, et bientôt il écrivait de Biarritz en ces termes :

« Ce serait une grande ingratitude envers la divine Providence que de ne point espérer. Car, si ma convalescence ne va pas aussi vite que je voudrais, elle m'a permis de faire avec Madame Ozanam, un fort joli tour dans les Pyrénées. »

Ozanam avait retrouvé à Biarritz l'abbé Perreyve; mais la cure de celui-ci étant considérée comme terminée, il lui fut permis, après quelques semaines de séjour au bord de la mer, de retourner à Paris. La séparation fut solennelle. Ozanam insista pour accompagner son ami jusqu'à Bayonne, où la diligence attendait le voyageur.

« De Biarritz à Bayonne, dit l'abbé Perreyve, il n'y a qu'une heure de chemin : cette heure est la dernière que j'ai passée sur la terre avec lui. Dieu permit qu'il en eût le pressentiment. Il m'entretint pendant la route de choses fort graves, relatives soit à lui, soit à moi, soit aux affaires générales, à l'état de l'Église, à la conduite à tenir dans les circonstances présentes, aux espérances que promettait l'avenir. Il me parlait comme ne devant plus le faire, et moi je l'écoutais religieusement.

« Quand nous eûmes rejoint la grande route d'Espagne, et que les tours de la cathédrale de Bayonne commencérent à paraître, il changea de langage, me dit qu'il se sentait frappé à mort, et que sans doute nous ne nous reverrions plus. J'avais toutes ses craintes, mais avec plus d'espoir, et, quand la voiture s'arrêta devant la diligence qui devait me ramener à Paris, il me serra la main longtemps. Nous descendîmes. Je n'eus que le temps de faire placer mon petit bagage et de régler le prix de la route. Le moment vint de me séparer de lui ; il m'embrassa fortement ; il me disait : « Henri, dites-moi bien adieu ». J'avais le cœur déchiré, mais pas une larme. Je le suivis autant que cette consolation fût possible : un détour de rue rompit le dernier fil, et je ne le revis plus.

« C'était vers le soir. Quand nous arrivâmes au sommet de la colline qui domine Bayonne, le soleil se couchait dans les flots étincelants de la mer ; toutes choses avaient revêtu un manteau de pourpre et d'or ; les sables de Biarritz brillaient au loin à travers une vapeur embrasée ; une flamme artificielle indiquait le phare, et nos yeux fixaient ce point perdu dans un océan de lumière. Ce spectacle, au lieu de dissiper ma tristesse, la jeta en quelque sorte dans l'infini. A travers cette éclatante révélation de vie, d'amour et de beauté, j'aperçus à la fois tous ces heureux jours dont ce soir là était le déclin, et, le regret me ramenant vers celui à qui j'en devais le charme, je le revoyais comme un ami perdu pour jamais. Je m'affligeais de n'avoir point osé lui montrer plus d'affection ; je lui parlais, je le saluais de loin, je lui promettais une fidélité immortelle ; mais l'avenir n'avait rien à me répondre pour me consoler. J'entendais toujours cette voix me dire adieu. Je tombai dans une mélancolie si profonde, que mon âme en fut comme submergée ».

Même après cet adieu suprême, Ozanam ne fut point sans quelques périodes d'espérance. Il parlait gaiement du bien que sa santé avait retiré des bains de mer et du doux climat de Biarritz ; il parlait même de son rétablissement, comme étant « probablement ajourné à l'été suivant, » mais en ajoutant toujours cette réserve : « si même Dieu veut que je me rétablisse jamais ».

L'oisiveté, l'inaction et la séparation de ses amis, étaient encore sa plus dure épreuve ; mais un mot de plainte lui échappe-t-il, il le rétracte aussitôt et se plaît à énumérer tous ses motifs de reconnaisance.

Il écrit à Lallier : « J'ai l'extrême douceur de voir ma femme et mon enfant pleines de santé, de pouvoir jouir d'elles, et donner à l'éducation de ma petite Marie un temps qu'autrefois je n'avais pas :... avec cela je devrais être heureux et bénir la miséricordieuse Providence ; et pourtant, cher ami, je me sens bien triste, et j'ai plus que jamais besoin de vos bonnes prières ».

L'arrivée de son frère Charles, qui avait abandonné sa clientèle de Paris pour venir le soigner, fut pour le malade un nouveau sujet de gratitude.

« Il m'est donc arrivé, mon cher frère, comme un bel arc-en-ciel, un jour qu'il pleuvait à verse, symbole de l'espérance qu'il me rapportait. En effet, après m'avoir examiné, palpé, percuté, ausculté, il a déclaré que les Eaux-Bonnes avaient fait merveille, et que je me portais bien. Le moyen après cela de me permettre le plus léger rhume, la moindre fièvre » ? (1)

La question importante était maintenant de sa-

____

(1) Lettre à M. Rendu. Biarritz, 28 octobre 1852.

voir où passer l'hiver. Le nom d'Ozanam avait été proposé pour un siège à l'Institut, et il était extrêmement désireux de retourner à Paris au mois de novembre, s'il était possible, afin de faire des démarches personnelles pour le succès de sa candidature ; mais on en reconnut bientôt l'impossibilité. Il n'y avait plus à choisir qu'entre le séjour à Bayonne, et le passage en Espagne, où le climat était encore plus chaud et plus sec. Cette dernière alternative séduisait Ozanam, en lui ouvrant la perspective d'un pays nouveau qui devait l'intéresser beaucoup, et dont la langue lui était déjà assez familière. Il n'y avait qu'une objection à ce plan, c'était la fatigue du voyage, dans l'état d'épuisement où il se trouvait.

« Mais la pire de toutes les fatigues est le désœuvrement, disait-il ; sans doute je me trouve trop bien entouré pour que mon cœur n'ait point d'occupation. Mais c'est mon esprit qui en manque ; et, lorsque j'arrive au bout d'une journée n'ayant rien fait, cette oisiveté me pèse comme un remords, et il me semble que je ne mérite ni le pain que je mange, ni le lit où je me couche ».

Les voyages avaient été la passion de sa vie, et il désirait saisir cette occasion, persuadé que la joie morale et intellectuelle qu'il y trouverait compenserait la fatigue physique inévitable.

« Hélas ! dans la présomption de ma jeunesse, je dédaignais l'île sacrée de Cérès ; mes vœux atteignaient déjà d'une part les colonnes d'Hercule, et d'un autre côté les plages de la Palestine. Que de fois au coin du feu avec madame Ozanam, tout en retournant un tison à demi brûlé, je m'embarquai pour la Terre Sainte ! Et voici qu'arrivé à Bayonne, dans une ville à demi espagnole, où la moitié des enseignes de boutiques parlent le castillan le plus pur, j'hésite à pousser jusqu'à Séville » (1).

Un jour pourtant il s'échappa, et partit avec Mme Ozanam pour une petite excursion au-delà des Pyrénées. Elle fut pour lui d'un grand charme, mais lui imposa quelques semaines d'un repos forcé. Il soutenait cependant que le plaisir n'avait pas été payé trop cher, et qu'il avait recueilli une provision de poésie, de beautés et de délices, suffisante pour nourrir son imagination pendant tout un mois.

« Dans d'autres voyages, ma pensée était distraite par les ouvrages des hommes. Dans ces pays-ci, où l'homme a peu fait, je ne vois plus que les œuvres de Dieu, et je le dis maintenant avec toute l'ardeur de la foi : Dieu n'est pas seulement le grand géomètre, le grand législateur, c'est aussi le grand artiste. Dieu est l'auteur de toute poésie ; il l'a répandue à flots dans la création, et s'il a voulu que le monde fût bon, il l'a aussi voulu beau... Oui, il y a comme un sentiment de pureté morale sur ces hauteurs que le pied de l'homme souille rarement, au bord de ces eaux pures qui ne désaltèrent que les chamois, au milieu de ces fleurs qui ne s'ouvrent que pour parfumer la solitude du Seigneur. David avait visité les sommets du Liban, quand il s'écriait : *Mirabilis in altis Dominus !* Il avait contemplé la mer, quand il disait : *Mirabiles elationes maris !* » (2).

Enfin, on se décida à risquer le voyage d'Espa-

(1) A M. Eugène Rendu, 28 octobre 1852.
(2) A M. Dufieux, 6 novembre 1852.

gne, et, si le premier essai était favorable, à y passer
l'hiver. Ozanam avait un ardent désir de visiter le
tombeau de St-Jacques à Compostelle. Malheureusement, le froid fut si rigoureux qu'il dut renoncer
à ce projet, et revenir à Bayonne après quelques
jours passés à Burgos.

Le désappointement fut d'autant plus vif, que le
commencement avait promis davantage. Le soir
de son arrivée à Burgos, il écrivait à son frère
Charles, qui l'avait quitté pour retourner à Paris :

« Il paraît jusqu'à présent que j'ai bien fait, et que Dieu a
béni mes bonnes intentions. Nous avions cependant trente-
trois heures de voyage, des montagnes à traverser, des au-
berges médiocres, et par-dessus tout la pluie qui nous a pris
en route. Avec cela je ne me suis point enrhumé ; je n'ai pas
souffert, ce qui m'étonne. Enfin, ce soir à trois heures, nous
faisions notre entrée dans cette vieille capitale qui s'appelle
*la mère des rois et la restauratrice des royaumes : Madre de
reyes, y restauradara de regnos* ».

Le lendemain, il sortit pour explorer la vieille
ville ; sa première visite fut pour la cathédrale, où
il passa trois heures délicieuses.

« Mais en sortant, dit-il à la fin d'une description enthousiaste de ce magnifique édifice, œuvre, non pas des géants
« mais des anges », nous avons trouvé une pluie si furieuse,
un ouragan si violent, des rues si impraticables qu'il a fallu
renoncer à parcourir aujourd'hui le reste de la ville ».

Pourtant, à la faveur d'une courte éclaircie, il put
saluer la place où fut la maison du Cid, l'arc de
Fernan Gonzalez, le grand comte de Castille, et faire

une visite intéressante chez une dame où il rencontra l'un des fondateurs de la conférence de St. Vincent de Paul de Burgos.

En dépit du « temps abominable qui dura trois « jours entiers, malgré le vent froid et la mala-« dresse des habitants qui ne savent pas se chauf-« fer, » le malade échappa à tout inconvénient fâcheux, et fut enchanté de son expédition.

« Je suis très heureux d'avoir pu faire ce pèlerinage, dit-il à son frère, qui m'a tenu plus que je ne m'en promettais, et qui jettera une lumière sur mes études, si Dieu me permet de les continuer. De cette manière mon année n'est pas tout à fait perdue. J'avais employé mes loisirs de l'automne à étudier un peu l'Espagne du moyen âge ; mais je ne puis pas me représenter un pays que je n'ai pas vu.

« Ici, en trois jours de séjour, j'ai vu trois cents ans d'histoire. Combien je suis reconnaissant envers Dieu qui m'a donné la force de faire ce voyage, envers toi dont les soins m'y avaient préparé, envers cette pauvre Amélie qui en a eu toute la sollicitude ! »

Le souvenir de cette rapide excursion nous reste dans ce charmant écrit, d'un style si pittoresque, intitulé « *Un pèlerinage au pays du Cid* ».

Après un rapide coup d'œil sur le pays et les populations qu'il traverse à la hâte, Ozanam s'arrête pour considérer Burgos sous trois aspects différents — la ville des héros — la ville des rois — la ville de la Vierge mère. L'ombre du grand Cid plane sur lui à chaque pas dans la ville des héros, dans le château où a été célébré son mariage avec Chimène, dans l'église où il obligea le roi Alphonse XI

à se justifier par serment de toute participation au
meurtre de son frère. Il nous montre, suspendu à
la voûte du sanctuaire, le fameux coffre que le glorieux Cid remplit de sable, et donna comme gage
à deux Juifs, contre une grosse somme d'or, en
disant qu'elle contenait des pierres précieuses. Il
nous conduit à la tombe où, dans un même cercueil, le guerrier repose à côté de Chimène « n'étant
point séparés par la mort ». Pour deux réaux, un
gardien soulève le voile, et ouvre le cercueil devant
le regard du voyageur curieux. Ozanam frissonna
en donnant la pièce de monnaie, prix de cette irré-
vérence. « Il y a toujours quelque chose d'horrible
« dans la violation du secret de la tombe ; je ne
« puis supporter la vue de ces restes flétris, si ce
« n'est lorsque la sainteté les a revêtus d'un impé-
« rissable vêtement. »

Mais le narrateur ne se borne pas aux sujets héroïques ou sacrés. Il n'omet aucun incident caractéristique, ou intéressant les contrées et les populations qu'il traverse :

« Je m'aperçois que j'inquiète mes amis. Vous avez ouï
beaucoup médire de l'Espagne, et vous craignez qu'au
retour de tant de courses je ne trouve guère meilleur gîte ni
meilleure chère que les compagnons du Cid, campés sur la
grève d'Arlanzon ; mais laissez-moi venger ce beau et trop
calomnié pays.... Si les chambres sont tout au plus bour-
geoises, les cuisines sont encore héroïques. Jamais je ne vis
suspendue au plancher, une plus riche collection de lèche-
frites, de casseroles et de chaudrons. Je contemplais surtout des files de marmites qui me rappelaient — pardon-

nez-moi encore cette réminiscence d'Homère, — la longue
file des servantes de Pénélope que Télémaque pend à la
même corde en punition de leur perfidie. Au milieu de
la pièce, se projette en saillie le manteau de la cheminée
patriarcale où le voyageur mouillé et transi trouve accueil sans crainte de scandaliser un essaim de cuisinières,
habituées à la bienheureuse familiarité des mœurs espagnoles. Là, son œil sera consolé par la bonne mine des
œufs frits, des perdrix qui se dorent au feu clair, et du brun
chocolat qui écume sous le fouloir. Si votre sobriété se contente à ce prix, si vous ne redoutez pas le parfum d'outre
qui donne le cachet de l'authenticité à ce flacon de malaga,
si votre estomac n'a pas la dangereuse curiosité de toucher
aux pois chiches qui nagent dans la chaudière voisine, ou aux
viandes arrosées d'huile rance, — soyez en paix : nous vivrons. Nous vivrons, et vous ne m'en voudrez pas d'être re-
descendu de mes hauteurs poëtiques à ces utiles réalités. Nous
n'avons pas même, a vrai dire, quitté la littérature espagnole ; car si le poëme du Cid naît sur les champs de bataille, c'est d'une cuisine d'auberge que Don Quichotte sort
chevalier pour combattre les géants et redresser les torts. »

A son retour en France, Ozanam voulut s'arrêter à Notre-Dame-de-Buglosse, près du village où
naquit saint Vincent-de-Paul. Sa santé paraissait
alors tellement améliorée, qu'il allait à ce pèlerinage
moins pour demander à Dieu sa guérison que pour
lui rendre grâces. Il fut cependant très frappé lorsque, s'étant agenouillé dans le confessionnal de la
petite église, il entendit le prêtre, qui ne l'avait
jamais vu et ne connaissait rien de sa vie, l'exhor-
ter tout d'abord à la patience et au courage dans
la souffrance. Ce conseil tout spontané l'émut
d'autant plus, avoua-t-il à Lallier, qu'il y avait dans

l'extrême simplicité du vieux prêtre quelque chose qui lui rappelait Saint-Vincent de Paul. « Il ne me « parla que de souffrances à recevoir patiemment, « de résignation, de soumission à la volonté de « Dieu, quelque sévère qu'elle fût ». Le pénitent ajoute : « Un tel langage me surprit : je me sentais, « à ce moment, relativement vigoureux et bien por-« tant ». Peu de jours cependant après son retour de Buglosse, il comprit que les conseils du prêtre étaient peut-être un avis divin. L'extrême fatigue reparut, et, avec elle, d'autres symptômes, précurseurs manifestes de la fin. Cependant il ne se décourageait pas, ou au moins ne voulait pas se décourager.

« Nous habitons un lieu de délices, dit-il en faisant allusion aux beautés du pays ; ma femme et mon enfant sont en parfaite santé, et moi, le malade officiel de la famille, je fais de telles équipées que, si cela venait aux oreilles du ministre de l'Instruction publique, sans le moindre doute, il couperait court à mon congé. »

(1) Le Pèlerinage au pays du Cid. Œuvres complètes, vol. VII, p. 41.

CHAPITRE XXIII

1852.

Tandis qu'Ozanam, s'arrêtant sous les ombrages des Pyrénées, adresse ses adieux au pays du Cid, avant d'entreprendre son dernier voyage en ce monde, nous passerons rapidement en revue ceux de ses ouvrages dont nous n'avons point encore parlé.

Chacun des livres, des leçons, ou des essais publiés par Ozanam, faisait partie de ce vaste plan primitif dont, encore tout jeune homme, il avait tracé l'esquisse, et que jamais il ne perdit de vue durant toute sa carrière littéraire et professionnelle. L'ascendant de cette idée sur son esprit fit que, si chacune des parties successives de son œuvre se présente à nous comme un travail complet, l'ensemble frappe par son unité merveilleuse; et ce caractère est plus saisissant encore, si l'on considère la méthode de morcellement, et souvent même d'interversion, qu'il dut suivre. Il commença par l'étude du Dante, et annonça seulement plus tard son projet de donner une histoire complète des temps barbares, et de poursuivre sa course à travers le Moyen-Age jusqu'au treizième siècle, où il s'arrêterait à Dante, comme à la figure dans laquelle se résume la gloire de son temps.

Le simple plan de ce monument inachevé, indique suffisamment quelle puissance intellectuelle il fallait pour accomplir un projet si vaste ; tandis que la résolution énergique et la véracité scrupuleuse dont l'historien fait preuve dans l'exécution de son dessein, témoignent d'une largeur de vues et d'un pur amour de la science, encore plus admirables.

Les conditions particulières de son existence exposaient Ozanam plus que d'autres aux tentations qui assiègent les hommes de lettres, en ces temps où l'on recherche avidement les prompts succès et les faciles popularités. Mais il méprisa ces basses considérations, dédaigna, sans se démentir jamais, cette mine de profits, en France surtout si féconde, qu'on appelle l'*actualité* ; et suivit fidèlement le noble chemin qu'il avait choisi dès le début.

On lui avait souvent conseillé de laisser sténographier ses leçons, mais il n'avait jamais pu prendre sur lui d'y consentir, en raison de l'extrême sévérité qu'il croyait devoir exercer sur ses publications, du *fini* qu'il tenait à y apporter. En 1849 et en 1850, il surmonta cependant sa répugnance, et un sténographe habile vint à la Sorbonne transcrire son cours sur le cinquième siècle. Lui-même fût surpris du succès de cette expérience, et regretta de ne l'avoir pas tentée plus tôt. Ce regret sera partagé par tous ceux qui ont lu les deux beaux volumes publiés après sa mort sous ce titre : *La Civili-sation au cinquième siècle.*

« Les cinq premières de ces leçons », dit M. Ampère dans sa Préface aux œuvres d'Ozanam, « revues et rédigées par l'auteur, ont paru dans le *Correspondant...* Elles sont précédées d'un avant-propos, qui est comme son testament littéraire. Ces cinq leçons, rédigées par Ozanam, me semblent former un des morceaux à la fois les plus élevés et les plus achevés qui soient sortis de sa plume. »

Cet avant-propos de l'auteur est en effet le meilleur commentaire de l'ouvrage, et en expose le plan mieux que ne le ferait tout un volume de compte-rendu. Il fut écrit dans l'après-midi du Vendredi-Saint de l'année 1851, au retour de ces offices sublimes où l'Eglise commémore le mystère le plus sacré de notre foi. En voici les premières lignes :

« Je me propose d'écrire l'histoire littéraire du Moyen-Age, depuis le cinquième siècle jusqu'à la fin du treizième et jusqu'à Dante, à qui je m'arrête comme au plus digne de représenter cette grande époque. Mais dans l'histoire des lettres j'étudie surtout la civilisation dont elles sont la fleur, et dans la civilisation j'aperçois principalement l'ouvrage du christianisme...

... « Laïque, je n'ai pas de mission pour traiter des points de théologie, et d'ailleurs Dieu, qui aime à se faire servir par des hommes éloquents, en trouve assez de nos jours pour justifier ses dogmes. Mais pendant que les catholiques s'arrêtaient à la défense de la doctrine, les incroyants s'emparaient de l'histoire. Ils mettaient la main sur le moyen-âge, ils jugeaient l'Eglise quelquefois avec inimitié, quelquefois avec les respects dûs à une grande ruine, souvent avec

une légèreté qu'ils n'auraient pas portée dans des sujets
profanes. Il faut reconquérir ce domaine qui est à nous,
puisque nous le trouvons défriché de la main de nos moines,
de nos bénédictins, de nos bollandistes. Ces hommes pieux
n'avaient pas cru leur vie mal employée à pâlir sur les
Chartes et les légendes... L'historien Gibbon avait visité
Rome dans sa jeunesse : un jour que, plein de souvenirs, il
errait au Capitole, tout à coup il entendit des chants d'Eglise,
il vit sortir des portes de la basilique d'*Ara Cœli* une longue
procession de franciscains essuyant de leurs sandales le par-
vis traversé par tant de triomphes. C'est alors que l'indignation l'inspira : il forma le dessein de venger l'antiquité ou-
tragée par la barbarie chrétienne, il conçut l'*Histoire de la
décadence de l'Empire Romain*. Et moi aussi j'ai vu les religieux d'*Ara Cœli* fouler les vieux pavés de Jupiter Capitolin ;
je m'en suis réjoui comme de la victoire de l'amour sur la
force, et j'ai résolu d'écrire l'histoire des progrès à cette époque où le philosophe anglais n'aperçut que décadence, l'histoire de la civilisation aux temps barbares, l'histoire de la
pensée échappant au naufrage de l'empire des lettres, enfin
traversant ces flots des invasions, comme les Hébreux passèrent la mer Rouge, et sous la même conduite, *forti tegente
brachio*. Je ne connais rien de plus surnaturel, ni qui prouve
mieux la divinité du christianisme, que d'avoir sauvé l'esprit humain. »

Il prévoit qu'on lui reprochera peut-être un zèle
inopportun, sous le prétexte que les accusations du
dix-huitième siècle sont tombées dans l'oubli ou le
mépris, et qu'une réaction presque excessive s'est
produite en faveur de ce Moyen-Age tant décrié ;
mais ces arguments ne le touchent guère. L'expérience et l'histoire prouvent combien il faut se
défier de ces retours soudains de l'opinion publi-

que : elle va et vient comme la vague « qui aime
« à quitter le rivage qu'elle caresse. » Déjà il se
manifestait une tendance à s'écarter de ces âges
chrétiens et sévères, et beaucoup d'hommes, prêts
à en admirer le génie et le grand caractère, ne pouvaient en souffrir l'austérité.

« Il y a au fond de la nature humaine, dit Ozanam, un paganisme impérissable qui se réveille à tous les siècles, qui
n'est pas mort dans le nôtre, qui retourne toujours volontiers aux philosophies païennes, aux lois païennes, aux arts
païens, parce qu'il y trouve ses rêves réalisés et ses instincts
satisfaits. La thèse de Gibbon est encore celle de la moitié
de l'Allemagne, elle est celle de toutes les écoles sensualistes,
qui accusent le christianisme d'avoir étouffé le développement légitime de l'humanité en opprimant la chair, en
ajournant à la vie future le bonheur qu'il fallait trouver ici-
bas, en détruisant ce monde enchanté où la Grèce avait di-
vinisé la force, la richesse et le plaisir, pour lui substituer
un monde triste, où l'humilité, la pauvreté, la chasteté, veil-
lent aux pieds d'une croix... J'aborde ainsi mon sujet avec
horreur pour la barbarie, avec respect pour tout ce qu'il avait
de légitime dans l'héritage de la civilisation ancienne... J'é-
cris cependant, parce que Dieu ne m'ayant point donné la
force de conduire une charrue, il faut néanmoins que j'o-
béisse à la loi du travail et que je fasse ma journée. J'écris
comme travaillaient ces ouvriers des premiers siècles, qui
tournaient des vases d'argile ou de verre pour les besoins
journaliers de l'Eglise, et qui, d'un dessin grossier, y figuraient le bon Pasteur ou la Vierge avec des Saints. Ces pauvres gens ne songeaient pas à l'avenir ; cependant, quelques
débris de leurs vases, trouvés dans les cimetières, sont venus,
quinze cents ans après, rendre témoignage, et prouver l'antiquité d'un dogme contesté.

« Nous sommes tous des serviteurs inutiles ; mais nous

servons un maître souverainement économe, et qui ne laisse rien perdre, pas plus une goutte de nos sueurs qu'une goutte de ses rosées. Je ne sais quel sort attend ce livre, ni s'il s'achèvera, ni si j'atteindrai la fin de cette page qui fuit sous ma plume. Mais j'en sais assez pour y mettre le reste, quel qu'il soit, de mon ardeur et de mes jours. »

Ces pages furent écrites l'année du jubilé, l'*année Sainte*, et Ozanam fait allusion à cette coïncidence :

« Au grand jubilé de l'an 1300, et le Vendredi-Saint, Dante, arrivé comme il le dit, au milieu du chemin de la vie, désabusé de ses passions et de ses erreurs, commença son pélérinage en enfer, en purgatoire et en paradis. Au seuil de la carrière, le cœur un moment lui manqua ; mais trois femmes bénies veillaient sur lui dans la cour du ciel : la Vierge Marie, Sainte-Lucie et Béatrix. Virgile conduisait ses pas, et, sur la foi de ce guide, le poëte s'enfonça courageusement dans le chemin ténébreux. Ah ! je n'ai pas sa grande âme, mais j'ai sa foi. Comme lui, dans la maturité de ma vie, j'ai vu l'année sainte, l'année qui partage ce siècle orageux et fécond, l'année qui renouvelle les consciences catholiques... Mais tandis que Virgile abandonne son disciple avant la fin de la course, car il ne lui est pas permis de franchir la porte du ciel, Dante, au contraire, m'accompagnera jusqu'aux dernières hauteurs du moyen-âge, où il a marqué sa place. Trois femmes bénies m'assisteront aussi : la Vierge-Marie, ma mère, et ma sœur ; mais celle qui est pour moi Béatrix m'a été laissée sur la terre pour me soutenir d'un sourire et d'un regard, pour m'arracher à mes découragements, et me montrer sous sa plus touchante image, cette puissance de l'amour chrétien dont je vais raconter les œuvres. »

Le plan tracé dans cette introduction reçoit dans

le corps de l'ouvrage de magnifiques développements ; et cependant ces deux volumes ne sont
eux-mêmes que la préface, et comme l'*atrium* du
temple qu'Ozanam se proposait de construire. Tel
quel, ce fragment du monument projeté contient
des sujets si grandioses et si variés, qu'il nous serait impossible au cours d'une biographie, d'en essayer même l'analyse. Nous ne pouvons que jeter
un simple coup d'œil, et signaler les parties qui
nous frappent le plus par leur puissance d'exécution et leur intérêt.

Ozanam explique d'abord la nature et l'essence
du paganisme, son action et ses effets sur l'humanité pendant les temps barbares ; il nous montre
Rome plantant ses aigles victorieuses sur toute
terre, civilisant les peuples conquis, faisant des lois,
encourageant les lettres et les arts, et étendant
jusque sur ses dieux son magnifique patronage. Il
nous conduit ainsi graduellement jusqu'au point
où le paganisme n'est plus qu'un masque qui sert
à cacher la déification de Rome. La maîtresse du
monde ouvre les portes de son Panthéon, et invite
les nations à venir et à adorer ; là, chaque dieu a
son autel ; mais la seule divinité que Rome adore,
c'est Rome. Les rites, les oracles, les prêtres ne sont
qu'une pompeuse mascarade entretenue pour la
distraction du peuple-roi. En même temps que le
césarisme devient la véritable idolâtrie de Rome,
sa tyrannie envahit non seulement la vie et la propriété des sujets, mais encore leurs âmes et leurs

consciences. Suivant le temps, le dieu s'appelle
Néron, Trajan, ou Héliogabale, mais son œuvre ne
change point ; l'Empire est toujours le même, —
un paganisme dont la divinité et le grand prêtre
est l'Empereur ; sa statue même reçoit les honneurs divins; des milliers de chrétiens sont torturés
et massacrés parce qu'ils refusent de s'abaisser jusqu'à brûler à ses pieds quelques grains d'encens.

L'esclavage, conséquence naturelle de cette déification, est mis à nu, dans sa plus dégradante
cruauté : il était défendu de tuer un esclave, mais
l'homme libre pouvait légalement le torturer jusqu'à
la mort, pourvu qu'il en payât la valeur à son
maître.

Et cependant, tel était le prestige de la puissance
romaine, qu'en dépit de la corruption et de l'aser-
vissement qu'elle engendrait dans les provinces, les
philosophes les plus éclairés croyaient le salut du
monde inséparablement lié à son règne, à la durée
d'un empire dont Tertullien a dit que : « seul il sus-
pendait la fin des temps ». Lorsqu'on apprit que
les Goths marchaient sur Rome, qu'Alaric était
devant ses portes traitant avec Honorius de la ran-
çon de la ville, avec ses habitants et ses trésors,
Saint-Jérôme lui-même frémit dans les profondeurs de sa solitude d'Orient, et s'écria épouvanté :

« Une terrible nouvelle nous arrive de l'Occident. On
parle de Rome assiégée, rachetée à prix d'or, assiégée de
nouveau ; la propriété perdue, toute vie devant périr. La voix
me manque ; les sanglots étouffent les mots que je dicte. »

Seul, le puissant génie de Saint-Augustin vit sans trembler cette grande catastrophe. Au milieu du bruit des peuples qui s'entrechoquent, des empires qui s'effondrent et des trônes qui s'écroulent sous la hache d'armes des Goths, Augustin regarde tranquillement, en arrière jusqu'à l'origine des temps, et en avant jusqu'à la consommation des siècles ; et, discernant à la lumière du christianisme les destinées de Rome et du monde, il proclame la loi du progrès chrétien dans son admirable livre de *la Cité de Dieu*.

Les barbares apportaient un courant de virilité nouvelle dans l'empire efféminé qu'ils avaient renversé ; ils y introduisaient ces éléments primordiaux de toute civilisation, la dignité de l'homme et le respect de la femme ; ils affranchissaient l'esclave ; ils élevaient la femme, vil instrument des plaisirs de l'homme, au rang d'une divinité ; ils la plaçaient sur un piédestal, et s'agenouillaient devant elle dans la personne de la Velléda, à qui ils attribuaient le pouvoir de prédire leurs destinées et de détourner d'eux les malheurs.

Le christianisme pénétra par cette brèche dans la forteresse du paganisme, et, continuant l'œuvre commencée par les envahisseures, il établit la femme reine dans sa demeure, l'égale de l'homme, son ange gardien et son consolateur, éleva enfin au rang de vertu ce qui n'avait été qu'instinct chez les barbares.

De l'esclave, le christianisme fit un ouvrier, et

fut le premier à lui rendre dignité et indépendance. Les premiers chrétiens travaillaient pour gagner leur pain; anachorètes, cénobites et moines donnaient plus de temps au travail manuel qu'à la contemplation. Cicéron avait aussi travaillé des mains, mais en déclarant qu'il n'y avait là « rien de libéral ». L'Évangile, au contraire, l'exalte et l'impose à tout homme comme un devoir.

Le paganisme méprisait le pauvre, et regardait même comme coupable de secourir des misérables abandonnés et maudits par les dieux ; le christianisme les proclama bienheureux. Ainsi la pauvreté fut consacrée au sein d'une société périssant par l'excès de son luxe et de sa richesse ; la chasteté couronnée et glorifiée dans un monde qui mourait de ses débauches ; l'obéissance établie en loi, là où tout périssait par l'anarchie.

Ozanam décrit longuement, et dans un langage d'une singulière beauté, la transformation opérée par le christianisme dans la position sociale de la femme ; il montre avec quelle dignité elle accomplit les devoirs qui lui étaient imposés par ses nouveaux privilèges, et la noble part qu'elle eut au développement de la religion à qui elle les devait. Craignant toutefois de se voir soupçonné de sympathie pour les revendications déraisonnables que certains commençaient dès lors à émettre au nom des femmes, il ajoute :

« Il ne faut pas conclure de là que le christianisme ait détruit tout ce que la nature avait fait, qu'il ait voulu pré-

cipiter les femmes dans la vie publique, et rétablir cette égalité absolue que le matérialisme de notre époque a rêvé. Non,
le christianisme ne l'entend point ainsi, il est trop spiritua-
liste pour avoir une pareille idée. Le rôle des femmes chrétiennes était quelque chose d'analogue à celui des anges
gardiens : elle pouvaient conduire le monde, mais en restant invisibles comme eux. Ce n'est que rarement que les
anges deviennent visibles à l'heure du souverain danger,
comme l'ange Raphaël avec le jeune Tobie : de même ce n'est
qu'à de certains moments marqués longtemps d'avance, que
cet empire des femmes devient visible, et que ces anges,
sauveurs de la société chrétienne, apparaissent sous le nom
de Blanche de Castille ou de Jeanne d'Arc (1). »

Les derniers chapitres de la *Civilisation au cinquième siècle*, montrent en détail le développement
graduel de l'histoire, de la poésie, de l'art et de la
civilisation matérielle de l'Empire jusqu'à la formation des nations néo-latines. Le charme et la vigueur du style se soutiennent jusqu'à la dernière
page, et conduisent, même le lecteur ignorant,
avec un intérêt toujours puissant, à travers des
labyrinthes de recherches qui excitent l'admiration
des plus érudits.

Les historiens avaient creusé un abîme, pour
ainsi dire, entre l'antiquité et les temps barbares.
Ce fut le triomphe d'Ozanam de jeter un pont sur
cet abîme, et, par son génie patient, par ses investigations originales, de rétablir ces lignes de
communication que la Providence ne laisse pas

(1) Ve siècle. OEuvres complètes, vol. II, page 106.

s'interrompre dans le temps plus que dans l'espace.

Une année environ après la mort d'Ozanam, cet ouvrage fut couronné par l'Académie française, qui lui décerna le prix Bordin, récemment fondé en faveur du plus bel ouvrage littéraire produit dans l'année. M. Villemain fut chargé de prononcer, à cette occasion, l'éloge du livre; et l'opinion d'un si illustre critique étant en elle-même un témoignage considérable, nous ne pouvons nous abstenir de citer ce passage de son discours :

« Savant et naturel, dominé d'une même pensée, et rayonnant de mille souvenirs, exact, et plein d'illusions charmantes, ce livre formé de vingt leçons et de quelques notes est une œuvre éminente de littérature et de goût. Il élève la critique jusqu'à l'éloquence, et l'éloquence même, il la conçoit, il la cherche, il la trouve dans sa source la plus haute, dans son type qui ne meurt jamais, ou plutôt, qui renaît toujours dans l'instinct naturel de l'âme émue par le beau et le divin, par les seules grandeurs d'ici-bas, la vertu, la liberté, la science, et par les grandeurs d'en haut, celles que promettent la foi et l'espérance chrétiennes. »

La lecture la plus superficielle de ces volumes suffit pour donner l'idée de ce qu'eût été l'œuvre complète d'Ozanam. Nous y voyons comment il accomplissait sa tâche de pionnier avançant pas à pas, à travers la nuit obscure de la barbarie, jusqu'au moment où paraît le premier rayon de l'aurore, et où l'Evangile entre sur la scène du monde pour établir la doctrine régénératrice du Christ crucifié, sur les ruines de la civilisation bâtarde et efféminée de l'ancienne Rome.

Ce tableau devait être suivi d'un autre non moins vaste et non moins achevé, qui nous aurait montré toutes les tribus barbares, dans la vie libre et sauvage de leurs forêts natales. Nous les aurions vues campées sur les ruines de l'Empire, et, conquises graduellement par l'enseignement de l'Eglise, apprenant à respecter ce que jusque-là elles s'étaient efforcées de détruire : la religion, les lettres et les arts. Avançant à travers les vastes solitudes des sixième, septième et huitième siècles, nous serions arrivés à Charlemagne, qui d'une main arrête le flot de l'invasion, et de l'autre rallume le flambeau des lettres près de s'éteindre. Ceci nous aurait conduits à la période où la semence d'une littérature nouvelle et féconde commençait à germer, alors que les jeunes idiômes bégayaient leurs premiers chants dans les romans de chevalerie, et que l'enthousiasme des Croisades entraînait les chevaliers d'Europe en Orient ; tandis que, allant de pair avec ce glorieux mouvement, les communes s'éveillaient à la liberté, et que les écoles remplissaient le monde du bruit de leurs luttes savantes. Ainsi, pas à pas, nous aurions atteint le treizième siècle, qui inaugure la Renaissance chrétienne.

Ozanam avait touché presque tous les points de cet immense programme dans le cours de ses travaux ; mais les seules parties qu'il ait achevées sont le commencement et la fin, c'est-à-dire l'*Histoire de la civilisation au cinquième siècle*, et *le*

Dante ou la Philosophie Catholique au treizième siècle ; les *Études germaniques* et les *Poëtes Franciscains* s'échelonnent entre ces deux œuvres qu'il appelle « les *jalons extrêmes de mon ouvrage*. »

Les *Études germaniques* forment deux volumes intitulés : *Les Germains avant le Christianisme*, et la *Civilisation chrétienne chez les Francs* : en d'autres termes, l'histoire ecclésiastique, politique et littéraire de la période Mérovingienne et du règne de Charlemagne, l'étude du peuple germain avant sa transformation par le Christianisme et celle de cette transformation elle-même. Ozanam est assisté dans cette course laborieuse à travers un passé reculé et obscur, par Tacite et par quelques savants allemands, mais à peine en reçoit-il tout au plus une lumière vacillante. En le voyant s'enfoncer dans les sombres régions qu'il a entrepris d'explorer, on songe involontairement à un voyageur aventureux abordant les sentiers effacés de l'une des forêts historiques de la Germanie, n'ayant pour guider ses pas que la lueur pâle d'une torche dont la flamme incertaine semble devoir s'éteindre au premier souffle du vent. Il rend pleine justice à l'érudition et à la sincérité de ses précurseurs, mais il les contredit à chaque instant, combat leurs assertions, s'inscrit en faux contre les faits qu'ils avancent, et réfute leurs arguments. Il anéantit les frêles illusions des écrivains patriotes qui, comme Gervinus, l'historien de la poésie allemande, déplorent sentimentalement « la douceur du christia-

« nisme qui a détruit le sentiment guerrier chez les
« ancêtres ».

Ozanam remonte dans l'étude de l'antique religion de la Germanie jusqu'à ses premières origines,
afin de montrer quels étaient les obstacles et les
ressources que le christianisme devait y rencontrer
un jour. Ces études préliminaires annoncent suffisamment où tendent les conclusions. Du commencement à la fin, l'idée dominante est la fraternité
des nations germaines avec les deux grandes races
du Nord, les Celtes et les Slaves, aussi bien qu'avec
les races du Midi : l'unité radicale, en un mot, des
peuples Indo-Européens, démontrée par les migra-
tions des tribus, la comparaison des mythologies,
la ressemblance des lois, des langues et des cultes,
et par un fonds commun subsistant de principes et
de traditions.

Il ne fallait rien moins que l'audace du christianisme pour réclamer, au profit des rudes et farou-
ches enfants de la Germanie, la fraternité des races
raffinées de la Grèce et de Rome ; et c'était une
tâche digne de la science moderne et de la philosophie chrétienne de rechercher et de montrer les an-
neaux de cette parenté.

« Il était réservé à la philologie, dit Ozanam, à une étude
qui passe pour oiseuse et stérile, d'arriver à des découvertes
si fécondes ; de contredire toutes les conjectures des matérialistes ; d'établir, par la communauté du langage et des
idées, une incontestable communauté d'origine entre ces races blondes aux yeux bleus, à la grande stature, qui erraient

dans les solitudes du Nord, et les peuples brunis par le soleil, d'une plus petite taille, d'un sang bouillant, qui bâtis-
saient des villes, creusaient des ports, ouvraient des écoles,
sous le ciel lumineux du midi. »

Nous en tenant à l'unité d'origine du genre
humain, basée sur le témoignagne des Livres
Saints, nous ne prétendons pas juger la démonstration d'Ozanam ni en discuter les mérites ou les
défauts ; nous cherchons simplement à donner une
idée de l'œuvre qui est sous nos yeux, de l'étendue des recherches qu'elle rendit nécessaires, de sa
puissance de synthèse, de sa claire et subtile analyse, et de cette réunion de qualités qui font la valeur de la science historique. Science utile autant
qu'admirable, en effet, qui expose aux regards de
l'humanité le tableau de sa mission et de son travail dans le passé et fait de ce passé comme une
lumière à travers le drame de l'avenir.

Le second volume des *Etudes germaniques* nous
montre ensuite comment cette conquête, qui
défia les légions de César et le prestige de Rome,
fut accomplie par la toute puissante douceur de
l'Eglise du Christ. Les Francs, devenus les premiers champions de l'Evangile, pénétrent, la croix
en main, dans les sombres forêts au-delà du Rhin,
et attaquent la barbarie dans sa propre citadelle.
Leurs seules armes sont l'amour, la douceur, le
dévouement ; et avec elles, plus puissants que les
soldats qui avaient vaincu le monde, ils triom-
phent ; la patience conquiert ces cœurs indomp-

tables et ces natures rebelles, que la puissance des
armes n'avait pu subjuguer.

L'auteur insiste particulièrement sur les trois
grands évènements qui décidèrent du triomphe
complet du christianisme : la conversion des Francs,
l'apostolat des Irlandais, et la conversion des Anglo-Saxons. La mission des Francs est clairement
définie depuis le moment où la conversion de Clo-
vis les enrôle sous l'étendard du christianisme, et
les substitue aux Romains pour arrêter le flot de
l'invasion : ils font pénétrer graduellement le christianisme dans les lois et et les institutions païennes, jusqu'à ce que son règne devienne universel
et assuré sous le sceptre glorieux de Charlemagne.
Nous voyons les nations barbares, sous la béni-
gne influence de l'Evangile, faire éclore une nouvelle civilisation et un nouvel Empire, dont les
progrès et les fruits sont admirablement décrits
dans les études finales intitulées *l'Eglise*, *l'Etat*,
les Ecoles. Avec Charlemagne, les temps barbares
finissent ; une ère nouvelle commence, une nouvelle société est fondée.

Nous sommes contraints de quitter ces deux
volumes, sans pouvoir décider ce qui commande
le plus notre admiration, de l'éloquence de l'écrivain ou de l'érudition de l'historien. Il est rare
de trouver ces deux qualités réunies en un même
homme; les lentes et patientes analyses du savant
sont souvent fatales à l'élan, à l'inspiration de
l'orateur (il faut se rappeler que ces pages étince-

lantes étaient des leçons improvisées). Mais Ozanam possédait la double puissance de la parole et de l'érudition.

« L'une lui était aussi naturelle que l'autre », dit Lacordaire ; « il était grand dans la poudre, avec la pioche du mineur, et grand dans la lumière, avec le simple regard de l'esprit. Cela lui donnait sa physionomie, mélange de solidité et d'enthousiasme jeune et ardente ».

Il nous reste à parler de l'œuvre qui a pour titre : *Dante et la philosophie catholique au XIIIe siècle*. Le prestige du Dante est si éclatant, qu'il faut quelque courage pour oser s'approcher de lui, même sous la protection d'un guide autorisé ; cependant il est impossible, dans la plus rapide notice sur les œuvres d'Ozanam, de passer sous silence celle qui de toutes est peut-être la plus célèbre.

Nos lecteurs n'ont sans doute pas oublié la profonde impression que reçut Ozanam, lorsque, pénétrant pour la première fois dans ces chambres de Raphaël qu'il appelle « le sanctuaire de l'art chrétien » il aperçut parmi les docteurs en théologie, dans la « *Dispute du Saint-Sacrement* », une figure « remarquable par son originalité, la tête ceinte, « non d'une tiare ou d'une mitre, mais d'une « guirlande de lauriers, noble et austère toute- « fois, et nullement indigne d'une telle compa- « gnie. »

(1) OEuvres complétes : Dante, t. VI, page 52.

Pourquoi Dante Alighieri est-il ainsi placé à côté de l'Ange de l'École, avec saint Bonaventure, avec Savonarole et les autres maîtres faisant autorité dans la science divine ? — Cette question éveilla tout d'abord dans l'esprit du jeune touriste une curiosité respectueuse, qui ne fit que grandir avec les années, et qui nous fait connaître la vraie origine, et le but immédiat de l'ouvrage dont nous parlons.

Aucun livre, sorti de la main de l'homme, n'a provoqué autant de commentaires que ce chant immortel que Gioberti appelle « la Bible humaine de la société moderne ». Après avoir été le plus glorifié des hommes, après avoir été vénéré et exalté pendant des siècles, Dante était destiné, comme toutes les célébrités de ce monde, à éprouver l'instabilité de la gloire humaine. La philosophie avait été la passion maîtresse de son esprit, et cependant l'œuvre qui en était l'expression la plus complète, le livre auquel il avait sacrifié sa vie, et qui, ainsi qu'il le dit lui-même si pathétiquement « le fit maigre pendant des années », nous était parvenu après six cents ans, dépouillé de la plus grande partie de cet intérêt philosophique que son auteur plaçait au-dessus de tout autre.

La tâche que s'imposa Ozanam consista à reconstituer cette portion mutilée de la gloire du poète, et à réhabiliter ces formules lumineuses de la vérité à l'aide desquelles, guidé par son œil de voyant, le Florentin pénétra dans les plus profonds mystères de la vie et de la destinée humaines.

Rien de ce qui appartient au moyen-âge n'a été plus calomnié que sa philosophie. Elle est représentée comme tournant dans un cercle de systèmes, de disputes, de spéculations stériles, ayant pour instrument une langue barbare, pédantesque et indocile. Dante se lève pour venger cette époque tant décriée, et il le fait dans un idiome intelligible aux femmes et aux enfants. Il prend une de ces langues semi-barbares du moyen-âge, et il nous montre ce qu'on en peut faire. Sous sa plume, le vocabulaire italien s'étend jusqu'aux frontières de son propre génie; il se fortifie de sa force, s'adoucit de sa douceur, et les notes musicales en coulent plus limpides lorsqu'elles servent à répandre sa pensée inspirée.

Le secret de l'immortalité du Dante réside dans cette union de la philosophie et de la poésie que réalise son chant sublime; la *Divine Comédie* s'adresse aux docteurs, aux princes, aux âmes de toutes les classes et de tous les temps, et tous écoutent ravis, « chacun entendant dans la langue qui lui est propre. » Un poème qui embrasse un champ si illimité présente un horizon trop vaste pour qu'aucun critique puisse le mesurer : Ozanam se borne sagement à une seule partie de l'œuvre, celle, dit-il, « qui est la plus inculte et peut-être la plus féconde. » Mais cela seul impliquait un immense travail.

« Un système philosophique n'est pas un fait solitaire, dit-il, c'est le produit du concours de toutes les facultés de l'âme : ces facultés obéissent à une éducation antérieurement reçue, à des impulsions extérieures. Il est donc utile, en commençant, d'étudier l'aspect général de l'époque de Dante, les phases de la scolastique contemporaine, les caractères spéciaux de l'école Italienne à laquelle il appartint, les études et les vicissitudes qui remplirent sa vie et l'action que ces causes réunies durent exercer sur ses doctrines » (1).

La réponse à ces questions eût impliqué la solution de problèmes historiques sans fin. Pour épuiser les diverses conceptions groupées dans la *Divine Comédie*, il eût fallu remonter à leurs sources premières et, partant des sanctuaires de l'Orient, en poursuivre la recherche à travers les écoles arabe, alexandrine, latine, grecque et chrétienne ; mais, comme une vie humaine ne suffirait point à une telle tâche, Ozanam y jette seulement un rapide coup d'œil. Comme Dante lui-même, avant d'entrer dans le cercle, il regarde et passe, ne donnant que quelques moments à chaque époque, à chaque école, à chaque personnage. Avec Béatrix, seule, il s'attarde. Devant cette douce apparition, cette céleste lumière dont les rayons illuminent tout l'ensemble, et en qui se résument l'essence même du chant mystique, sa divine philosophie, et son intérêt terrestre le plus pur, l'enthousiasme du commentateur se donne libre carrière, et s'élève jusqu'à l'extase. D'autres ont écrit savamment et magnifiquement sur Béatrix, l'ont analysée, ex-

(1) Dante. De la philosophie catholique, t. VI, page 65.

pliquée, exaltée ; mais Ozanam, comme Dante
lui-même, accorde sa lyre au ton séraphique et
chante, comme chante celui qui adore. Évitant
les deux écueils auxquels se sont brisés ses prédé-
cesseurs, — les uns considérant Béatrix comme
une pure abstraction symbolique, les autres comme
une simple réalité terrestre, — il nous montre
Dante aimant passionnément la femme, aspirant à
elle et la perdant. Nous voyons sa vie irrépara-
blement appauvrie par la perte de cet idéal, qu'il
ne posséda jamais, mais qui devait la colorer comme
n'eût pu le faire aucune réalité ; nous le voyons
passer du plus sombre désespoir à une adoration
enthousiaste, et sortir de sa douleur pour chanter
son rêve « comme aucun homme n'avait encore
chanté la femme » ; nous saisissons la transformation de la réalité en symbole ; nous voyons les eaux
mystiques jaillir de leur source jusqu'au pied du
trône de cristal ; nous les voyons couler pour rejoindre le torrent des larmes humaines, où, se
confondant en vagues transparentes, elles enlèvent
Béatrix loin de notre vue, pour nous la faire contempler ensuite émergeant sur les hauteurs dorées
de la vision, comme la dame céleste qui con-
duira son adorateur à travers les cercles éclatants
du paradis.

On se demande avec étonnement comment les
moins initiés parmi ceux qui ont étudié Dante, ont
pu méconnaître ce double caractère du poème et
comment il a pu s'élever une controverse sur ce
point, en face de l'assertion du poète lui-même.

« Le sens de cet ouvrage, » dit-il dans la curieuse lettre par laquelle il dédie *Le Paradis* à Can Grande, « n'est point simple, mais multiple. Il y a d'abord le sens littéral, et ensuite le sens caché sous la lettre ». Il semble, il est vrai, que le poète attachât plus d'importance au sens réel qu'au sens allégorique, car il ajoute dans cette même lettre : « Le but de mon œuvre, le but de son ensemble et de chacune de ses parties, est de délivrer les vivants de leurs douleurs et de les conduire au bonheur, non seulement dans le monde à venir, mais encore dans celui-ci ».

Cependant, en dépit de cette autorité, le caractère multiple du poème a été nié, jusqu'à une époque très récente, par divers commentateurs. Ozanam a répandu, — cela est généralement admis — plus de lumière qu'aucun autre critique moderne sur la portée réelle de l'œuvre. Il voit dans la merveilleuse puissance d'aimer du poète, le secret de sa véritable mission, et il nous montre comment cet amour grandi dans la douleur et porté par l'adoration à son suprême développement était l'épreuve par laquelle il devait nécessairement passer pour accomplir sa destinée.

« En effet, selon les lois qui régissent le monde spirituel, pour élever une âme, il est besoin de l'attraction d'une autre âme : cette attraction c'est l'amour, qui s'appelle aussi amitié dans le langage de la philosophie, et charité dans celle du christianisme. Dante ne devait pas échapper à la loi commune. A neuf ans, à un âge dont l'innocence ne

laissait rien soupçonner d'impur, il rencontra, dans une
fête de famille une jeune enfant pleine de noblesse et de
grâce. Cette vue fit naître en lui une affection qui n'a pas
de nom sur la terre, et qu'il conserva plus tendre et plus
chaste encore durant la périlleuse saison de l'adolescence.
C'étaient des rêves où Béatrix se montrait radieuse, c'é-
tait un désir inexprimable de se trouver sur son passage ;
c'était un salut d'elle, une inclination de sa tête, en quoi il
avait mis tout son bonheur ; c'étaient des craintes et des
espérances, des tristesses et des jouissances qui exerçaient,
épuraient sa sensibilité jusqu'à une extrême délicatesse, et
le dégageaient peu à peu des habitudes et des sollicitudes
vulgaires. Mais surtout quand Béatrix quitta la terre dans
tout l'éclat de la jeunesse, il la suivit par la pensée dans ce
monde invisible dont elle était devenue l'habitante, et se
plut à la parer de toutes les fleurs de l'immortalité : il l'en-
toura des cantiques des anges, il la fit asseoir au plus haut
degré du trône de Dieu. Il oubliait sa mort en la contemplant dans cette glorieuse transfiguration » (1).

(1) *Dante et la philosophie catholique*, p. 120.
Il est généralement admis que ce fut le chagrin de la
mort de Béatrix qui éveilla le génie poétique de Dante; mais
lui-même semble démontrer que ce fut le désespoir de son
mariage. Le jour de ses noces, il la rencontre dans les
rues de Florence, vêtue de blanc, accompagnée de femmes
plus âgées qu'elle, suivant son chemin comme une fiancée
qui se rend à l'Église; et, après qu'elle lui a adressé des paroles qui le remplirent d'une joie telle qu'il pensait avoir atteint « les limites extrêmes de la béatitude, » il rentre chez
lui, et il a cette vision où il la voit dans les bras d'un homme
qui l'éveille en lui disant : « *Ego Dominus tuus,* » et après
l'avoir contrainte à manger un cœur brûlant, l'emporte. Alors
la joie de Dante est soudainement changée en une amère douleur, » Il s'assied et écrit son premier sonnet, qu'il envoie à plusieurs de ses amis leur demandant de l'interpréter, ce qu'aucun d'eux ne fit, comme il nous le dit dans la *Vie Nouvelle*.
Nous sommes redevables de cette idée entièrement nouvelle, à ce que nous croyons, quelque vraisemblable qu'elle
soit d'ailleurs, aux notes inédites d'un érudit distingué,
M. Augustus Craven.

La douleur entraîna Dante à chercher des consolations dans les écrits de Cicéron et de Boëce, de saint Grégoire le Grand, de saint Thomas d'Aquin, de saint Bernard, de Richard de saint Victor, et ces nobles maîtres récompensèrent amplement ses patientes études. La philosophie devint bientôt la maîtresse de son âme, la gouvernant comme l'avait fait Béatrix, mais avec une direction plus austère. Pour se perfectionner dans le service de sa science favorite, il alla suivre les cours de toutes les grandes universités du temps. L'Enfer (1) et le Paradis (2) portent les traces d'un itinéraire qui, passant par Arles, Paris, Bruges et Londres, semble avoir conduit l'illustre étudiant à Oxford. Ozanam, évite de se prononcer sur la vérité de ce fait, mais il tient pour certain que Dante séjourna quelque temps à Paris, où, mêlé aux autres étudiants, il suivit les leçons du professeur Sigier, dans la rue du Fouarre. Malheureusement là, comme dans sa patrie, l'université ferma devant lui ses portes. Jugé digne du grade suprême, il ne fut pourtant pas investi, « parce qu'il était trop pauvre pour payer les frais de réception ».

Il reprit donc le chemin de l'Italie et soutint à Vérone une thèse sur « les éléments du feu et de l'eau », avec un éclat qui le consola sans doute un peu de la perte de ses honneurs académiques.

1. L'Enfer, IX-38, XII-40, XV-2.
2. Le Paradis, X-47, etc.

Un an plus tard il mourait, et Guido Novello plaçait une couronne de lauriers sur sa tombe.

Nous voyons ainsi dans le Dante trois vies différentes, chacune d'elles complète dans sa sphère, — celle du citoyen, du poète, du philosophe. Nous le voyons en possession de « ces trois facultés, dit Ozanam, qui réunies dans de certaines proportions, composent le génie, — l'intelligence pour percevoir, l'imagination pour idéaliser, et la volonté pour réaliser ».

Ozanam sent si vivement le courant sympathique jaillissant de l'âme du Dante, qu'il le proclame le prophète de la démocratie et des révolutions modernes.

« Sans doute, dit-il, il emprunte aux publicistes de son époque plusieurs des arguments sur lesquels il appuie la monarchie du Saint-Empire. Mais l'Empire tel qu'il le conçoit n'est plus celui de Charlemagne,... C'est une conception nouvelle, qui touche à deux grandes choses : d'une part, à l'empire Romain primitif, où le prince revêtu de la puissance tribunitienne, représente dans son triomphe les plébéiens vainqueurs du patriciat ; d'autre part, à la monarchie française s'élevant par l'alliance des communes sur les ruines de la noblesse. Le dépositaire du pouvoir, même sous le nom de César et le front ceint du diadème impérial, n'est aux yeux de Dante que l'agent immédiat de la multitude, le niveau qui rend les têtes égales. Entre tous les privilèges, nul ne lui est plus odieux que celui de la naissance ; il ébranle la féodalité dans sa base, et sa rude polémique, en attaquant l'hérédité des honneurs, n'épargne point l'hérédité des biens. Il avait cherché dans les plus hautes régions de la théologie morale les principes générateurs d'une philosophie

de la société ; il en devait poursuivre impitoyablement les
déductions jusqu'aux plus démocratiques et plus impraticables maximes. »

Mais si Ozanam proclame Dante le précurseur
des idées modernes, parce qu'il fut le premier à
donner aux sciences philosophiques une direction
morale, politique et universelle, il prend soin de
le justifier de toute complicité dans les excès dont
nous sommes témoins de nos jours.

« Il ne divinisa pas l'humanité en la représentant suffisante à soi-même, sans autre lumière que sa raison, sans
autre règle que son vouloir.... Il vit qu'elle n'est point tout
entière dans ce monde, où elle passe, en quelque sorte, par es-
saims ; il alla tout d'abord la chercher au terme du voyage,
où les innombrables pélerins de la vie sont rassemblés pour
toujours. — On a dit que Bossuet, la verge de Moïse à la
main, chasse les générations au tombeau. On peut dire que
Dante les y attend avec la balance du jugement dernier.
Appuyé sur la vérité qu'elles durent croire, et sur la justice
qu'elles durent servir, il pèse leurs œuvres au poids de l'éternité.... Ainsi, avec la pensée des destinées éternelles, la
moralité rentre dans l'histoire ; l'humanité, humiliée sous
la main de la mort, se relève par la loi du devoir ; et, si on
lui refuse les honneurs d'une orgueilleuse apothéose, on lui
sauve aussi l'opprobre d'un fatalisme brutal ».

Après avoir mesuré les contrastes ou les analogies qui existent entre la philosophie du Dante et
les autres systèmes anciens et modernes, Ozanam
arrive à la question qui a arrêté depuis trois siècles tous les commentateurs du poète, — son orthodoxie.

« Le protestantisme, à sa naissance, avait senti le besoin de se créer une généalogie qui le rattachât aux temps apostoliques, et justifiât en lui l'accomplissement des promesses d'infaillibilité laissées par son Sauveur à son église... Il était sans doute peu sévère dans le choix des preuves : il lui suffisait de quelques paroles amères tombées de la plume d'un homme célèbre sur les abus contemporains, pour l'admettre immédiatement au catalogue des prétendus témoins de la vérité. Dante ne pouvait échapper à ces honneurs posthumes,... Plusieurs passages de son poëme, ingénieusement torturés, semblaient, disait-on, contenir des allusions dérisoires aux plus saints mystères de la liturgie catholique. »

Il n'est pas extraordinaire que les Anglais, admirateurs de Dante, aient saisi avec avidité ce qui leur semblait un témoignage en faveur de ses affinités avec le protestantisme. Mais les témoins ne manquèrent pas non plus pour venger Dante et le réhabiliter. Le catholicisme n'est point si indifférent à ses gloires! L'orthodoxie de Dante fut établie et défendue au au XVIIe par une autorité qui ne fut rien moins que celle du savant cardinal Bellarmin, l'un des plus illustres champions de l'autorité du St-Siège. Trois papes acceptèrent la dédicace de la *Divine Comédie*, Paul III, Pie IV, Clément XII, et l'édition romaine de 1791 fut sanctionnée par cette même suprême autorité.

On a dit qu'Homère était le théologien de l'antiquité païenne, et l'on a représenté Dante à son tour comme l'Homère des temps chrétiens. Cette comparaison, qui honore son génie, fait tort à sa religion.

« L'aveugle de Smyrne, dit Ozanam, fut justement accusé d'avoir fait descendre les dieux trop près de l'homme; et nul au contraire mieux que le Florentin ne sut relever l'homme et le faire monter vers la Divinité. C'est par là, c'est par la pureté, par le caractère immatériel de son symbolisme, comme par la largeur infinie de sa conception, qu'il a laissé bien loin au-dessous de lui les poètes anciens et récents, et particulièrement Milton et Klopstock. Si donc on veut établir une de ces comparaisons qui fixent dans la mémoire deux noms associés pour se rappeler et se définir l'un l'autre, on peut dire, et ce sera le résumé de ce travail, que la Divine Comédie est la Somme littéraire et philosophique du moyen-âge, et Dante, le saint Thomas de la poésie. »

Ozanam nous ramène ainsi à son point de départ, à cette fresque de Raphaël, où la figure couronnée de lauriers, debout à côté de saint Thomas, éveilla sa curiosité et provoqua ses recherches afin de résoudre le problème. Jusqu'à quel point a-t-il réussi dans l'accomplissement de sa tâche ? C'est ce que chacun décidera d'après son jugement propre et ses sympathies personnelles. Pour nous, nous avouons que, dans chaque ligne de cette œuvre épique, nous voyons la philosophie de Dante, comme toute la philosophie du moyen-âge, se faire la servante docile de la théologie. Soit qu'il pénètre dans les mystères de la création, soit qu'il scrute les vérités enseignées par l'Église, ou qu'il ouvre les livres inspirés des prophètes et des évangélistes pour trouver dans leurs divins arcanes des types, des lois et une voix pour révéler leur sens caché, nous voyons toujours briller sur la page

qu'il remplit, l'éblouissante lumière d'une gigan-
tesque intelligence éclairée par la Foi. Son poème
est un splendide psaume d'adoration, un chant sortant du cœur même de l'humanité pour célébrer les
louanges du Seigneur. Toutes les choses créées, la
glace et le feu, les abîmes et les flots, les arbres
de la forêt et les étoiles du firmament sont appelés
à nourrir cette universelle mélodie ; dans la création entière, dans la nature et au-delà, dans la vie
et dans la mort, dans l'heureux royaume d'en haut,
dans les profondeurs désolées d'en bas, partout
une voix s'élève, retentissante comme le fracas
des grandes eaux pour lancer vers le ciel un éclatant *Hosannah !* Et cependant, au milieu des plus
brûlantes visions, à travers ces rêves mystiques,
ces frémissements passionnés et ces ravissements
de béatitude, nous ne perdons jamais de vue le
spectacle du début, cette âme humaine, souffrante,
héroïque et ardente. Quelles que soient les scènes
que nous traversons, qu'elles soient tragiques et
violemment satiriques ou pleines d'une passion
douce comme le souffle du ciel, d'une tendresse
dépassant « l'amour de la femme », nous entendons toujours l'instrument accordé à cette même
clé qui règle toute sa tonalité sublime, celle de la
puissante personnalité de Dante !

Ozanam ne nous a laissé qu'un monument inachevé, un simple fragment d'un plan presque sans
limites ; cependant, il est peu d'auteurs dont les
ouvrages donnent moins le sentiment de l'incom-

plet. Sans doute, à certains moments, son génie s'élève plus haut que dans d'autres, et atteint alors son maximum de puissance et d'éclat ; mais il ne descend jamais au-dessous de son niveau habituel de pensée équilibrée, de poésie vraie et de saine philosophie. Il ressentait l'enthousiasme du poète, mais cet enthousiasme n'ébranlait jamais son jugement ; sa pensée était toujours assez forte pour porter le poids de la plus vive émotion, sans en être ni troublée ni obscurcie. Son style a le fini du camée ; il est musical, délicat, puissant ; la diction est toujours pure et choisie, bien que la phrase pèche çà et là par la redondance des images ; le désir qu'il avait d'exprimer sa pensée aussi complètement que possible et de donner à ses auditeurs toutes les explications utiles l'entraînant quelquefois à une certaine exubérance de mots. Son éloquence, dans les moments du plus vif entraînement — et c'en est le caractère habituel — est toujours exempte d'exagération. Il en était préservé par ce que, faute d'une meilleure expression, nous appelons le goût, c'est-à-dire par cet instinct délicat de l'imagination qui ne souffre aucun excès. Des critiques français se sont plû à établir une comparaison entre le style d'Ozanam et celui de ses deux illustres contemporains, Berryer et Montalembert. Il est difficile de voir sur quoi cette comparaison peut se fonder, si ce n'est sur les contrastes. Chez Ozanam, le philosophe et l'historien atteignent rarement à cette triomphante énergie qui caractérise l'éloquence des deux orateurs politiques. Sa parole a un mérite tout différent ; elle est pénétrante et persuasive plutôt qu'éblouissante, et continue d'éclairer nos esprits de sa douce lumière, longtemps après que se sont éteints des astres qui l'éclipsaient par un plus vif éclat.

CHAPITRE XXIV

1853

Et maintenant, nous sommes au seuil de la scène suprême. Nous approchons de l'heure qui met le sceau sur toute vie, — de l'heure qui, même de ce côté de la tombe, est comme l'ouverture du livre où sont révélés les secrets des cœurs. C'est toujours un spectacle douloureux, quoique généralement plein d'enseignements et parfois de consolations, que d'assister à cette grande et dernière crise d'une âme humaine, de surveiller la lumière qui s'éteint, d'écouter les accents altérés d'une voix bien connue, d'avoir à noter peut-être ces « craintes du brave, et ces folies du sage », qui troublent la beauté et la grandeur de l'acte final, et, en rendant plus poignante notre douleur flottent dans notre mémoire comme une souffrance, un doute vague et angoissant. Nous n'avons rien de tel à redouter d'Ozanam. Dans la mort même, il ne trompera pas notre attente celui qui, dans la vie, a été si fermement fidèle à ce qu'il y avait de plus noble en lui. Sa vie tout entière avait été doucement héroïque; nous allons voir le même héroïsme tranquille se soutenir jusqu'à la fin.

Tout ce qu'il avait aimé sur la terre, il l'aime

maintenant avec une tendresse plus chaude et
avec une plus grande justesse d'appréciation.
Dans les jours de son adolescence, il avait visité
l'Italie, épris de sa beauté et chantant ses louanges
avec la ferveur poétique d'un jeune cœur. Il retourne encore au pays du soleil, sachant que ce
voyage est le prélude de son entrée dans la vallée
de l'ombre de la mort, et cependant nous le voyons,
comme autrefois, déborder de joie à mesure que
ces beautés familières passent, une fois encore, devant ses yeux.

Son cœur exulte dans la magnificence de
ces œuvres de Dieu, et partout il voit la main
du Créateur — et dans les grands palmiers on-
doyants « qui sont dignes d'être portés le jour des
« Rameaux au triomphe de notre Seigneur » ; et
dans ces glorieuses collines « qui sont sûrement
« un coin du Paradis terrestre où Dieu marchait
« et parlait avec Adam. »

Tous les anciens souvenirs, les vieilles sympathies, grandissent au moment où la séparation approche, et il s'y arrête avec amour, même avec
gaieté.

« Qui nous empêchait de nous croire sur les côtes de Sy-
rie, au temps des croisades, surtout lorsqu'un donjon crè-
nelé ou quelque chapelle antique se faisait voir sur les ma-
melons voisins ? », dit-il plaisamment à M. Cornudet, et il
raconte alors comment, quoiqu'aucun Sarrazin discourtois
ne soit venu leur disputer la route, « ces dames (sa femme et
sa mère) m'ont assuré qu'en gravissant la montagne de l'Es-
terel, des hommes armés de haches avaient rôdé plus

d'une heure autour de la voiture, en y jetant des regards inquiétants. Cependant, si le fait ne vous paraît pas suffire, pour constituer l'épisode de voleurs qui doit orner un grand voyage, il est très largement complété par le grand nombre de brigands honnêtes qui, sous le titre d'aubergistes, et le chapeau à la main, nous ont dévalisés et spoliés deux cent cinquante lieues durant. Enfin, pour que rien ne manquât à l'agrément de notre épopée, nous avions pris la mer de Gênes à Livourne ; mais ce perfide élément nous a traités comme des héros : nous avons eu les vents déchaînés, les vagues sur le pont, et la malle de Mme Ozanam si bien trempée, qu'au débarquement elle a dû faire dans l'hôtel, le plus bel étendage qu'on ait jamais vu depuis le temps où la princesse Nausicaa faisait la lessive » (1).

La pluie incessante qui avait gâté et entravé leur voyage d'Espagne, suivait les voyageurs en Italie, et Ozanam se félicite qu'il y ait à Pise quelques monuments qu'on puisse se donner la peine de visiter à l'abri des averses. « Une bibliothèque de soixante mille volumes me donne à peu près tout ce que je puis désirer en fait d'histoire, d'antiquités ecclésiastiques et municipales », dit-il, et il raconte ensuite, avec cette généreuse fierté qu'il éprouvait à voir la bonté d'autrui (sentiment qui était l'un des traits de son caractère), tout ce qu'il a rencontré à la dite bibliothèque de courtoisie et d'obligeance ; comment le savant professeur Ferrucci l'a installé à une table, dans un coin confortable, à l'abri des courants d'air, et combien toutes les autorités de la ville sont intelligentes et serviables.

(1) Lettre à M. Cornudet, Pise, 12 janvier 1853.

« Enfin, nous avons ici une petite *Athènes*, et je puis d'autant mieux l'appeler ainsi que l'on compte bien une centaine d'étudiants grecs. Mais je dois avouer que ces fils d'Aristide et de Philopœmen sont moins assidus à l'école qu'au théâtre, et passent pour mal payer leurs dettes. »

Le mot d'école et d'écoliers évoque naturellement l'image d'un autre lieu d'étude vers lequel le cœur de l'exilé se tourne avec émotion.

« Ah ! pauvre Sorbonne ! s'écrie-t-il avec un soupir : que de fois je retourne en esprit vers ses murs noirs, dans sa cour froide, mais studieuse, dans ses salles enfumées, mais que j'ai vues remplies d'une si généreuse jeunesse ! Cher ami ! après les consolations infinies qu'un catholique trouve au pied des autels, après les joies de la famille, je ne connais pas de bonheur plus grand que de parler à des jeunes gens qui ont de l'intelligence et du cœur » (1).

Il avoue, comme s'il confessait une faiblesse déraisonnable, que le souvenir de cette foule jeune, ardente, sympathique, oriente toujours les battements de son cœur vers Paris : il demande des nouvelles des examens et « comment vont les baccalauréats », avec le vif intérêt d'un homme qui se rappelle les luttes de sa propre jeunesse au sein de la savante *Alma Mater*. La seule pensée de remonter un jour dans sa chaire et d'étendre la main vers une foule vibrante répand en lui un frisson de bonheur ; mais il n'ose pas s'arrêter à cette espérance et se détourne avec ces mots : « *Fiat !* » Ce sera toujours bien, quelle que soit la fin, puisque ce

(1) Pise, 28 février 1852, t. II.

sera la volonté de Dieu. « *Volo quomodo vis, volo quamdiu vis* ».

Il jouissait de ses amis, de leur sympathie, il s'associait à leurs joies, à leurs projets, avec autant de vivacité qu'aux jours où il lui était permis de les partager activement.

« Je ne sais pas ce que Dieu ordonnera de nous, dit-il à son ancien collègue, M. Lenormand, pour lequel il avait combattu si courageusement, mais il a certainement assez fait pour l'honneur et la douceur de notre vie en nous choisissant nos amis. Si mal que je pense de moi-même, je ne puis croire qu'il m'ait créé pour ne rien faire, lorsqu'il me fait connaître l'un après l'autre les plus grands chrétiens de mon temps et les âmes les plus choisies. Leur affection, vous avez raison de le dire, me soutient et m'encourage ; elle m'aide à supporter des épreuves proportionnées, d'ailleurs, à ma faiblesse (1).

Mais la consolation pour laquelle Ozanam adressait à Dieu ses actions de grâce les plus ferventes, c'était l'ardente activité des Conférences qu'il trouvait établies dans les différents lieux qu'il traversait.

« Notre petite Société de St-Vincent de Paul, écrit-il de Pise à M. Cornudet, tient une grande place dans les préoccupations et les consolations de mon voyage. J'ai vu les présidents de Toulouse et de Marseille, où les Conférences comptent deux cents et quatre cents membres. J'ai vu celui de Nice, un homme aussi aimable que pieux, plein d'ardeur. Mais ce qui m'a charmé, ce qui m'a rempli le cœur d'espé-

(1) Lettre à M. Lenormant, Pise, 12 janvier 1853.

rance pour l'Italie, ce sont les Conférences de Gênes, toutes chaleureuses et toutes sages au milieu des périls religieux de ce pays ; c'est le président de ces Conférences qui comprend l'œuvre comme s'il la faisait avec nous depuis vingt ans, et qui va la propageant avec une activité infatigable dans le duché de Gênes et de Toscane » (1).

« Voyez les desseins de Dieu !

« En 1847, je traversai la Toscane, je connus des hommes influents et zélés ; je leur donnai le règlement, le manuel, et je les laissai disposés à faire quelque tentative. Mais personne n'en voyait l'utilité dans un pays si bon, si chrétien, au milieu de tant d'œuvres anciennes. Cependant les révolutions sont venues, elles ont labouré ces terres molles, leur soc a heurté et déraciné bien des institutions qui ne tenaient plus que par des racines desséchées. Et voilà qu'aujourd'hui un prosélytisme tout nouveau multiplie nos Conférences : l'autorité ecclésiastique leur prête sa protection, les religieux les recommandent, les laïques fervents s'y enrôlent. Elles fleurissent à Livourne et à Pise, elles commencent à prospérer à Florence, à Pontadera ; elles s'établissent à Prato, et bientôt à Volterra et Porto-Ferraio ; voilà sept familles de St-Vincent de Paul dans ce pays Toscan où la vie catholique languissait, comme étouffée sous les chaînes dorées du Joséphisme. Mais ce qui importe le plus, et ce qui me touche beaucoup, c'est que le premier esprit de notre Société s'est merveilleusement communiqué à ces nouveaux frères. J'ai trouvé chez eux la simplicité, la cordialité de nos commencements. N'allez pas vous représenter de graves et froides assemblées de vieux paroissiens en bonnets de soie noire. Non qu'on proscrive les vieux ; mais je vois avec plaisir beaucoup de jeunes gens, étudiants, employés de commerce, fils de grandes familles, coudoyant quelque professeur de l'Université ou le marchand drapier du coin : tout cela conduit par des présidents excellents. Je ne saurais vous

____

(1) A M. Cornudet, Pise, 12 janvier 1853.

dire l'attachement qu'on montre pour le centre de la Société, et les égards dont on a comblé le vice-président du conseil général » (1).

La conférence de Florence était pour lui un sujet particulier de joie et d'édification.

« Dans cette capitale du Joséphisme, dit-il, un jeune et pieux chanoine (2), dont la mère est dame d'honneur de la grande duchesse, met tout son zèle à propager notre association. J'ai eu la consolation d'assister à une de leurs séances, comme j'avais visité en d'autres temps nos confrères de Londres et de Burgos. Des larmes de joie me viennent aux yeux quand je retrouve à ces distances notre petite famille, toujours petite par l'obscurité de ses œuvres, mais grande par la bénédiction de Dieu. Les langues diffèrent, mais c'est toujours le même serrement de main, la même cordialité fraternelle, et nous pouvons nous reconnaître au même signe que les premiers chrétiens : voyez-vous comme ils s'aiment (3) ! »

Un incident se produisit à l'occasion de la fondation des conférences de St-Vincent de Paul en Toscane, dont Ozanam, avec la modestie qui lui était habituelle, ne fait aucune mention, même dans ses lettres intimes. Lors de son arrivée à Pise, il trouva la Société déjà connue, et comptant beaucoup d'admirateurs très désireux de la propager ; mais étouffée dans son germe par le gouver-

(1) A M. Lallier, Pise, lundi de Pâques 1853.
(2) Guido Palagi, qui mourut en septembre 1871, entouré de la vénération de toute la ville qu'il avait toujours édifiée par l'héroïsme de ses vertus.
(3) A M. Foisset, 4 février 1853, t. II.

nement grand-ducal, aux yeux duquel l'œuvre semblait offrir un caractère suspect et dangereux. On avait renoncé à vaincre cette opposition, ce qui n'empêcha pas Ozanam de s'efforcer tout d'abord de ranimer le mouvement. Son nom était d'un grand poids ; il était connu, célèbre même dans le pays depuis son ouvrage sur le Dante, qui avait été applaudi avec enthousiasme et traduit plusieurs fois en italien. La grande-duchesse douairière ayant appris son arrivée, lui fit dire, un jour qu'elle traversait Pise, qu'elle désirait le voir dans la soirée. Il était alors très souffrant, et il lui fallut un effort héroïque pour quitter son lit et se mettre en toilette d'audience ; mais aucun sacrifice personnel ne pouvait arrêter Ozanam, lorsqu'il y avait pour lui une chance de servir la cause de la charité. Il se leva donc et se rendit au palais à l'heure dite. La grande-duchesse était une femme d'un grand cœur, d'un esprit cultivé, et d'un zèle sincère pour les bonnes œuvres. Elle reçut Ozanam avec bonté et sympathie ; mais elle était fortement prévenue contre son œuvre, et le lui dit tout d'abord, en ajoutant que le grand-duc considérait la Société de St-Vincent de Paul comme un foyer de libéralisme et d'intrigue politique, et que jamais on ne pourrait l'amener à en autoriser le fonctionnement dans ses États, à moins que certains hommes dont elle cita les noms cessassent d'en faire partie. Ozanam répondit à ses accusations avec une respectueuse franchise ; il exposa l'origine de la petite confraternité, et comment, dès le premier moment, les fondateurs avaient décidé qu'elle serait exclusivement une œuvre de charité, dont tout élément politique serait rigoureusement exclu; d'où l'obligation d'y recevoir indistinctement quiconque se présentait, pourvu qu'il fût un homme honorable et un chrétien. Il parla avec une grande chaleur, avec le feu de son enthousiasme, purifié mais non abattu par la souffrance et les approches de la mort. La grande-duchesse écouta avec une profonde attention, et, quelques jours après, la conférence de Florence recevait l'autorisation officielle du gouvernement.

Ozanam fut invité à prendre la parole à la séance d'ouverture, et son discours, prononcé naturellement en italien, fut trouvé si beau qu'il parût dans tous les journaux du lendemain. Il en fût très contrarié, et déclara qu'il n'aurait point parlé s'il avait pu prévoir un pareil résultat. « Cela, disait-« il, est entièrement contraire à l'esprit de la So-« ciété, qui est une œuvre obscure et faisant peu « de bruit. ». Peu après, on lui demanda encore de parler à la conférence; il n'y consentit qu'à la condition expresse que cette indiscrétion ne se renouvellerait point. Le lendemain pourtant, quelques membres importants vinrent le supplier de les relever de leur promesse; il résista pendant trois jours, et ne céda qu'à la demande de son confesseur, lequel l'assura que son discours, s'il était publié, amènerait probablement la fondation d'une conférence à Lorette. Il permit d'en tirer cent exemplaires. On en tira douze cents, trahison que l'orateur ne pardonna tout à fait que lorsqu'il en vit l'heureux résultat dans la fondation de conférences à Macerata, à Porto-Ferraïo et jusqu'en Sardaigne, où le discours du « célèbre professeur français » produisit un grand effet.

Le succès de ces efforts semblait rendre à Ozanam une nouvelle vie. En dépit d'un hiver attristé par une pluie perpétuelle, il reprenait graduellement des forces à mesure qu'on approchait du printemps et l'espérance d'une guérison possible renaissait dans les cœurs.

« On ne me laisse pas ignorer qu'il s'agit d'une maladie longue et difficile à guérir, dit-il à M. Ampère dans les premiers jours d'avril ; mais, comme je n'ai point de fièvre, comme je garde auprès de moi deux bons médecins, le sommeil et l'appétit, on me donne bon espoir, et l'on me permet de songer à mon retour pour la fin d'avril, à mon cours pour le 15 mai. En attendant, nous avons eu des heures pénibles, peu de souffrances, mais beaucoup d'inquiétudes. On s'accordait à déclarer qu'il me fallait un climat sec et chaud, et nous vivons depuis soixante jours dans une pluie éternelle qui me remet sans cesse sur les lèvres ces vers de Dante :

> Io sono al terzo cerchio della piova
> Eterna, maledetta, fredda e greve :
> Regola e qualità mai non l'è nuova.

« Sous ce voile de pluie on peut encore relire l'*Enfer*, mais on ne peut pas porter ses rêves au Campo Santo, où ces tristes averses achèvent d'effacer le peu qui reste de l'histoire de Job.... On vit au logis, au coin d'une cheminée prussienne ; mais les consolations ne manquent pourtant pas dans cet

intérieur que l'épreuve a visité ; vous savez quel ange de
bonté l'habite, et quel lutin l'égaye.... Et Dieu enfin, le
meilleur des amis, n'abandonne pas ceux qu'il afflige ; en
ce moment, il m'accorde un calme d'imagination dont je
n'avais pas l'habitude. Dans cette ville si paisible, dans
cette vie si reposée, il me semble quelquefois que je goûte
plus profondément mes affections de famille, que je caresse
plus à mon aise mes souvenirs d'amitié ; j'ai le loisir de
rentrer dans mon cœur ; j'y trouve beaucoup à corriger ;
mais enfin j'y crois trouver la foi et la paix, et c'est assez
pour donner bien des moments de bonheur (1) ».

Nous le répétons, peu d'hommes, si l'on excepte
les saints, ont été aussi prompts à rendre grâces
qu'Ozanam. C'était pour lui un exercice favori, de
se rappeler en méditation toutes les grâces et les
faveurs qu'il avait reçues du ciel depuis son enfance, et de remercier Dieu pour chacune d'elles.
Le jour de son mariage, lorsqu'il amena sa jeune
femme dans sa demeure, il lui dit combien il avait
souffert de doutes pendant son adolescence, comment il en avait été délivré, et comment enfin il
avait juré de se vouer au service de Dieu et à la
défense de la vérité ; il lui demanda ensuite si elle
voulait se joindre à lui dans ses actions de grâces
quotidiennes pour ce bienfait signalé, et chaque
soir, depuis ce jour jusqu'au dernier qu'il passa sur
la terre, ils offrirent ensemble à Dieu l'hommage
de leur gratitude.

Au milieu de ses plus vives souffrances, la re-

1. Lettre à M. Ampère, Pise, mardi de Pâques 1853.

connaissance et le sentiment des soulagements et
des bénédictions que Dieu lui accordait, domi-
naient en lui toute autre impression. Ses lettres,
pendant tout ce cruel hiver, sont comme des cantiques d'actions de grâces :

« Vous connaissez celle que Dieu m'a donnée pour ange-
gardien visible ; vous l'avez vue à l'œuvre », écrit-il de Pise
« mais, depuis que le mal est devenu plus sérieux, vous ne
sauriez croire tout ce qu'elle a trouvé de ressources dans son
cœur, non-seulement pour me soulager, mais pour me consoler ; quelle tendresse ingénieuse, patiente, infatigable,
m'entoure à toute heure et prévient tous mes désirs. Heureusement Dieu lui donne de la force ; elle et notre petite
Marie sont tout à fait bien portantes en ce moment. Ma
belle-mère a fait aussi sans accident son pèlerinage de Rome ;
nous recevons souvent de ses nouvelles ; nous en recevons
souvent de mes frères et de nos amis..... Quelques personnes
aimables et bienveillantes nous visitent et jettent quelques
distractions dans notre solitude. Enfin, les beaux et bons
livres ne me manquent pas.

« Vous voyez que la divine Providence, en nous éprouvant,
ne nous a pas abandonnés. Elle nous traite avec miséricorde ; et si j'ai des jours de découragement, il y a d'autres
moments, où, entre ma femme et ma petite fille, je goûte
une extrême douceur. Je sais que mon mal est grave, mais
non désespéré, qu'il faudra beaucoup de temps pour guérir,
et que je puis ne pas guérir ; mais je m'efforce de m'abandonner avec amour à la volonté de Dieu, et je dis, malheureusement de bouche, bien plus que de cœur : *Volo quod
vis, volo quomodo vis, volo quamdiu vis, volo quia vis* (1) ».

Un jour, à San Jacopo, il écrivit sous forme de

1. A M. Franchisteguy, Pise, 3 avril 1853.

prière, l'énumération de plusieurs grâces qu'il avait reçues de Dieu.

« Nous ne sommes pas assez reconnaissants des petits bienfaits de Dieu. Nous le remercions de nous avoir créés, rachetés et faits chrétiens ; de nous avoir donné de bons parents, une femme et un enfant bien aimés, de s'être tant de fois donné lui même dans le sacrement de l'autel. Mais après ces grâces puissantes qui soutiennent pour ainsi dire la trame de la vie, combien de grâces plus délicates en forment le tissu ! C'est le bon camarade que je rencontrai la première année de collège, et qui m'édifia au lieu de me pervertir. C'est quand j'arrivai à Paris, le paternel accueil de M. Ampère, et ce conseil de M. de Châteaubriand de ne point mettre les pieds aux théâtres. C'est bien moins que cela, une inspiration qui me pousse à voir mes pauvres un jour de mauvaise humeur, et qui me fait descendre de chez eux tout humilié de mes misères d'imagination, devant l'effroyable réalité de leurs maux. C'est souvent une circonstance de néant, une importunité, ce semble, une visite à recevoir que je maudis ; et elle me donne plus tard l'occasion de faire quelque bien ».

Il s'efforçait, dans ses lettres, de témoigner encore quelque espoir de guérison ; mais en réalité il ne lui en restait guère.

« Durant les trois dernières semaines du carême, dit-il à M. Ampère, je pensais sérieusement me préparer aux derniers sacrifices. Il en coûtait beaucoup à la nature ; cependant il me semblait que, Dieu aidant, je commençais à me détacher de tout, hormis de ceux qui m'aiment et que je puis aimer ailleurs qu'ici bas. Mais ma pauvre femme a tant prié et tant fait prier que, depuis Pâques, je commence à revivre, et, sans être guéri, je puis espérer ma guérison. Le mal est que je me rattache en même temps à la vie...... A mesure que je pense sérieusement à revoir Paris, je pense à mes travaux, à mes projets, et, faut-il le dire ? au jugement des savants et du public. Là-dessus, je vais au cabinet de lecture — autre vanité — je lis la *Revue des Deux-Mondes....* et, voyant les grands services que vous rendez à Buloz en ornant sa revue de vos beaux récits, je ne puis croire qu'il vous refusât une page pour dire un mot des *Poëtes Fransciscains*. Mais, auriez-vous le temps de vous occuper de ces mendiants ? Ils ont pourtant bien mérité de vous, car vous savez ce que doivent à St-François vos deux amis Dante et Giotto.... Mes pauvres Poëtes se recommandent à vous. Ici ils trouvent plus d'accueil que je n'espérais. Le cardinal Maï, qui a beaucoup goûté la *Vie de Giacopone*, m'a fait faire les plus aimables compliments.... Voilà ce que l'on gagne à une demi-convalescence ! Demain peut-être une rechute mettra bon ordre à mes velléités littéraires ; mais aujourd'hui, avec le rayon de soleil qui réveille les fleurs, se réveillent aussi mes espérances et mes ambitions (1) »

Il disait vrai, ce n'était qu'un rayon fugitif, un moment de répit dans la lutte. La maladie suivait son cours, lent mais inexorable; l'amélioration qui se produisait de temps à autre, n'était qu'un soulagement passager dû à quelque remède nouveau, à un changement de température, ou parfois à un violent effort de la volonté affirmant sa suprématie sur le corps épuisé. Ozanam acceptait tous les remèdes qu'on lui proposait, alors même qu'il n'avait aucune confiance en leur efficacité; sa bonne humeur, le souci constant de ne point attrister ceux qui l'entouraient, lui donnait la force de cacher son manque absolu d'espérance, afin de ne

1. A M. Ampère, Pise, 15 avril 1883.

pas détruire le peu que les autres en conservaient. La prière et la méditation des choses divines étaient les sources auxquelles il puisait cette sérénité et ce courage. Toute sa vie, il avait aimé les Saintes Écritures plus que tous les autres livres. Dès sa jeunesse, il avait pris l'habitude de lire chaque jour quelques lignes de l'Évangile ; il appelait cela son « pain quotidien ». Il lisait généralement la Bible en grec, dans une ancienne édition qu'il aimait beaucoup. Maintenant que les mauvais jours, le moment de la suprême épreuve, étaient venus, il resta fidèle à l'habitude de toute sa vie. Chaque matin, dès son réveil, il donnait une demi-heure à la lecture d'un des livres saints, et, à la fin de sa méditation, il marquait les passages qui l'avaient frappé davantage, afin de pouvoir y revenir et y reposer son esprit pendant la journée. Cette coutume lui donnait tant de consolation et de force qu'il lui vint à la pensée que, dans son impuissance, il pourrait encore rendre un dernier service aux autres malades, en leur indiquant les passages qui avaient apaisé et nourri son âme pendant le cours de sa maladie. Sa femme accepta avec joie cette pensée, et tous les matins, écrivit quelques pages sous sa dictée. Elles ont depuis été publiées sous ce titre : *Le livre des malades*. Le 23 avril, anniversaire de sa naissance, ce fût de sa propre main qu'il traça les lignes suivantes :

« J'ai dit : Au milieu de mes jours, j'irai aux portes de la mort.

« J'ai cherché le reste de mes années. J'ai dit : Je ne verrai plus le Seigneur mon Dieu sur la terre des vivants.

« Ma vie est emportée loin de moi ; comme on replie la tente des pasteurs.

« Le fil que j'ourdissais encore est coupé comme sous les ciseaux du tisserand : Entre le matin et le soir, vous m'avez conduit à ma fin.

« Mes yeux se sont fatigués à force de s'élever au ciel.

« Seigneur, je souffre violence : répondez-moi. Mais que dirai-je et que me répondra Celui qui a fait mes douleurs ?

« Je repasserai devant vous toutes mes années dans l'amertume de mon cœur (Is., XXXVIII).

« C'est le commencement du cantique d'Ezéchias ; je ne sais si Dieu permettra que je puisse m'en appliquer la fin. Je sais que j'accomplis aujourd'hui ma quarantième année, plus que la moitié du chemin de la vie. Je sais que j'ai une femme jeune et bien-aimée, une charmante enfant, d'excellents frères, une seconde mère, beaucoup d'amis, une carrière honorable, des travaux conduits précisément au point où ils pourraient servir de fondement à un ouvrage longtemps rêvé. Voilà cependant que je suis pris d'un mal grave, opiniâtre et d'autant plus dangereux qu'il cache probablement un épuisement complet. Faut-il donc quitter tous ces biens que vous-même, mon Dieu, vous m'aviez donnés ? Ne voulez-vous pas, Seigneur, vous contenter d'une partie du sacrifice ? Laquelle faut-il que je vous immole de mes affections déréglées ? N'accepterez-vous point l'holocauste de mon amour-propre littéraire, de mes ambitions académiques, de mes projets même d'étude où se mêlait peut-être plus d'orgueil que de zèle pour la vérité ? Si je vendais la moitié de mes livres pour en donner le prix aux pauvres, et si, me bornant à remplir les devoirs de mon emploi, je consacrais le reste de ma vie à visiter les indigents, à instruire les apprentis et les soldats, Seigneur, seriez-vous satisfait, et me laisseriez-vous la douceur de vieillir auprès de ma femme et d'achever l'éducation de mon enfant ? Peut-être, mon Dieu, ne le voulez-vous point ? Vous n'acceptez point ces offrandes intéressées : vous rejetez mes holocaustes et mes sacrifices : c'est moi que vous demandez. *Il est écrit, au commencement du livre que je dois faire votre volonté. Et j'ai dit : Je viens, Seigneur.*

« Je viens si vous m'appelez, et je n'ai pas le droit de me plaindre, Vous m'avez donné quarante ans de vie. Que les miens ne se scandalisent point, si vous ne voulez pas faire aujourd'hui un miracle pour me guérir !..... Il y a cinq ans, ne m'avez-vous pas ramené de bien loin, et ne m'avez-vous pas accordé ce délai pour faire pénitence de mes péchés et pour devenir meilleur ? Ah ! toutes les prières qu'alors on vous adressa pour moi furent écoutées. Pourquoi celles qu'on vous fait aujourd'hui, et en bien plus grand nombre, seraient-elles perdues ? Mais peut-être, Seigneur, vous les exaucerez d'une autre manière. Vous me donnerez le courage, la résignation, la paix de l'âme et ces consolations inexprimables qui accompagnent votre présence réelle. Vous me ferez trouver dans la maladie une source de mérites et de bénédictions, et ces bénédictions vous les ferez retomber sur ma femme, mon enfant, sur tous les miens, à qui mes travaux auraient peut-être moins servi que mes souffrances. Si je repasse devant Vous mes années avec amertume, c'est à cause des péchés dont je les ai souillées ; mais quand je considère les grâces dont vous les avez enrichies, je repasse mes années devant vous, Seigneur, avec reconnaissance.»

« Quand vous m'enchaîneriez sur un lit pour les jours qui me restent à vivre, ils ne suffiraient pas à vous remercier des jours que j'ai vécus. Ah ! si ces pages sont les dernières que j'écris, qu'elles soient un hymne à votre bonté ! »

Tels étaient les épanchements dans lesquels l'âme d'Ozanam cherchait le soulagement au milieu de l'angoisse des souffrances physiques. Mais il ne s'astreignait point à s'enfermer dans ces pensées sublimes et solennelles. Lorsqu'un répit dans la douleur lui rendait un peu de forces, il profitait de l'occasion pour envoyer à ses amis absents des lettres pleines de son ancienne gaîté :

« Vos aimables reproches me touchent beaucoup, dit-il au marquis de Salvo, dans un de ces courts instants de relâche ; mais assurément je ne les aurais pas mérités si j'avais la plume aussi prompte que le cœur, si mes pensées qui prennent si souvent le chemin de la rue d'Angoulème savaient se transformer en route et vous arriver sur les ailes blanches d'une lettre. Mais hélas ! ces pauvres pensées ont perdu leurs ailes, si elles en eurent jamais, et l'inaction appesantit mon esprit et ma main. Le peu de verve qui me restait, je l'ai épuisée, avec Ampère, ayant intérêt, en sa qualité d'académicien de lui faire croire que je n'étais pas tout à fait descendu au rang des brutes. En même temps, j'ai épuisé avec lui tous mes sujets... Ma femme adore ce pays, mais elle aime surtout les pêcheurs et leurs jolies barques à voiles latines ; elle a fait vœu que, si je guérissais, nous vendrions nos livres pour acheter un bateau et nous en aller en chantant comme les Italiens pêcher le corail sur les côtes de Sicile et de Sardaigne. Heureusement je n'ai pas fait la même promesse ; je tiens pour la patrie et je crois bien que la première voile qui m'emportera me mènera vers la France » (1).

M. de Salvo était un gentilhomme sicilien fixé depuis longtemps en France. Il avait fait la connaissance d'Ozanam à l'époque où celui-ci était encore peu connu du grand monde, et, avec cet instinct qui permet aux esprits élevés de discerner le

1. A M. le Mis de Salvo, San Jacopo, 5 mai 1853.

génie avant que la renommée l'ait fait connaître, il avait tendu la main au jeune professeur, en prédisant qu'il serait un jour un grand homme. Ozanam fut pendant bien des années l'hôte habituel et honoré du salon de la marquise de Salvo, où il rencontrait, comme chez Mme Swetchine et Mme Récamier, l'élite de la société aussi bien que les célébrités intellectuelles. M. Ampère l'avait présenté à Mme Récamier, lorsqu'il était à Paris comme étudiant ; mais Ozanam allait rarement chez elle, et, lorsqu'elle le lui reprochait aimablement, il répondait : « Je suis trop jeune encore, « madame, pour une société si savante et si grave. « Quand j'aurai une carrière, dans sept ans d'ici, « je reviendrai vous offrir très souvent mes res- « pects, si vous le permettez. » Lorsqu'il revint à Paris, marié, l'une de ses premières visites fut en effet pour l'aimable recluse de l'Abbaye-aux-Bois : « Ah ! vous avez donc tenu votre parole, s'écria- « t-elle en riant lorsqu'il entra : il y a juste sept « ans de votre dernière visite. » En effet, Ozanam avait oublié la promesse, mais il l'avait tenue.

Mais revenons en Italie. Les conférences de St-Vincent de Paul de Constantinople et de Rome avaient jadis recommandé à Ozanam un juif qui avait récemment embrassé le christianisme au prix de grands sacrifices, et qui avait encore à soutenir beaucoup de luttes. Ozanam s'intéressait vivement à lui : avant de quitter Paris il le recommanda à quelques-uns de ses amis ; et continua à le suivre

du cœur, se faisant un devoir de le soutenir et de
l'encourager par des lettres toutes pleines de sa foi
vive et ardente.

« Je me proposais toujours de vous écrire et je l'aurais fait
avec joie si je ne m'étais trouvé si faible, dit-il. Mais la
main du Seigneur m'a touché, je crois, comme Job, comme
Ezéchias, comme Tobie, non pas jusqu'à la mort, mais jusqu'à m'éprouver longuement. Malheureusement je n'ai pas la
patience de ces justes, je me laisse abattre facilement par la
souffrance, et je ne me consolerais pas de ma faiblesse, si je
ne trouvais dans les Psaumes des cris de douleur que David
pousse vers Dieu et auxquels Dieu répond à la fin en lui ac-
cordant le pardon et la paix. Ah ! mon ami, quand on a le
bonheur d'être devenu chrétien, c'est un grand bonheur d'être
né Israélite, de se sentir le fils de ces patriarches et de ces
prophètes dont les paroles sont si belles, que l'Église n'a rien,
trouvé de plus beau à mettre dans la bouche de ses enfants.
Pendant de longues semaines de langueur, les Psaumes ne
sont guère sortis de mes mains. Je ne me lassais pas de relire
ces plaintes sublimes, ces élans d'espérance, ces supplications
pleines d'amour qui répondent à tous les besoins, à toutes
les détresses de la nature humaine. Il y a bientôt trois mille
ans qu'un Roi improvisait ces chants dans ses jours de désolation et de repentir ; et nous y trouvons encore l'expression de nos angoisses et la consolation de nos maux. Il est
de l'office du prêtre de les répéter chaque jour ; des milliers
de monastères ont été fondés afin que ces Psaumes fussent
chantés à toute heure, et que cette voix suppliante ne se tût
jamais. L'Évangile seul est supérieur aux hymnes de David,
et encore parce qu'il en est l'accomplissement, parce que
tous les vœux, toutes les ardeurs, toutes les saintes impa-
tiences du prophète trouvent leur fin dans le Sauveur sorti
de sa race. Tel est le lien des deux Testaments, que le Sauveur lui-même n'a pas de nom qui lui soit plus cher que ce-

lui de *Fils de David*. Les deux aveugles de Jéricho l'appe-
laient ainsi, et moi-même je lui crie souvent comme eux :
« Fils de David, ayez pitié de nous. »

La chaleur d'un doux été italien, au bord de la
mer, amena une amélioration sensible dans la
santé d'Ozanam. Il en vint lui-même à se croire
réellement mieux. « Je fais de longues promenades, dit-il à M. Ampère, à la fin de juin ; je passe
les matinées sur les écueils à contempler les vagues, dont je connais maintenant tous les jeux.
Les forces reviennent lentement, mais je devais
m'y attendre après une si longue crise ; assurément
si juillet et août, qui passent pour de grands médecins, veulent me bien traiter, je serai guéri cet
automne. »

Au moindre retour de ses forces, son ancienne
passion pour le travail reparaissait plus ardente que
jamais. « Depuis que je me trouve plus capable de
« penser et d'écrire, malgré les protestations de
« Mme Ozanam, j'écris mon odyssée, mon voyage
« à Burgos », dit-il avec cette touchante brus-
querie des malades qui se révoltent contre une autorité que l'amour rend impuissante. « Ne vous fâ-
« chez point ; j'avais tout un portefeuille de notes
« aux trois quarts rédigées, et puis des légendes,
« des romances achetées dans la rue, puis enfin le
« poème du *Cid*..... J'ai même fini par faire la paix
« avec mon impitoyable gardienne en lui lisant

« certaine page où elle a reconnu le joyeux bruit
« des cuisines espagnoles » (1).

Au milieu de ces consolations, Ozanam éprouva
un désappointement auquel il fut très sensible. Il
échoua dans la tentative d'établir une conférence à
Sienne. Son regret fut d'autant plus vif que le grand-
duc avait récemment divisé l'Université de Pise,
et en avait transféré une moitié à Sienne. Cette
ville devenait ainsi le centre d'une jeune population qui avait grandement besoin de ressources
morales et d'occupations saines et intéressantes.
Le caractère efféminé des jeunes Toscans, joint à
des préjugés locaux contre la Société, avait jusqu'alors déjoué toutes les tentatives faites pour
l'introduire dans cette ville. Ozanam, persuadé
qu'un vigoureux effort personnel pourrait lever les
obstacles, se décida à se rendre lui-même à Sienne.
Sa femme et ses médecins le supplièrent de ne
point compromettre l'amélioration de sa santé par
la fatigue et l'excitation de cette démarche; mais
il les réduisit au silence en leur demandant : « Quel
« meilleur usage pouvons-nous faire de la santé
« que Dieu nous donne que de l'employer à son
« service? » Il ne l'épargna pas assurément dans
cette occasion. Pendant les quatre jours qu'il resta
à Sienne, il travailla infatigablement à l'objet de
sa mission, mais sans succès. Le Père Pendola,
son ami et peut-être l'homme le plus influent de la

____

(1) A M. Ampère, San Jacopo, 22 juin 1853.

ville, qui était à la tête de l'Institution des sourds-muets de Toscane et du Collège des *Tolomei*, en même temps que professeur à l'Université, le Père Pendola lui-même ne se laissa pas convaincre. « Cela est impossible, répondait-il aux plaidoyers du Français; les jeunes nobles toscans sont trop mous, trop paresseux; jamais vous ne les amènerez à visiter les pauvres ». Ozanam passa sa dernière soirée à s'efforcer de persuader le Père; mais, sauf l'espoir chaleureusement exprimé que l'avenir verrait peut-être le projet se réaliser, le Père ne se laissa point convaincre, et Ozanam le quitta, plus abattu qu'il ne l'avait été dans tout le cours de sa maladie. « Dieu ne daigne plus bénir mes efforts », dit-il en rentrant chez lui, fatigué et découragé; et il avoua que l'espoir, la presque certitude du succès dans ce dernier service à rendre aux pauvres l'avaient seuls mis en état d'entreprendre ce voyage.

Ceci se passait à la fin de juin. Bientôt Ozanam partit pour Antignano, petit village sur le bord de la mer, et là il se décida à tenter un dernier effort. Il écrivit au Père Pendola, le conjurant de se rendre à ses prières et de prendre en main la cause de sa société bien aimée.

« Tout ce que vous avez fait pour ma petite famille et pour moi me touche moins que l'espérance que vous m'avez donnée pour saint Vincent de Paul. Cette chère société est aussi ma famille. C'est elle, après Dieu, qui m'a conservé dans la foi, quand j'ai quitté mes bons et pieux parents.

Je l'aime donc et j'y tiens par le plus profond du cœur : j'ai été tout joyeux d'en voir la bonne semence germer et prospérer dans cette terre de Toscane ».

« Mais surtout je lui ai vu faire tant de bien, soutenir dans la vertu un si grand nombre de jeunes gens, allumer, dans un petit nombre, un zèle si merveilleux ! Nous avons des conférences à Québec et à Mexico. Nous en avons à Jérusalem. Nous avons même assurément une conférence en Paradis, car plus de mille des nôtres, depuis vingt ans que nous existons, ont pris le chemin d'une meilleure vie. Comment donc n'aurions-nous pas une conférence à Sienne, qu'on appelait l'*Antichambre du Paradis* ? Comment, dans la ville de la sainte Vierge, ne verrions-nous pas réussir une œuvre qui a la sainte Vierge pour première patronne ?.... Vous avez des enfants riches, O mon Père, l'utile leçon pour fortifier les cœurs amollis, le bienfaisant spectacle de leur montrer des pauvres, de leur montrer Notre Seigneur Jésus-Christ non seulement dans des images peintes par les plus grands maîtres ou sur des autels éclatants d'or et de lumière ; mais de leur montrer Jésus-Christ et ses plaies dans la personne des pauvres ! Nous avons parlé de la faiblesse, de la frivolité, de la nullité des hommes même chrétiens, dans la noblesse de France et d'Italie. Mais je m'assure qu'ils sont ainsi parce qu'une chose a manqué à leur éducation : il y a une chose qu'on ne leur a point enseignée, une chose qu'ils ne connaissent que de nom et qu'il faut avoir vu souffrir aux autres, pour apprendre à la souffrir quand elle viendra tôt ou tard. Cette chose, c'est la douleur, c'est la privation, c'est le besoin.... Il faut que ces jeunes seigneurs sachent ce qu'est la faim, la soif, le dénuement d'un grenier. Il faut qu'ils voient des misérables, des enfants malades, des enfants en pleurs. Il faut qu'ils les voient et qu'ils les aiment. Ou cette vue réveillera quelque battement dans leur cœur, ou cette génération est perdue. Mais il ne faut jamais croire à la mort d'une jeune âme chrétienne.

« Elle n'est pas morte, mais elle dort ».

« Mon cher et respectable ami, je vous envoie dans le Bulletin de la société de Saint Vincent de Paul, une excellente instruction *Sur la formation des conférences dans les maisons d'éducation*. Assurément votre expérience n'a pas besoin d'être éclairée.... Bientôt vos meilleurs jeunes gens, divisés en petites escouades de trois, de quatre, accompagnés d'un maître, vont monter l'escalier de l'indigent ; vous les verrez revenir à la fois tristes et heureux, tristes du mal qu'ils auront vu, heureux du peu de bien qu'ils auront fait. Quelques-uns s'y porteront peut-être froidement, sans intelligence ; mais d'autres s'y embraseront d'un feu qu'ils iront porter dans des villes où les conférences n'existaient point, ou bien ils iront réchauffer les conférences plus anciennes..., et de toutes de leurs bonnes actions, une part viendra s'ajouter à la couronne que Dieu prépare au Père Pendola, mais qu'il donnera, j'espère, le plus tard possible.

Je m'aperçois que je renouvelle le proverbe français : *Gros Jean veut prêcher son curé*. Non, mon Père, je ne vous prêche pas, c'est votre exemple, c'est votre conversation, c'est votre charité qui me prêche, qui me dit d'avoir confiance en vous et de remettre cette œuvre entre vos mains (1) ».

Ozanam attendit quinze jours la réponse à cette lettre. Elle vint enfin, brève mais pleine de choses :

Mon cher ami, hier, jour de saint Vincent de Paul, j'ai fondé deux conférences, l'une dans mon collège, l'autre dans ma ville ».

Ce résultat combla Ozanam de bonheur. Après ce succès tout l'amusait et lui plaisait. Il était plein de sympathie pour les joies de la vie qui

1. Au Père Pendola, Antignano, 19 juillet 1853.

s'offraient aux autres, tandis qu'elles s'éloignaient rapidement de lui. Un ami lui écrit pour lui annoncer son prochain mariage : Ozanam lui répond gaiement :

« Il est donc pris, cet imprenable, et ce cœur libre a trouvé des chaînes ! Chaînes d'or et de soie, liens où rien ne manque de ce qui peut captiver les yeux et les oreilles, l'imagination et la raison. Les bons génies, qui voulaient lui donner cette compagne, ont pris soin de la charger de leurs présents, ils l'ont couronnée de toutes les grâces ; ne nous étonnons plus que ce superbe ait capitulé.... »

«.... Vous méritiez de rencontrer tôt ou tard une de ces âmes dont la compagnie fait l'honneur et le bonheur de notre destinée. De telles rencontres ne sont pas communes ; et ceux-là seuls qui en connaissent la douceur ont le droit d'en parler. C'est pourquoi je vous félicite, et je me réjouis comme d'un heureux augure de ce nom d'Amélie que vous donnerez à votre compagne. Est-ce notre exemple aussi qui vous a fait choisir le 23 juin pour vos noces ? — Le 23 porte bonheur (1) ».

Son plaisant appel à M. Ampère pour une aumône à ses « mendiants » dans la *Revue des Deux-Mondes*, n'avait point été sans écho. Un brillant article sur les *Poëtes Franciscains* parut dans le numéro de juin, et causa un vif plaisir à Ozanam, en qui l'auteur était encore assez vivant pour rester sensible au témoignage d'un critique de cette valeur.

« Vous avez dépassé tout mon désir, lui écrit-il, vous nous avez comblés, nous et nos pauvres Franciscains. Oui, je

1. A M. Eugène Rendu, Antignano, 17 juillet 1853.

veux vous remercier aussi pour de ces pieux mendiants, que vous traitez avec tant de bonté, dont vous rendez si bien l'inspiration, que vous faites vivre dans ce tableau raccourci, mille fois mieux que moi dans ma longue galerie. Vos trois pages ont toute la couleur et tout le parfum de ce jardin de couvent que vous crayonnez avec ces jasmins grimpant le long des cloîtres. Amélie et moi, en juges désintéressés, nous avons décidé que cet article était un de vos morceaux les plus exquis. Je veux ajouter que vos regrets pour le professeur absent, ont touché autre chose que mon amour propre. et l'accent m'en est allé jusqu'au fond du cœur.... Un Père Frediani, lui aussi Franséiscain et poëte fort goûté à Florence, va publier une traduction du petit volume. Enfin, du fond de sa cellule d'Ara-Cœli, le général de l'ordre m'adresse des remerciements avec un diplôme, qui n'est pas pour moi le moins touchant de mes titres. Il me met au nombre des bienfaiteurs de la famille Franciscaine, et m'associe aux mérites des frères Mineurs qui travaillent et prient par tout le monde ».

Il avait songé, tant que cela avait été possible, à suivre, durant l'été et dès son retour à Paris, son projet de candidature à l'Institut; mais malgré l'amélioration de sa santé, qui se maintenait encore, il comprit qu'il ne devait pas conserver cet espoir.

« Un ermite de Montenero ne peut guère songer à l'Académie des Inscriptions, » dit-il avec bonne humeur à M. Ampère «. En prenant le parti de rester en Italie, je renonçais nécessairement à briguer le fauteuil du vénérable M. Pardessus ».

«.... D'ailleurs, dans un moment si solennel pour moi, où toutes les questions de mon avenir sont suspendues à la

1. Lettre à M. Ampère, 22 juin 1853.

grande question de ma santé, quand je demande à Dieu de
me laisser vivre pour ma femme et mon enfant, il me semble
qu'il y aurait une sorte de témérité à demander le superflu,
ce qui flatte l'amour-propre littéraire. Il me semble qu'il
faut attendre avec recueillement que la Providence décide
de ma guérison, et si elle permet que je rentre dans ma
carrière, alors je pourrai aspirer aux honneurs légitimes qui
en couronneraient la fin (1) ».

Le malade continuait à travailler à son Odyssée,
ainsi qu'il l'appelait, quoique depuis son retour
à Antignano sa faiblesse eût beaucoup augmenté;
il pouvait à peine écrire de temps à autre quelques
lignes, et encore était-il obligé de rester étendu
sur un canapé durant les intervalles. Les dernières
pages de ce récit exquis sont presque les dernières
qu'il ait tracées. Après qu'il eût achevé ce travail,
il ne fût plus en état de tenir une plume, si ce n'est
pour écrire quelques pensées fugitives, quelques
courtes prières que sa femme prenait soin de conserver. Jusqu'à la fin de juillet, il pût pourtant se
promener un peu le soir et aller à la messe chaque
matin. L'église n'était qu'à quelques minutes de
la petite villa qu'il habitait. Elle était située dans
la forteresse, vestige de ces siècles agités où les
flots bleus de la Méditerranée étaient sillonnés par
les vaisseaux des Sarrazins, et où ses paisibles rivages se transformaient en sanglants champs de bataille.

Ozanam, durant son séjour en Toscane, avait
été l'objet, de la part de hauts personnages, de
distinctions flatteuses : il avait été nommé membre

de l'Académie de la Crusca en même temps que
le comte César Balbo ; toutes les notabilités sociales et savantes l'avaient recherché, désireuses
de lui témoigner leur admiration et leur respect.
Il en était reconnaissant, mais y demeurait indifférent ; il avait toujours évité plutôt que recherché la connaissance des grands de la terre, et
maintenant que la mort répandait sa vive lumière
sur les vanités de la vie, ces attentions lui devenaient à charge. Il évitait, autant que possible,
de recevoir les visiteurs de haut rang. Si le prince
X, venait à la villa dans son bel équipage et demandait « l'honneur de faire la connaissance du
grand savant », Ozanam se faisait poliment excuser, en invoquant son extrême faiblesse ; mais
si, le même soir, comme cela arriva un jour, un
pauvre jeune homme, de Sardaigne, faisait à pied,
dans la chaleur et la poussière, tout le chemin depuis Livourne, pour obtenir quelques renseignements afin de fonder une conférence dans son
village natal, il était reçu avec joie, et le mourant
rassemblait toutes ses forces pour causer avec lui
pendant deux heures. Le meilleur moyen de le ranimer, ou même de le soulager, était de lui donner
l'occasion de faire le bien.

Quelques bonnes familles, habitant la côte, venaient souvent le visiter, et parmi elles les Ferrucci, si connus par la renommée de leur charmante
fille : Ozanam fut heureux de les recevoir aussi
longtemps que cela lui fût possible. Mais personne

n'était si tendrement accueilli que ses confrères de
Saint-Vincent de Paul. Il était touchant de voir la
cordiale affection que ceux-ci lui portaient, et les
procédés simples et pleins de cœur dont ils usaient
pour la lui témoigner. Deux jeunes gens qui habi-
taient près de Livourne, venaient constamment le
voir ou s'offrir pour faire les petites commissions
de Mme Ozanam. Une après-midi, ils arrivèrent
chargés de fleurs, et portant une provision de glace
et de neige, qu'on ne pouvait se procurer à Antignano; le malade souffrait beaucoup alors, et avait
une très forte fièvre. Ils se retirèrent le cœur tout
triste. La nuit suivante, vers trois heures du matin,
Mme Ozanam qui veillait entendit un bruit de sable
jeté contre la fenêtre; c'étaient les braves jeunes
gens qui revenaient avec une nouvelle charge de
glace; ils n'avaient pu, dans leur inquiétude, rester
toute la nuit sans nouvelles du malade. Ils allaient
s'en retourner, mais Mme Ozanam insista pour les
retenir à la villa jusqu'au jour, et chaque soir, un
des deux frères vint, depuis lors, à son insu passer
la nuit, afin d'être à même de lui porter secours.

Les pêcheurs eux-mêmes et les paysans du voisinage s'étaient attachés au « pieux étranger »; ils
lui apportaient leur tribut de sympathie, sous la
forme gracieuse de fleurs et de fruits, et, à coup
sûr, rien ne pouvait être reçu avec une plus vive
reconnaissance par ce cœur humble et tendre qui
appréciait si bien l'affection des âmes simples.

Dès le commencement d'août, il ne fut plus en

état de descendre sur la terrasse qui s'étendait devant la maison. La veille du 15, cependant, il déclara que le lendemain il irait à l'église et entendrait la messe. Il semblait y attacher tant de prix que sa femme n'eût pas le courage de s'y opposer. Elle envoya donc à Livourne commander une voiture ; mais lorsqu'Ozanam le sut, il dit qu'il préférait aller à pied. « Si c'est ma dernière prome-« nade sur la terre, que ce soit pour aller dans la « maison du Seigneur, et le jour de la fête de l'As-« somption ; » et, appuyé sur celle qu'il appelait son ange gardien, il se mit en chemin. Les paysans, sachant qu'il devait venir, s'étaient réunis près de l'église, pour lui témoigner leur respect et leur sympathie. Tandis qu'il s'avançait lentement, semblable à une ombre dans sa transparente pâleur, tous les hommes se découvraient, et les femmes et les enfants l'accueillaient par ce gracieux signe de la main qui est la salutation du pays. Cet hommage l'émut jusqu'aux larmes.

Un autre hommage encore plus touchant l'attendait. Le vieux curé d'Antignano se mourait ; mais lorsqu'il apprit qu'Ozanam était venu à l'église et désirait recevoir la communion avant la messe : « Levez-moi ! dit-il à ceux qui l'entouraient. Je veux « la lui donner ; personne autre que moi n'aura « cet honneur. » On l'habilla et on l'aida à descendre l'escalier. L'église était enguirlandée de fleurs, et brillamment illuminée en l'honneur de l'Assomption ; les gens du pays avaient revêtu leurs habits de fête ; un heureux hasard semblait avoir paré toute cette scène de la grâce et de l'éclat d'une fête nuptiale. Mais il y eût plus de larmes que de sourires parmi les assistants, lorsque l'époux, soutenu par la jeune épouse, s'avança vers l'autel, et s'agenouilla à côté d'elle, tous deux seuls, comme douze ans auparavant, dans cet autre jour nuptial dont celui-ci était le dernier anniversaire. Le prêtre mourant, soutenu lui aussi dans sa faiblesse, s'avança, leur donna à tous deux la communion, et se retira. Ce fut la dernière fois qu'il exerça sur cette terre son ministère sacerdotal; depuis lors, il ne quitta plus sa chambre, et Ozanam de son côté n'assista plus au Saint-Sacrifice.

Trois jours plus tard, — 18 août 1853 — il ajoutait un codicille à son testament qu'il avait écrit à Pise le jour anniversaire de sa naissance. On nous saura gré d'en donner ici un extrait :

« Au nom du Père, du Fils et du Saint-Esprit..... je remets mon âme à Jésus-Christ mon sauveur ; effrayé de mes péchés, mais confiant dans l'infinie miséricorde, je meurs au sein de l'Église Catholique, Apostolique et Romaine. J'ai connu les doutes du temps présent, mais toute ma vie m'a convaincu qu'il n'y a de repos pour l'esprit et le cœur que dans la Foi de l'Église et sous son autorité. Si j'attache quelque prix à mes longues études, c'est parce qu'elles me donnent droit de supplier ceux que j'aime de rester fidèles à une religion où j'ai trouvé la lumière et la paix.

« Ma prière suprême à ma famille, à ma femme, à mon enfant, à mes frères et beaux-frères, à tous ceux qui naîtront d'eux, c'est de persévérer dans la foi, malgré les humiliations, les scandales, les désertions dont ils seront témoins. A ma tendre Amélie, qui a fait la joie et le charme de ma vie, et dont les soins si doux ont consolé depuis un an tous mes maux, j'adresse des adieux courts, comme toutes les choses de la terre. Je la remercie, je la bénis, et je l'attends. Au ciel seulement je pourrai lui rendre autant d'amour qu'elle en mérite. Je donne à mon enfant la bénédiction des patriarches, au nom du Père, du Fils et du Saint-Esprit. Il m'est triste de ne pouvoir travailler plus longtemps à l'œuvre si chère de son éducation, mais je la confie sans regret à sa vertueuse et très aimée mère. A mes frères Alphonse et Charles toute ma reconnaissance pour leur affection. A mon frère Charles, particulièrement pour toutes les sollicitudes que lui a causées ma santé... Je remercie encore une fois ici tous ceux qui m'ont rendu service. Je demande pardon de mes vivacités et de mes mauvais exemples. Je sollicite les prières de tous les miens, de la Société de Saint-Vincent de Paul ; de mes amis de Lyon.

« Ne vous laissez pas rallentir par ceux qui vous diront : *Il est au ciel*. Priez toujours pour celui qui vous aime beaucoup, mais qui a beaucoup péché. Aidé de vos supplications, chers bons amis, je quitterai la terre avec moins de crainte. J'espère fermement que nous ne nous séparerons point, et que je reste avec vous, jusqu'à ce que vous veniez à moi. Que sur vous tous soit la bénédiction du Père, du Fils et du Saint-Esprit. Ainsi soit-il. »

Le mal fit dès lors de rapides progrès. Ses frères furent appelés ; on écrivit à ses amis de prier pour lui, — qu'il était mourant. L'annonce de la catastrophe prochaine frappait chacun à la fois comme une douleur privée et comme un malheur public.

« Les dernières nouvelles de M. Ozanam brisent le cœur,

écrit l'abbé Perreyve. « Charles avait un télégramme de
Mme Ozanam, il y a quatre jours, disant que le cher malade est dans un état d'extrême faiblesse... Je ne puis
vous dire la profonde douleur que ce télégramme a causée
à tous ceux qui ont connu et aimé M. Ozanam. Quelle
perte pour tout ce qui est bien, religion, vérité ! Mais
surtout quelle perte pour moi ! »

Ozanam avait toujours eu la crainte de la mort,
ou plutôt de ce qui rend la mort terrible — du jugement ; et maintenant que son ombre était sur lui,
ce sentiment augmentait d'intensité. Il parlait souvent de ses péchés, du châtiment qu'ils méritaient,
du scandale qu'ils avaient causé, le monde attendant beaucoup des catholiques, dont la foi et les
actions étaient solidaires. Un jour qu'il semblait
plus ému encore que de coutume par ces considérations, une voix s'éleva tendrement à côté de lui
pour le réconforter en lui disant, qu'après tout, il
n'avait pas été un si grand pécheur ; mais il répondit vivement et sur le ton d'une austère humilité :
« Enfant ! vous ne savez pas ce qu'est la sainteté
« de Dieu ! »

Sa piété semblait devenir plus fervente à mesure
que la prostration corporelle augmentait. Il lisait
souvent la Bible et restait plongé dans la méditation, parlant de temps à autres en termes sublimes
des psaumes, et particulièrement du livre de Job.
Les paroles de l'Ecriture avaient si complètement
pris possession de son esprit, qu'il devenait oublieux de ce qui l'entourait. Il avait toujours été

très affligé de causer aux autres la moindre peine
ou la moindre fatigue ; mais, maintenant que sa
position exigeait des soins plus assidus que jamais,
il se soumettait à tout presque inconsciemment ;
au moment de ses plus grandes souffrances, il suffisait de réciter à haute voix quelques versets des
psaumes, pour lui faire oublier sa propre peine et
la douleur de ceux qui s'efforçaient de le soulager.
Souvent il adressait à sa femme ces paroles bibli-
ques qu'il aimait à s'appliquer à lui-même : « Il
« a été écrit au commencement du livre que je
« ferais ta volonté, ô mon Dieu ! — Je l'ai voulu,
« et j'ai placé ta loi dans le milieu de mon cœur. »
Il vivait presque constamment en plein air, couché
sur un sofa qu'on avait roulé sur la terrasse, et où
il reposait silencieusement pendant des heures,
avec la Bible ouverte à côté de lui. Un soir il était
là étendu, contemplant le soleil qui se couchait à
l'horizon, sur les flots d'azur de la Méditerranée ;
sa femme s'était assise sur une chaise un peu en
arrière de lui, afin qu'il ne vît point les larmes
qu'elle ne pouvait contenir ; tout à coup quelque
chose dans l'extrême sérénité d'attitude du malade
engagea Mme Ozanam à lui demander quel était
le don de Dieu qu'il considérait comme le plus
grand. Il répondit sans hésitation, comme si cette
question avait été d'accord avec sa pensée du moment : « *La paix du cœur* : sans elle, nous pou-
« vons posséder toutes choses et n'être pas heu-
« reux ; avec elle, nous pouvons supporter les plus

« dures épreuves, affronter même les approches
« de la mort. » Et quelques jours plus tard, comme
ils étaient assis ensemble sur cette même terrasse,
écoutant le murmure des vagues d'été et le chant
des oiseaux dans les bosquets : « Si quelque chose
me console, dit-il, de quitter ce monde sans avoir
achevé ce que je désirais, c'est que je n'ai jamais
travaillé pour la louange des hommes, mais pour
le service de la vérité. »

Un tel témoignage était en effet une consolation
bien digne d'une si noble vie. Ozanam estimait cependant n'avoir rien fait et considérait sa vie comme
perdue, parce qu'il laissait son œuvre inachevée.
Ainsi en est-il toujours des âmes telles que la
sienne. Elles tracent le sillon, déposent la semence
et passent, laissant à d'autres le soin et la joie de
recueillir la moisson. Aucun homme n'a jamais
accompli pleinement le programme de son existence, si ce n'est Celui qui descendit du ciel pour
faire l'œuvre de son Père, et qui, l'ayant faite,
mourut !

Pendant les douze dernières années de sa vie,
Ozanam avait eu la douce habitude d'offrir quelques
fleurs à sa femme le 23 de chaque mois, date de
leur mariage. Il ne l'oublia pas, et, ce jour de fête
arrivé, il la salua le matin avec une gracieuse
branche de myrte fleuri, cueillie sur le rivage, où
il l'avait remarquée la veille.

A la fin d'août, ils quittèrent Antignano : ses
deux frères étaient arrivés pour le ramener en

France. Il avait demandé cette dernière grâce, qu'il
lui fût permis de mourir dans son pays et au milieu
des siens. Quand tout fut prêt pour le départ, et
tandis que la voiture attendait, il exprima le désir
de voir la mer encore une fois. Sa femme et l'un de
ses frères le conduisirent sur la terrasse ; il resta un
instant à contempler les vagues qui se brisaient sur
le rivage, puis, se découvrant, à la lumière du soleil,
il éleva les mains et dit à haute voix : « O mon Dieu !
« je vous remercie des afflictions et des souffrances
« que vous m'avez envoyées dans cette maison ;
« acceptez-les en expiation de mes péchés. » Se
tournant ensuite vers sa femme, il ajouta : « Je veux
« aussi qu'avec moi tu bénisses Dieu de nos dou-
« leurs. » Ils prièrent un instant en silence ; puis tout
à coup, la serrant entre ses bras : « O mon Dieu !
« s'écria-t-il, je vous remercie aussi des consola-
« tions que vous m'avez accordées. »

On le conduisit à bord où il resta couché, regardant les rivages d'Italie jusqu'à ce qu'ils se fussent évanouis à sa vue. La mer était calme comme
un lac et le ciel sans nuages. Il supporta le voyage
sans grande fatigue apparente. Lorsque parurent
les côtes de Provence, il éclata en ardentes actions
de grâces, remerciant Dieu de lui avoir accordé de
revoir la France. Enfin quand le navire entra dans
le port de Marseille, il s'éveilla comme par un dernier effort, et dit presque gaiement à sa belle-mère
et à d'autres membres de la famille de sa femme qui
étaient venus au devant de lui : « A présent que

« j'ai remis Amélie entre les mains de qui elle doit
« être, Dieu fera de moi ce qu'il voudra ! »

Son arrivée à Marseille fût promptement connue,
et ses confrères de St-Vincent de Paul se hâtèrent
d'apporter à sa demeure leurs témoignages de tristesse et de respect. Il était trop malade pour recevoir aucun d'eux, mais il était profondément touché
de leurs continuelles visites. Rien ne pouvait sur-
passer la sérénité dont son âme jouissait désor-
meis. Toute trace de crainte ou d'appréhension avait
disparu ; toute souffrance physique avait cessé également, et il semblait être déjà en possession de la
présence sensible de Dieu ; il parlait rarement,
mais s'unissait encore à ceux qu'il aimait, par une
pression de la main, par un signe et par ce sourire
qui, en illuminant son visage défait, exprimait déjà
cette « paix qu'il n'est point donné à l'homme de
connaître sur notre terre. » Sentant que la fin était
proche, il demanda lui-même les derniers sacre-
ments et les reçut avec la plus grande ferveur et
en pleine connaissance. Le prêtre lui dit de mettre sa confiance en Dieu, mais Ozanam, comme
s'il n'avait point compris l'allusion, répondit avec
un regard de douce surprise : « Pourquoi le crain-
drais-je ? Je l'aime tant ! »

Le soir du 8 septembre, jour de la fête de la
Nativité de la Sainte-Vierge, l'appel de Dieu se fit
entendre. Sa femme était près de lui, ainsi que ses
frères et quelques proches parents. La pièce voisine était remplie de ses autres frères, les membres

de la Société de St-Vincent de Paul ; agenouillés en silence, ils unissaient leurs prières à celles qui accompagnaient leur fondateur près de paraître devant son Juge. Il était tombé dans un sommeil tranquille, d'où il sortait de temps à autre pour murmurer une bénédiction, une parole d'amour, une invocation.

Soudain, ouvrant tout grands des yeux fixes et comme étonnés, il éleva ses mains et cria d'une voix forte : « Mon Dieu ! Mon Dieu ! Ayez pitié de moi ! »

Ce furent ses dernières paroles. Frédéric Ozanam avait passé en la présence de son Rédempteur.

FIN

TABLE DES CHAPITRES

LAVAL

Imprimerie et stéréotypie

E. JAMIN